国家社会科学基金“十三五”规划教育学一般课题“基于心理弹性的
特殊教育教师心理健康促进模式研究”(课题批准号:BBA170063)

特殊教育教师心理健康及其促进
——心理弹性视角

张　敏　程品品　冯秋霜　著

中国矿业大学出版社
· 徐州 ·

图书在版编目(CIP)数据

特殊教育教师心理健康及其促进 ：心理弹性视角 / 张敏，程品品，冯秋霜著. —徐州 ：中国矿业大学出版社，2021.11

ISBN 978 - 7 - 5646 - 5209 - 8

Ⅰ. ①特… Ⅱ. ①张… ②程… ③冯… Ⅲ. ①特殊教育一教师心理学一研究 Ⅳ. ①G443

中国版本图书馆 CIP 数据核字(2021)第 230515 号

书　　名　特殊教育教师心理健康及其促进——心理弹性视角
著　　者　张　敏　程品品　冯秋霜
责任编辑　史凤萍
出版发行　中国矿业大学出版社有限责任公司
（江苏省徐州市解放南路　邮编 221008）
营销热线　(0516)83884103　83885105
出版服务　(0516)83995789　83884920
网　　址　http://www.cumtp.com　**E-mail**:cumtpvip@cumtp.com
印　　刷　徐州中矿大印发科技有限公司
开　　本　710 mm×1000 mm　1/16　**印张** 13.25　**字数** 238 千字
版次印次　2021 年 11 月第 1 版　2021 年 11 月第 1 次印刷
定　　价　48.00 元

目　录

第一章　导　论

第一节　研究背景与研究意义

一、研究背景

新时代的人们在努力创造美好生活的同时对精神生活的追求也在不断提高，个体的心理健康问题也越来越受到关注。很多研究者认为心理健康是人们的基本权利，更是身体健康的基础，正如世界卫生组织所强调的：一个人的健康应该是生理、心理、社会三者之间达到和谐安适的状态，那些存在心理问题的人不可称为健康的人。然而，随着社会、经济和科学技术的快速发展，人们存在着越来越多的心理问题。研究表明，超过25%的在职人员认为自己存在与工作相关的心理健康问题，许多国家的研究者们都在深入研究并力图剖析不同工作环境中影响工作者心理健康的因素，并积极制订各种针对在职员工压力、焦虑、抑郁、人际关系敏感的干预计划。在被列为“心理健康高危”的行业中，教师被认为是由于面临更多更复杂的压力从而更容易产生心理问题的职业。究其原因，教师除了要承担来自政府、学校、家长、学生等高负荷的工作内容和情感要求，还要正视并规划好自身的职业生涯发展及专业提升问题，更要处理好家庭成员之间、师生之间、同事之间的人际关系问题，因而更容易出现挫败、无助、倦怠等危及心理健康的一系列问题。我国中小学心理健康教育课题组曾对2 000多名教师进行抽样调查，发现有过半的教师存在心理健康危机，其中19.5%的中小学教师存在中度及以上的心理健康问题，并在抑郁、焦虑、睡眠障碍等症状上表现明显（竺辉，2004）。

特殊教育是我国完整教育体系中不可或缺的重要组成部分，特殊教育教师是教师队伍中的重要组成部分，肩负着促进特殊儿童全面发展及推进教育公平的重要责任。一直以来，党和国家非常重视特殊教育事业的发展，从党的十七大报告中提出的要“关心特殊教育”，到党的十八大报告提出的要“支持特殊教育”，再到党的十九大报告提出的“办好特殊教育”，国家对特殊教育事业的支持已经上升到国家战略层面。特殊教育事业的顺利发展离不开特殊教育的关键实施者，即特殊教育教师。特殊教育教师是推动特殊教育发展的重要力量，教师数量、专业素养及其心理健康状况直接影响着特殊教育的质量。有关统计数据显示，截至 2017 年年底，全国共有特殊教育学校 2 107 所，比上年增加 27 所；特殊教育学校共有专任教师 5.60 万人，比上年增加 0.28 万人，增长 5.20%。特殊教育教师队伍虽然在不断扩大，但特殊教育学校的师资力量与普通学校相比仍是相对薄弱的。

为了进一步加强特殊教育教师队伍建设，国家先后出台了一系列政策文件，如教育部出台的《关于加强特殊教育教师队伍建设的意见》，明确要求到 2020 年要形成一支数量充足、结构合理、素质优良、富有爱心的特殊教育教师队伍；《国家中长期教育改革和发展规划纲要（2010—2020 年）》提出要加强特殊教育师资队伍建设的要求；《第二期特殊教育提升计划（2017—2020 年）》提出，加强专业化特殊教育教师队伍建设，通过“国培计划”加强特殊教育学校校长和骨干教师的培训。新修订的《残疾人教育条例》也进一步强调了要更加重视特殊教育教师的培养。一系列的相关政策充分彰显了党和国家对特殊教育教师队伍建设的重视。

然而，由于特殊教育教师的教学对象是有特殊需要的学生，这些学生个体差异大而且情况往往比较复杂，这给特殊教育教师带来一定的挑战。他们除了要完成日常教育教学工作外，还需要付出较多的时间和精力照料学生的日常生活起居，处理学生的情绪或行为问题等，如此高负荷的工作必然会对特殊教育教师产生非常消极的影响。可以说，关注特殊教育教师这一群体的身心健康，特别是关注他们的心理健康状态已经是“箭在弦上”，势在必行。

来自特殊教育一线的经历和体悟也充分反映出当前特殊教育教师面临的各种困境和心理压力。以某知名的综合类特殊教育学校为例，我们通过直接的参与式观察，发现这里的大部分教师基本无法按时下班回家，而是经常需要留校填写材料、准备教学教具到很晚（晚上 10 点左右）。此外，学校领导层还会不定时召开会议，例如对特殊儿童进行个别化教育计划研讨（类似的会议一开就要很长时间）、各级课题的申报以及教育教学论文比赛，等等。特殊教育教师工作琐碎、任务繁重且待遇一般，还要整天担心孩子磕着碰着，就怕孩子在校期间出一点点安全问题。通过深入接触和交流，我们发现特殊教育一线还存在着一些“奇怪”的现象。有些特殊教育教师，刚入职特殊教育工作时可以说是满怀期待，但经过几年真实的特殊教育实践的“洗礼”，面对繁杂的工作任务及低成就感等原因，逐渐产生了不同程度的身心不适现象，出现了人际关系紧张、强迫症状、易怒、抑郁、头疼、乏力等各种问题，部分一线的特殊教育教师由于各种各样的原因不想给学生上课甚至有离职倾向，往日愿意为特殊教育奉献一生的远大理想和抱负以及激情四射的高昂情绪慢慢消退，这不能不说是一种悲哀。

大量的研究表明，由于各种类型的特殊儿童均不同程度存在偏离常态的心理和行为障碍现象，特殊教育教师要想更好地对他们开展潜能开发和功能改善工作，除了需要跟普通教师一样具备基本的教学技能外，还需要掌握医学、心理学、康复学等多方面的专业知识与专业技能，才能更好地为特殊儿童提供适宜的诊断评估、矫正干预、康复训练等，用心演绎好“保姆”“同伴”“严父”“慈母”等多重角色。然而，大量研究表明，特殊教育教师的心理健康水平低于全国常模，职业倦怠水平却高于普通中小学教师。当前特殊教育行业存在着师资数量不足、结构不合理与资源分配不均、教学能力与经验匮乏、自我效能感和职业幸福感偏低等问题（郑晓坤，2017）。这些问题使得特殊教育教师与普通学校教师相比，往往面临着更大的压力情境或挑战，他们获得的职业成就感和工作满足感降低，对生活的幸福感亦随之降低，更容易出现诸如人际关系敏感、情绪不稳、职业倦怠等各种复杂的心理问题（杨柳等，2013）。特殊教育教师出现的这些心理问题不仅会对教学主体对象即特殊儿童的个性、人格等方面产生潜移默化的“师源性影响”，阻碍特殊教育教学工作的正常开展，而且影响特殊教育教师队伍的稳定和建设，甚至影响特殊教育的质量水平和发展进程。

作为特殊儿童教育与康复训练的重要促进者、合作者与引路者，特殊教育教师究竟应该怎样维持较高的心理健康水平，才能以最好的精神状态面对这群折翼天使以及特殊教育这份神圣工作呢？随着积极心理学的兴起，国内外众多学者改变以往的“消极”研究视角，着手从积极心理学的视角探讨改善教师的职业倦怠、工作压力等心理健康问题，以期提出具体可行的干预手段促进教师的健康发展。心理弹性是积极心理学的重要研究内容之一，对特殊教育教师的心理弹性及其影响因素进行研究亦是试图从积极视角关注特殊教育教师的心理健康问题。本研究将特殊教育教师作为研究对象，力求通过问卷调查和深度访谈了解当前特殊教育教师的心理健康状况及影响因素；在此基础上，对当前特殊教育教师的心理弹性状况进行调查，探讨影响心理弹性的压力源、保护性因素和危险性因素，并对影响心理弹性的心理机制进行探索，深入考察心理弹性及其影响因素对特殊教育教师心理健康的影响，从积极心理学的角度，探索切实可行的促进特殊教育教师心理健康的实现路径并构建特殊教育教师心理健康促进的基本模型，最终保障特殊教育事业的顺利发展。

二、研究意义

（一）理论意义

特殊教育教师心理健康水平不仅直接影响特殊学生的身心健康，还与特殊教育教师自身的生活品质、工作质量、人际交往息息相关，甚至影响特殊教育教师队伍的稳定与建设进程。因而，在不断呼吁“办好特殊教育”的当下，不能忽视对特殊教育教师心理健康状况的关注及深入探讨其影响因素和可行的应对策略。我们通过文献梳理发现，相关研究主要集中在分析探讨普通学校教师心理健康的现状、问题成因、影响因素及对策建议，对特殊教育教师心理健康研究的数量及范围都还相对有限。因此，我们希望通过对特殊教育教师心理健康问题进行深入的调研，分析特殊教育教师的心理健康状况，剖析影响特殊教育教师心理问题的各种因素，提出有针对性的解决策略和措施，以丰富我国特殊教育教师心理健康的理论，补充特殊教育教师领域的研究，为特殊教育教师实现专业化发展以及特殊教育的持续发展提供经验材料。

从现有的文献资料看，关于特殊教育教师的研究主要涉及特殊教育教师心理健康、专业化发展、心理素质、社会支持与职业怠倦等领域。从积极心理学的角度探讨特殊教育教师心理弹性的研究并不多见，且现有关于心理弹性的研究多数以心理弹性作为中介变量，研究其对应对方式、主观幸福感等的调节作用。因此，对特殊教育教师心理弹性及其影响因素进行研究，既能增强特殊教育教师对心理弹性概念及相关理论的理解，又能在一定程度上拓展心理弹性的研究对象以及心理弹性研究的理论空间。

不仅如此，进一步从心理弹性这一积极心理现象出发，探索促进特殊教育教师心理健康的积极模式，对改变以往研究者把特殊教育教师视为“弱势群体”并有较多心理健康问题、需要介入干预的传统思维模式，在相关研究领域形成新的学术思维，具有重要的学术价值。同时，运用积极心理学相关理论，考察特殊教育教师心理弹性与心理健康的关系，并以此构建基于心理弹性的特殊教育教师心理健康促进模式，对丰富和发展健康心理学、教育心理学等学科的相关理论具有重要的学术价值。而且，本研究结果和结论还将对其他研究者借鉴本研究前沿性的、有价值的研究结果深入开展相关研究，具有重要的参考价值。

（二）实践意义

对特殊教育教师心理健康进行深入系统的研究，具有重要的实践意义。首先，特殊教育教师心理健康状况对特殊儿童身心发展有重要影响。特殊儿童由于自身存在的缺陷或障碍，自进入幼儿园开始，直至小学、初中、高中，大概 15 年的时间里，每天会和特殊教育教师一起度过 8 个小时左右（如果是寄宿制特殊教育学校，师生相处时间会更多），按一学年有两个学期共 40 周在校时间来算，师生共处时间每年有 1 600 小时左右。这些数字从时间的角度向我们展示了特殊教育教师的行为举止、情绪、人格等会在潜移默化中对特殊儿童产生不可估量的影响。因而，特殊教育教师不仅是特殊儿童成长路上的"重要他人"，还是特殊儿童身心实现和谐发展的指导者和引路人。如果特殊教育教师心理健康水平不佳，很容易导致在特殊教育的教学课堂或者康复训练活动中，师生之间出现紧张敌对的不协调气氛。反之，如果特殊教育教师心理健康水平较高或者心理调适能力较好，他们的教学课堂或者训练活动就会充满平和、接纳、师生共同进步的融洽气氛，这种平等友爱、心理相容的师生关系及和谐共融的学习氛围能使特殊儿童体验到尊重与安全，从而有利于特殊儿童融入班级、适应学校学习生活以及从内心真正接纳教师，开启希望的学习与康复之旅。因此，了解特殊教育教师的心理健康状况，考察影响他们心理健康的因素，探寻能够切实提升他们心理健康水平的路径，对于促进特殊儿童身心健康实现良性发展显得尤为重要。

其次，特殊教育教师自身的心理健康状况对其个人生活质量和职业发展也有重要影响。从生活质量看，"思伤脾""忧伤肺"，一个人倘若长期遭受负面情绪事件的侵扰，容易引发躯体上的不适症状，进而影响其个人情感、意志、性格及人际关系的形成，甚至可能致使人体免疫力降低，增加疾病侵袭的概率，最后引起身体或精神上的疾病，包括异常、病变等。从职业发展的角度看，特殊教育教师良好的心理健康状态，有利于推动其自身教育教学专业水平的提高，是其实现良性职业发展的重要保障，能够满足自身理想的职业追求。因此，解决特殊教育教师心理健康的相关问题应该引起重视，而要达到对特殊教育教师心理健康的有效维护，就必须对特殊教育教师心理健康状况展开系统翔实的调查研究，深入剖析可能导致他们产生心理健康问题的影响因素，如此才可能有针对性地探寻到改善和维护特殊教育教师心理健康的方法。

最后，实现《国家中长期教育改革和发展规划纲要（2010—2020年）》和《特殊教育提升计划》中所规划的一系列重要战略目标，发展一支数量充足、素质超凡、有三心（爱心、耐心、恒心）及专业化程度较高的特殊教育教师队伍是关键，而维护他们的心理健康则是加强特殊教育教师队伍建设的必然要求。心理健康水平较高或者心理调适能力较强的特殊教育教师会表现出开朗、活泼、乐观、积极、自尊、自信、真诚，有相对更为强烈的工作使命感、家庭责任感以及社会责任感；而存在心理健康问题或危机的特殊教育教师往往会表现出抑郁、焦虑、敌对、强迫、悲观、偏执、易怒、人际关系敏感、饮食和睡眠障碍等，在影响个体自身工作效率和生活质量的同时也潜移默化地影响着教育对象的心理发展变化，不利于教育与康复训练活动的有效开展。我国特殊教育课程实验方案和课程标准的实施和推进，以及特殊教育教师专业标准的试行，对特殊教育教师的综合素质提出了全方位的标准和要求。这种标准和要求不仅体现在诊断评估、教育教学、康复训练、班级管理、教育科研等方面，更体现在促进特殊儿童最大限度实现缺陷补偿、潜能开发和身心协调发展上。因此，关注特殊教育教师的心理健康状态并坚持维护特殊教育教师心理健康，是特殊教育教师队伍建设过程中亟须解决的问题。

对特殊教育教师心理弹性进行深入系统的研究也具有重要的实践意义。一方面，对特殊教育教师心理弹性以及影响因素进行研究，有助于特殊教育教师正确认识压力情境或挑战，能够根据个体以及环境因素的变化，分析对个体有利的因素以及不利的因素，发挥有利因素即保护性因素的缓冲作用，促使特殊教育教师形成积极的态度和评价，并采取实际的举措促进心理弹性水平的提高，从而有效地完成教育教学工作。另一方面，本研究拟编制关于特殊教育教师的压力源问卷以及特殊教育教师心理弹性的影响因素问卷，进而考察这些压力源和因素对特殊教育教师心理弹性的影响。这些研究既有利于人们深入了解当前特殊教育教师心理弹性的状况，也为有针对性地探索提升特殊教育教师心理弹性的有效路径提供了有效信息。

总而言之，从积极心理学的视角探索特殊教育教师心理健康及其促进，其重要的实践意义在于，研究结果和结论将对落实《关于加强心理健康服务的意见》《特殊教育教师专业标准（试行）》以及特殊教育提升计划，推动我国特殊教育教师心理健康服务体系建设，促进特殊教育教师心理健康等具有重要的应用价值。本研究可以帮助一线特殊教育教师挖掘并利用自身生活经验中的各种积极资源，通过提升心理弹性促进心理健康；帮助特殊教育相关机构，建立符合本单位的“发展导向”的特殊教育教师心理健康服务模式；帮助政府部门制定相关政策措施，建立健全特殊教育教师心理健康服务体系。另外，本研究成果也可以应用在其他群体的心理健康服务体系建设方面。

第二节 核心概念界定

一、特殊教育教师

1994 年 6 月，对特殊教育事业发展产生深远影响的“世界特殊需要教育大会”在西班牙萨拉曼卡召开，此次会议通过了《萨拉曼卡宣言》，并首次提出“全纳教育”这一崭新的教育理念。作为一种教育思潮，“全纳教育”的基本理念是：任何人都有受教育的基本权利，每个人都有独特的学习需要，学校和其他教育机构要能够接纳所有的儿童，满足不同类型儿童的特殊教育需要；真正的教育应当是一种没有排斥、没有歧视、没有分类的“全纳教育”。

因此，从“全纳教育”的角度看，特殊教育教师主要是指以有特殊教育需要学生为教育对象，并最大限度满足他们特殊教育需要的专业人员。这也就是我国教育部出台的《特殊教育教师专业标准（试行）》中所规定的“在特殊教育学校、普通中小学幼儿园及其他机构中专门对残疾学生履行教育教学职责的专业人员”，主要包括在各类特殊学校直接从事教育教学或管理工作的教师，在普通中小学、幼儿园中承担附设的各类特殊班、卫星班教育教学的教师，还包括在康复机构为特殊学生提供教育或康复训练的教师、为随班就读的有特殊需要的学生提供辅导的特殊教育教师及资源教师等。

二、心理健康

心理健康是一个非常复杂的概念，不同的学者对心理健康及其内涵和外延都有着不同的见解，可谓“仁者见仁，智者见智”。美国著名的精神病学者麦灵格尔从临床医学的角度对健康心理及其特征进行了解释，他认为所谓的心理健康应该是人们与当下所处环境高度适应的一种安然状态。英国心理学家英格里斯认为心理健康是一种适应时下情境并且能充分发展自身潜能的心理状态。我国学者俞国良等（2008）认为心理健康是指一种与现实生活相适应的良好状态，一般而言可以分为两个层面，首先最基本的条件应该是没有心理疾病，这里的心理疾病包括应激反应及适应不良导致的各种心理及行为的变形;另外就是要能够积极地维护自身的心理健康,保持积极向上的态度,能够主动、自发地解决自身的心理困扰。我国学者张珏等(2014)从文化和哲学的角度对人的"心"和"理"进行了深刻剖析,进而阐述了对心理健康的理解,认为从"心"和"理"的角度看,"心"主宰了人的全部,是一个人面对天地宇宙、生活人事的一种态度;"理"则是一切事物的根本原由,只有对发生的现象或心情都能追根究底才能从根本上解决或预防心理问题的发生,因此所谓的心理健康应该是心平气和、安居乐业的状态。我国学者王书荃(2005)则认为,在社会互动过程中,情绪、需要、认知等能维持在平衡及稳定的状态进而促使人格不断完善即为心理健康,简而言之心理健康即为"和谐"。

总体而言,虽然国内外学者关于心理健康内涵的界定和看法各有不同,但总的来说,学界关于心理健康内涵的探索主要有三种取向:一是消极心理健康取向。受早期"健康就是没有疾病"的健康观的影响,认为"心理健康就是心理疾病的消除",即没有心理疾病症状的心理状态就是心理健康;心理健康是一个单维的结构,即心理疾病的有或无,主要以精神病理学为指标,涉及内化性精神障碍(如抑郁、焦虑)和外化性障碍(如行为障碍)两方面。传统心理健康(消极心理健康)的研究在研究对象上始终强调解决和治疗人的心理问题或心理疾病。它假设心理健康和心理疾病是一个一维两极的潜在统一体,心理疾病与心理健康处在连续体的两端,认为没有心理疾病就意味着心理健康。二是积极心理健康取向。"积极心理健康"是与"消极心理健康"相对的一个概念,随着积极心理学的兴起,研究者们进一步将幸福感作为心理健康的指标,认为心理健康是一种积极的心理状态,强调心理健康的积极面。从积极心理学角度看,心理健康并不仅仅是指没有任何问题,还包括个体各种积极品质和积极活力的产生和增加,它包括两个方面:一是指没有各种心理问题的困扰,二是指各种积极品质和积极活力(意指促使人走向完美的身体、精神或道德上的活力)的产生和增加(Seligman,2002)。因此,积极心理健康的核心理念是,心理健康不仅要关注人的各种心理问题或心理疾病,还要更多地关注人的积极品质或积极力量。心理疾病的消除并不意味着心理健康的存在,心理疾病和心理健康是一个联合、依存的评估体系。真正的心理健康是人的积极品质的提升和凸显。人的积极品质或积极活力的培养过程就是一个克服各种心理问题的过程,是心理健康的核心和灵魂。美国心理学家塞里格曼进一步指出,积极品质主要是由主观幸福感、乐观、快乐等构成的,其中美德和力量是个体积极品质的核心,具有缓冲器作用，是战胜心理疾病的有力武器。美国学者 Lopez 等(2006)对发表在美国 4 个主流咨询心理学杂志上的有关积极心理的论文进行了内容分析，总结出价值观、道德规范、自我效能、成就、自尊、调节、应对、移情、自我控制、思想开放、创造性、洞察力、道德判断、生命力等 33 种积极心理品质。我国学者孟万金(2008)以问卷调查方法分别从个人和群体两个层面提出了人的积极品质，个人层面包括乐观、爱、职业能力、勇气、交往技能、美感、宽恕、创造性、天赋和智慧等；群体层面包括如何创造良好的社会环境以促使个体发挥人性中的积极品质，如责任感、利他、忍耐和职业伦理等。三是完全心理健康取向。该取向的基本观点是心理健康不仅仅是心理疾病的消除，也不仅仅是拥有高水平的主观幸福感，而是一种两者结合的完全状态，包括心理疾病的消除和高主观幸福感的存在。相关的实证研究也表明积极心理健康和消极心理健康(即幸福感和精神病理学症状)作为相互独立但又相互关联的结构，是一对统一体。

本研究主要采用林崇德等(2003)主编的《心理学大词典》中关于心理健康的界定与解释，即心理健康是个体的各种心理状态(如一般适应能力、人格的健全情况等)保持正常或良好水平，且自我内部(如自我意识、自我控制、自我体验等)以及自我与环境之间保持和谐一致的良好状态。其中，正常状态有四种含义：正常即健康状态，以有无心理疾病为判断标准；正常即平均状态，从统计学角度强调正常和异常之间的程度变化，处于正态分布中间范围的属于正常；正常即理想状态，用以评价行为而非描述行为；正常即适应过程，将正常视为不断发展进步的过程，心理健康者能不断学习有效的技巧以应付紧张状态。

三、心理弹性

心理弹性(resilience)一词最初源于物理学概念，意在强调物体在遭受外部压缩后能恢复到初始状态。国内学者将"resilience"应用于研究心理发展现象中，译为"韧性、弹力、反弹、复原力、心理弹性"等不同词语，但要表达的意思都是能从压力或困难情境中恢复过来。其中，"复原力"和"心理弹性"为学者所广泛应用，本研究主要参照席居哲(2006)、曾守锤等(2003)的研究成果，将"resilience"一词译为"心理弹性"。虽然关于心理弹性的研究不断深入，但由于受到文化、历史等因素的影响，关于心理弹性的概念，学界尚未形成统一的定义，不同学者提出了指向结果、特质、过程三种不同的定义模式。

结果论认为，遭遇压力或挑战后的个体，能够积极适应面临的压力或挑战，并且成功应对，最终获得良好发展的结果，因此将心理弹性看作个体发展的结果。如 Rutter(1987)认为心理弹性是处于高危环境或情境中个体积极的、发展性的适应结果;Masten(2001)认为心理弹性是个体在遭遇严重威胁和挑战后,仍能产生适应良好或发展顺利等结果的一类现象。

特质论认为,心理弹性是一种能力或品质,拥有这种能力或品质的个体,在面对不同的压力情境时,能够取得良好发展结果,且这种能力或品质具有相对稳定性。Lazarus(1993)认为心理弹性是个体从消极经历或体验中恢复,并且灵活适应外界多变环境的能力; Wagnild(2003)认为心理弹性是促使个体在面对压力和逆境时能够积极适应的个人品质; Werner(1995)认为心理弹性是个体在遭遇高水平的破坏性事件时,做出尽可能少的不良行为反应的能力。

过程论认为,心理弹性是个体与环境交互作用的动态过程,弹性可能在特定发展阶段产生,也可能在人与环境或环境与环境的相互作用过程中产生。如 Richardson(2002)认为心理弹性是压力、逆境等生活事件与保护性因素同时作用的动态过程;Luthar(2000)认为心理弹性是一种动态发展变化的过程,是个体在遭遇逆境或重大创伤时的积极适应过程。

以上关于心理弹性的定义,尽管存在差异性,但总体上来说,皆围绕心理弹性的两个操作性定义要素,即个体遭遇逆境或挑战,以及个体能成功应对或适应良好(马伟娜等,2008)。本研究从整合的观点出发,认为心理弹性是指个体在面临持续而显著的压力或挑战时,能够正确认识并利用个体及环境中的保护性因素,对危险性因素起到缓冲作用,减少不利因素的影响,最终积极适应并取得良好发展。

第三节　国内外相关研究学术史梳理

一、特殊教育教师心理健康研究

(一) 国外研究

国外特殊教育教师心理健康的研究起始于 20 世纪 20 年代欧美国家对特殊儿童教育的理论与实践探索。经过近一个世纪的探索,国外研究者从早期的对特殊教育教师心理健康问题的简单评估到目前的系统预防和干预,大致经历了从实证探索到实践应用的过程。大量研究表明,特殊教育教师相对于普通学校教师而言更容易有倦怠感,工作任务繁杂及超负荷、成就感和幸福感的缺失、学生管教压力大、角色认知模糊不清、社会支持不足、专业发展受限等问题是促使特殊教育教师形成职业倦怠进而影响心理健康的主要原因，特别是教育对象以自闭症儿童为主的女教师经历着更严重的职业倦怠和心理健康问题(Zarafshan et al.,2013)。也有研究认为特殊教育教师群体在特殊学生心理健康发展中扮演的角色、起到的作用，尤其是特殊教育教师的心理健康状况对特殊学生身心发展具有重要影响，特别是情绪不稳定的特殊教育教师对特殊学生有着决定性影响，心理不健康的教师对特殊学生的影响，犹如肺结核或其他危险传染病对特殊学生身体健康的威胁一样严重，不该让他们留在学校里面(Fore et al.;Santavirta et al.,2007)。

总体而言，国外有关特殊教育教师心理健康的研究主要集中在三个方面：一是考察特殊教育教师心理健康及其与相关因素的关系。Shyman(2009)研究发现，特殊教育教师普遍存在很高的职业压力，心理健康和身体健康之间存在密切的关联性，角色冲突、情感需求和教学时间显著预测特殊教育教师的情绪耗竭；角色冲突和情感需求则是造成心理健康水平低和活力差的最重要因素。Jensen(2008)研究发现，特殊教育教师存在明显的职业倦怠，人格特质与职业倦怠之间存在显著的关联性，前者对后者及其三个维度均有显著的预测作用。二是考察特殊教育教师心理健康水平对特殊儿童的影响。Schrader(2012)通过训练师生之间的相互作用、儿童的破坏性行为和阅读技能等影响课堂环境的关键变量，考察了特殊教育教师的心理健康素质对特殊儿童的影响，发现教师的心理治疗技巧和技能显著影响课堂变量并对儿童起到积极的促进作用。Ervasti等(2012)通过考察心理健康水平、日常行为与校园暴力之间的关系，发现特殊教育教师尤其是男性教师心理健康水平更低，更容易对儿童进行精神虐待和身体虐待，但通过系统培训，能够有效防止学校暴力。三是探索预防和干预特殊教育教师心理健康问题的方法策略。Harrison(2016)运用定性研究方法，探索了反思性咨询计划对特殊教育教师心理健康问题的干预效果，并构建了心理干预的发布—重写—重新聚焦—响应的变更过程模型。Breeman 等(2016)考察了良好行为游戏(GBG)干预策略对特殊教育中心理障碍儿童及教师的影响，发现 GBG 可以帮助教师实施积极的行为支持策略，提高自我效能感，但对职业倦怠的影响不大。

与此同时，针对曾经历或正经历严重压力/逆境的个体，其身心未受到不利处境损伤性影响甚或愈挫弥坚的发展现象，心理弹性已经成为当前积极心理学研究的核心领域之一，但目前国外只有极少数研究者对特殊教育教师的心理弹性进行了研究。他们或者运用质性研究方法，分析了刚入职特殊教育教师的心理弹性培养和发展问题、资深特殊教育教师的心理弹性及支持系统问题；或者运用量化研究方法，开发特殊教育教师职业心理弹性量表，考察学校管理者的关怀与支持、有意义的参与机会等特殊教育教师心理弹性的前因变量以及职业心理等后果变量问题，但缺少对特殊教育教师心理弹性与心理健康关系的理论和实践探索。

（二）国内研究

我国特殊教育教师心理健康的研究起步较晚。根据中国知网的文献检索结果，自中央教育科学研究所徐美贞在《中国特殊教育》2004 年第 2 期发表《特殊教育教师心理健康状况的调查研究》起，我国有关特殊教育教师心理健康的研究逐年增多，但相对于普通教师心理健康方面的研究却明显偏少（以“特殊教育教师心理健康”“培智教师心理健康”“聋校教师心理健康”“康复机构特殊教育教师心理健康”“资源教师心理健康”“特殊教育教师队伍”等为检索词，仅检索到 50 余条文献资料；以“教师＋心理健康”为主题词，则检索到超过 2 000 条文献资料，截至 2016 年 12 月），且相关研究相对简单。运用中国知网对相关文献资料进行归类整理，发现当前我国特殊教育教师心理健康研究主要有两大研究取向。一是理论研究，主要集中于探讨一些干预和预防特殊教育教师心理健康问题的对策建议；少数研究者从心理资本等积极心理学的角度，从理论上分析了特殊教育教师积极心理健康教育的必要性与可行性，但缺少系统的理论构建。二是实证研究，主要集中于特殊教育教师的心理健康状况及影响因素调查。多数研究认为特殊教育教师的心理健康水平不容乐观，心理健康问题检出率较高；特殊教育教师的心理健康水平与性别、教龄等背景变量以及社会支持、教学效能感等心理变量之间有较高的相关性；少数研究者从积极心理学的角度考察了特殊教育教师的敬业水平、职业承诺和情绪劳动策略等积极心理品质。

具体而言，当前我国特殊教育教师心理健康研究的具体领域主要涉及五个方面。

1. 特殊教育教师心理健康重要性的理论探索

我国学者在关注特殊教育教师心理健康的重要性方面有以下观点。

徐美贞(2004)是我国较早对特殊教育教师心理健康状况进行研究的学者，她认为特殊教育教师是一个长期处于高应激状态的群体，关注特殊教育教师的心理健康状况、分析影响因素并探寻提升他们心理健康水平的路径有利于特殊教育事业的发展。赵小红等(2012)指出特殊教育教师的心理健康状况除了会对特殊儿童的身心发展产生深远影响之外，还会影响特殊教育教师在教学或者班级管理工作方面的顺利开展，乃至影响他们自身特殊教育职业生涯的良性发展。此外，赵小红等还认为职业倦怠是反映教师心理健康状况的重要概念，因而在关注特殊教育教师心理健康状况的同时不能忽略职业倦怠的负面影响。申任洪等(2007)认为心理健康是现代人健康的重要衡量标准之一，特殊教育教师的心理健康水平不仅影响他们自身生活品质和工作效率，而且直接影响良好师生关系的建立，甚至关系特殊教育教学质量的整体提升。周玉衡等(2013)在研究中指出，探讨分析特殊教育教师的心理健康问题、影响因素及应对策略，可以为相关部门制定有针对性的培训计划提供参考，能够切实帮助特殊教育教师提高专业素质。赵巧云(2009)从特殊教育教师专业化标准的角度分析了健康的心理和良好的个性品质能够帮助教师以较为积极且平和的心态应对工作中的各种变化。此外，还有学者特别提到特殊教育教师因工作压力大、缺少社会支持等而易患心理疾病，严重的还会影响教师与学生、教师与家人、教师与同事之间的相处，这对教师职业发展形成极大阻碍，是特殊教育师资队伍建设过程中亟须重点解决的问题。

2. 特殊教育教师心理健康状况研究

当前研究特殊教育教师心理健康状况的工具以症状自评量表(SCL-90)、心理健康诊断测验(CAS)或自制问卷调查为主，样本量在40～400之间不等。对调查结果进行梳理分析，发现这些地区特殊教育教师的心理健康状况总体而言较为令人担忧。例如，徐美贞(2004)采用症状自评量表(SCL-90)分别对北京市、石家庄市、重庆市等地区的特殊教育教师心理健康状况展开调查，发现他们在SCL-90各因子的均分和总分上都显著高于全国常模，在199名特殊教育教师被试中，超过1/4的人有轻度或以上的心理问题。商秀梅等(2007)对重庆市和石家庄市共6所特殊教育学校的教师心理健康状况的研究则显示，有68.6%的特殊教育教师有中度及以上的心理健康问题。申仁洪等(2007)对重庆市132名特殊教育教师心理健康状况进行的研究表明，特殊教育教师的心理健康水平远低于全国常模，突出表现在人际关系敏感、躯体化、强迫症、抑郁、恐怖、偏执等方面。李秀(2018)运用SCL-90对福建省的培智教师进行了心理健康现状调查，结果显示该地区的培智教师除在偏执因子方面得分显著高于全国常模之外，其余8个因子的总分和均分皆明显低于全国常模，说明福建省培智教师心理健康状态相对于全国大众群体而言较为理想。此外，顾璐巧(2015)对宁波市4所特殊教育学校中90名教师的调查表明，该地区特殊教育教师的心理健康水平尚可，与全国成人常模相比，仅有极少数特殊教育教师的躯体化、强迫症状、人际关系敏感3个因子得分较高。

3. 特殊教育教师心理健康的影响因素研究

哪些因素对特殊教育教师的心理健康状况影响较大呢？性别，专业背景，还是其他因素？有不少学者认为性别差异是造成特殊教育教师心理健康状况明显不同的因素之一，一般而言女性特殊教育教师的心理健康状态比男性教师的要差很多。徐美贞(2004)的研究显示，女性特殊教育教师在SCL-90各因子上的得分均高于男性教师，并且在精神病性这一因子上表现最为突出。商秀梅等(2007)同样认为，不同性别的特殊教育教师在心理健康症状的发生率上有很明显的差别，并特别指出特殊教育教师在“抑郁”因子得分上存在着显著的性别差异。于红莉(2007)分析了特殊教育教师心理健康存在性别差异的原因，认为在“男主外，女主内”的传统观念下，女教师除了要完成和男教师相当的工作任务外，还要承担更多家庭方面的责任(如养育子女、孝敬父母、家庭劳动等)。此外，特殊教育学校中女多男少的状况导致女教师相比男教师要承受更多的竞争压力，长期承受着工作和生活的双重压力使得女教师在心理上相较于男教师而言更容易出现不适症状。李秀(2018)研究发现，学历与特殊教育教师心理健康水平呈负相关关系，即学历越高，心理健康水平越低，尤其体现在躯体化、敌对和偏执方面，这可能与高学历的特殊教育教师在特殊学校还属于较为稀缺的资源，因而一般会被安排在比较重要的岗位或者承担较多的工作任务有关，超负荷的工作压力导致他们产生不良的心理感受。周玉衡等(2013)则认为学历对特殊教育教师心理健康并无显著影响，但职称对教师心理健康水平有较为明显的影响，其中中级职称特殊教育教师心理健康水平最高，初级职称或初级以下职称的特殊教育教师心理健康水平较低。

关于教龄或年龄对特殊教育教师心理健康是否有影响，大部分研究都有涉及，但由于样本量及研究工具的不同，结论有较大差异。周玉衡等(2013)通过对山东省部分特殊教育教师心理健康状况的调查发现，特殊教育教师的心理健康水平随教龄的增长呈先降再升的变化趋势，其中6～15年教龄段的特殊教育教师的心理健康状况最不容乐观，这可能与特殊教育教师长年累月应对偏常态的特殊教育对象、单调重复的教学内容、复杂的工作环境而产生职业倦怠有关。李秀(2018)则对此持相反的观点，她认为教龄在5年内和16～20年之间的特殊教育教师的心理健康状态是最不理想的，原因在于教龄在5年内的特殊教育教师对新角色的适应及对特殊儿童的态度可能会抑制他们的信心与成就感，而教龄在16～20年之间的特殊教育教师虽然已经适应特殊教育的工作，但是他们长期从教生涯中所积累的各类问题没有得到较好的解决，因此更容易产生心理问题。此外，就职于不同特殊教育单位性质的教师的健康状况及表现也会有所不同，如周朝坤的研究表明，聋校教师的职业倦怠感不明显，但情绪衰竭的程度却相对较高，心理健康水平较低。朱琳(2005)的研究显示，聋校教师心理问题突出表现为人际关系紧张、职业行为问题、听说能力下降、职业倦怠和心理疲劳等。徐美贞(2004)的研究则对(培智学校、盲校、聋校)三类教师的心理健康健康状况进行了比较，发现培智学校教师在强迫症、焦虑及恐怖方面明显比盲校教师更严重。综上所述，研究者已经意识到特殊教育教师心理健康可能受性别、教龄、学历、职称等的影响，但是对于工作单位性质、专业背景、所教年龄段对特殊教育教师的心理健康水平是否产生影响鲜有研究。

4. 特殊教育教师心理健康与其他因素的关系研究

已有研究分析了特殊教育教师心理健康水平与社会支持、职业倦怠、情绪劳动、核心自我评价等因素之间的关系。例如，张冉等(2018)认为特殊教育教师因为教育对象的偏常态，在工作中需要更多地呈现积极情绪，如表现对学生的热情、关爱、鼓励等，这意味着特殊教育教师在工作中需要大量付出情绪资源，乃至透支家庭领域的个体资源，导致情绪劳动与工作侵扰家庭的不良现象发生，从而引发特殊教育教师负面的心理感受。特殊教育教师长期处于情绪透支的状态中，逐渐会丧失对工作的热情与信心，严重者甚至会引发情绪衰竭、职业倦怠等，加剧身心的不适症状体验。此外，在与心理健康有关的工作资源中，较为重要的是人们感受到来自他人的关心、理解、尊重和支持等情感体验和满意程度，即社会支持。从属性角度出发，社会支持可以划分为三类：一是客观的、能见的具体设施等；二是主观的感受体验，如情绪情感的支持等；三是个体与社会支持之间的互动。关于社会支持与特殊教育教师心理健康的关系，王小珍(2017)通过调查研究发现，社会支持与特殊教育教师心理健康水平呈较为显著的正相关，即特殊教育教师获得的社会支持越多，越有利于其对自我的肯定，同时能够促进其自身心理健康的积极调适；而家庭支持与特殊教育教师的心理问题呈负相关，可能是因为当特殊教育教师遭遇不良情绪或心理问题的困扰时，从家庭成员处得到支持越多越有利于他们自身情绪的调适和心理问题的缓解，反之则会加重他们的负面情绪或心理问题。因此，有必要对年轻或未婚的特殊教育教师给予必要的社会支持，特别是情绪支持、技术援助和服务等，这是提升其工作信心和生活质量的重要保证。核心自我评价是在整合自尊、广义的自我、控制点、(低)神经质或情绪稳定性四个积极的自我概念相关性基础上,以评价为核心的高阶人格特质,一般而言包含人们对其自身能力、价值及自我效能的根本性评价(Judge et al.,1998)。相关研究表明,高核心自我评价的个体在面对压力或挑战时更为关注问题情境的积极因素,也较能领悟家人、朋友及他人的支持。赵丽婷等(2016)在探讨核心自我评价与特殊教育教师心理健康的关系时发现,特殊教育教师的核心自我评价与其心理健康水平呈正相关,即核心自我评价水平较高的特殊教育教师心理健康状况较为理想。

5. 特殊教育教师心理问题的应对策略研究

良好的社会支持对特殊教育教师心理健康有保护和促进作用;反之,则会导致无助、抑郁、人际关系敏感等问题。因而,大部分学者都认为建立良好的社会支持系统是提升特殊教育教师心理健康水平的必由路径。第一,政府可以利用传媒引导正向的舆论,重视对特殊教育教师积极形象的宣传,逐渐营造“尊敬特殊教育教师”的良好社会氛围,从而为特殊教育教师提供更多更有效的情感支持和心理疏导,让他们真切体会到社会的理解、支持与尊重,激发他们形成强烈的特殊教育事业认同感。第二,社区作为一个微缩的社会模型,是特殊儿童走出家庭和学校、融入社会回归主流的试验田,当特殊教育教师需要带领学生到社区参加社交或实践活动时,社区方面的友好配合可以让特殊教育教师在提高工作效率的同时感受到关爱与温暖。第三,关于学校方面,研究者建议应该注重良好环境的创设,如合理的晋升机制、民主科学的管理、人文关怀和心理疏导并重等,以激发特殊教育教师的工作热情和信心。第四,从家庭支持层面来看,一方面健全的家校共育制度有助于特殊教育教师与家长的相互理解和尊重,共同制订切实合理的干预计划,从而更好地帮助特殊儿童实现缺陷补偿和功能改善。另一方面,特殊教育教师与家庭成员的亲密关系,也能帮助他们舒缓压力和放松心情,提升职业幸福感。多数学者在研究中指出,可以整合政府、社区、学校、家庭的力量对特殊教育教师给予充分的支持,形成全方位、无阻碍的社会支持系统,以期能帮助特殊教育教师减轻应激反应乃至改善心理健康状态。当然,社会各方面的支持只是特殊教育教师改善心理健康的外部条件,要想切实有效改善特殊教育教师的心理压力,最为关键的还在于教师的自身调节,如正确评价自己的能力、设定合理的期望、宽容和谅解周围的人和事、努力建立良好的人际关系、合理利用社会资源等。

二、特殊教育教师心理弹性研究

随着心理弹性的研究朝着纵深方向发展，其研究对象也从儿童、青少年扩展到成年群体，主要涉及大学生群体、同性恋者、背包客等。对教师心理弹性的研究近年来虽受到研究者的关注，但仍处于起步阶段。由于对心理弹性的概念目前还未达成一致，不同的研究者因其研究视角的不同，对教师心理弹性概念的界定也存在差异，但均包含两个必要条件：一是教师要处于具有挑战性的逆境或压力情境中；二是教师能够积极适应、取得教学成果或其他能力得到发展。

目前国外关于教师心理弹性的研究大多将心理弹性作为教师保持教学效率、完成教学承诺、延长教学生涯、降低离职率的重要条件。Mansfield 等(2016)研究发现，高心理弹性者往往对其教育、教学行为具有正向预测作用，如社会责任感强、高成就动机、高自我效能感、良好的问题解决能力、具有明确的计划和目标等优秀特质使教师处于较高的心理弹性水平，从而能更好地适应职业发展需要。Howard 等(2004)研究证明，能够积极成功应对困难处境的具有心理弹性的教师，更善于对自己的行为进行有效管理，有同理心，能够及时帮助困难学生，并且能控制自己的消极情绪，能够全身心投入教师职业中，保证教学质量，从而有利于学生良好行为表现以及取得较高学业成就。Day(2008)的研究也发现，在英国，具有心理弹性的教师所教班级的学生有较高的学业成就，学生也表现出对这一类老师的尊重和喜欢。也有研究者试图构建教师的心理弹性框架，为教师心理弹性的培养提供必要的理论支撑和可能路径。Mansfield 等(2016)的研究发现，教师的特质或品行、环境因素以及独特的教学策略等三个因素，会对个体的心理弹性结果产生影响；基于这一发现，他们提出了一个颇具理解性的能够在教师教育中普遍使用的心理弹性框架，该框架共包括五个主题，即个体对心理弹性透彻的理解与认识、亲密关系、主观幸福感、成就动机和个体情绪情感。

近年来，国内学者也逐渐关注教师的心理弹性现象。雷雳等(2017)探讨了特殊教育教师职业适应现状与心理弹性的关系，发现心理弹性对特殊教育教师职业适应具有预测作用，提出要重视特殊教育教师心理弹性建设，着重培养其自强和坚韧的品质。缪佩君等(2018)研究发现，提高幼儿教师的心理弹性，塑造良好人格，可以预防和降低幼儿教师的职业倦怠问题。关荐等(2013)对普通中学教师的研究发现，心理弹性能够预测教师的离职倾向，心理弹性越高的教师，其离职倾向越低、工作态度也表现得更加积极。孟凡锐(2013)认为，在幼儿教师职业化教育过程中，通过提升自我效能、建构有力的社会支持系统等途径，增强幼儿教师心理弹性水平，是减少幼儿园暴力事件的有效应对措施之一。

虽然心理弹性已经成为当前积极心理学研究的核心领域之一，但目前国外只有极少数研究者采用质性研究方法或量化研究方法，对特殊教育教师的心理弹性进行研究。例如，Boe(2006)研究发现，特殊教育教师的离职率高于普通教育教师的离职率，特殊教育教学职位的空缺率比普通教育教学职位高出 5.5 倍。针对这一问题，Belknap 等(2016)对新入职的九年制特殊教育教师面临的危险性因子与心理弹性的培养问题进行研究，探讨了应该采取何种手段给予特殊教育教师职业支持，避免选择离职。Cunningham(2015)对 19 名至少工作 10 年以上的资深特殊教育教师进行深度访谈，探讨其心理弹性以及支持系统问题。Sotomayor(2012)分别选取来自城市和乡村的、继续和非继续从事特殊教育的共计 567 名教师为被试，采用调查法，编制形成特殊教育教师职业生涯心理弹性量表。Mackenzie(2012)通过考察国家宏观政策、学校管理者的关怀与支持等前因变量，提出可能促使特殊教育教师保持或提高心理弹性的策略。

国内有关心理弹性的研究尚处于起步阶段，且多是进行理论性探讨，关于特殊教育教师心理弹性的研究更是少见。在中国知网上，以"特殊教育教师"和分别与"心理韧性""心理弹性""抗压力"等与心理弹性有关的词作为主题词，只检索到极少数相关文献，研究内容主要涉及职业适应、工作怠倦、职业压力等与心理弹性的关系。此外，通过梳理文献发现，国内关于心理弹性的研究，主要集中于以学生和普校教师为研究对象。以学生群体为对象的研究，主要探讨心理弹性与学生的情绪、主观幸福感、学习投入、认知风格等关系的研究；以中小学以及幼儿教师为对象的研究，多是探讨心理弹性与认知偏向、职业适应现状、职业认同感、职业怠倦等关系的问题。

Kumpfer(1999)的心理弹性框架认为，保护性因素是指促使个体成功应对持续性压力或逆境，减少消极发展结果出现可能性的个人或环境因素，是对个体心理弹性影响最为重要的促进因素。Rutter(1985)研究表明，不断增加的保护性因素能够起到缓冲危险性因素的作用。根据 Kumpfer(1999)的观点，影响心理弹性的保护性因素包括个体因素和环境因素。个体的心理弹性因素有五个方面的内容，即精神方面、认知方面、行为方面、情感方面和身体方面。精神方面，包括梦想、毅力、希望、自信、乐观、坚韧、胜任力、高自我效能感以及对生活有明确目标等；认知方面，包括道德感、洞察力、自我意识、高自尊、创造力、学习技能、计划能力以及问题解决能力等；行为方面，包括社交技能、问题解决能力、沟通能力以及保持亲密关系能力等;情感方面,包括情感能力、同理心、幽默感等;身体方面,包括健康、有运动天赋等。能够成功应对持续压力或逆境的特殊教育教师,往往在这五个方面的表现是比较突出的,他们能够灵活运用个体积极心理品质,完成教学目标以及各种能力的发展。赵娜(2009)研究发现,特殊教育教师的工作满意度总体水平中等偏上,职业承诺高于普校教师。这主要得益于他们能够调动个体积极的心理品质:他们乐观,能够发现自己身上的闪光点,保持良好的心态;他们有爱心,能够认识到每一个孩子都是天使,只是有的孩子是折翼的天使,需要发挥我们的同理心,需要善待孩子;他们有良好的社交能力和问题解决能力,能够创造条件,与他人交流,去解决工作生活中遭遇的压力或逆境;他们有情绪调控能力,能够适时调整不良情绪,以积极的状态迎接困难;他们有进取心,自我效能感高,相信自己能在特殊教育领域有所作为。

提升个体心理弹性,促使个体成功适应或应对压力或逆境的保护性环境因素则主要包括家庭、学校、社区等。家庭方面,特殊教育教师拥有和谐温馨的家庭氛围、与重要他人保持亲密关系、父母支持特殊教育教师这一职业是其应对职业压力或挑战的强心剂。学校方面,和谐的工作氛围、良好的同事关系、领导的人文关怀等,促使他们有着强烈的归属感,能够在一定程度上降低其职业压力。社区方面,高质量的社区如安全、暴力事件少,有应急服务火警和医疗急救等,能够给予他们较高的安全感,为教师提供安全、稳定的休息场所,促使其精神和身体的放松。

三、小结

综上所述,尽管国内外特殊教育教师心理健康的相关研究很丰富,但相关研究多采用“劣势视角”,视特殊教育教师为有较多心理健康问题的“弱势群体”,未能采用“优势视角”,视特殊教育教师为普通群体和发展对象;多探讨特殊教育教师的消极心理现象,提出特殊教育教师摆脱心理困境的“干预”策略,未能研究特殊教育教师的积极心理现象及其资源,提出增进特殊教育教师心理健康的“促进”模式。基于此,本研究从积极心理学的角度,在理论探索心理弹性促进心理健康的逻辑与理据的基础上,借鉴当前心理弹性研究集大成的“因素—过程整合模型”(席居哲等,2008),实证考察特殊教育教师心理弹性的前因变量(内外部影响因素)和后果变量(心理健康及其指标),构建基于心理弹性的特殊教育教师心理健康促进模式,不断提升特殊教育教师的心理健康水平。

第四节 研究设计

一、研究内容与框架

（一）研究对象

本研究的研究对象有狭义和广义之分。狭义的研究对象指的是特殊教育教师，即"在特殊教育学校、普通中小学幼儿园及其他机构中专门对残疾学生履行教育教学职责的专业人员"(《特殊教育教师专业标准(试行)》。广义的研究对象与具体的研究内容有关，主要包括：特殊教育教师心理健康现状及影响因素、特殊教育教师心理弹性现状及影响因素、特殊教育教师心理弹性的前因变量与后果变量及其相关关系；心理弹性促进特殊教育教师心理健康的基本模型和实现路径。

（二）内容结构

本研究由四个部分组成，共分为七章。

第一部分主要围绕本研究的背景和意义、核心概念、文献综述、研究设计等基本问题开展研究，包括第一章。第一章主要分析讨论本研究的背景及理论和实践意义；明确本研究涉及的特殊教育教师、心理健康和心理弹性等几个核心概念；在对国内外特殊教育教师心理健康及心理弹性的相关研究进行详细梳理和分析的基础上，指出当前研究存在的不足以及下一步研究的方向和范围；最后从具体思路方法、重点难点和可能的创新等方面具体说明本研究的方案。

第二部分主要围绕特殊教育教师心理健康开展研究，包括第二章、第三章。

第二章主要运用评估中国成年人心理健康水平的有效工具症状自评量表(SCL-90)，对随机抽取的我国特殊教育教师的心理健康状况进行问卷调查，揭示我国特殊教育教师心理健康的总体状况和心理问题检出率，并对不同类型的特殊教育教师心理健康水平进行差异分析，揭示各类特殊教育教师在心理健康方面呈现出的一般特征。

第三章主要围绕造成特殊教育教师心理问题的原因，通过对个别一线特殊教育教师的深度访谈，结合访谈个案及相关事件，并结合第二章抽样调查分析获得的结果和结论，从两个方面归纳影响特殊教育教师心理健康的负面因素，从期望与现实的矛盾、多重角色的内在冲突和专业知识技能的缺失等方面，分析讨论影响特殊教育教师心理健康的个体内部负面因素;从职业声望、学校环境、社会期许等方面,分析讨论影响特殊教育教师心理健康的外部负面因素。

第三部分主要围绕特殊教育教师心理弹性开展研究,包括第四章、第五章。

第四章主要运用评估中国成年人心理弹性的有效工具"中国成年人心理弹性量表",对随机抽取的我国特殊教育教师的心理弹性状况进行问卷调查,揭示我国特殊教育教师心理弹性的总体状况,并对不同类型的特殊教育教师心理弹性水平进行差异分析,揭示各类特殊教育教师在心理弹性方面呈现出的一般特征。

第五章主要包括两个方面的研究。一方面是关于心理弹性影响因素的研究,主要是综合运用质性研究和量化研究方法,探索影响特殊教育教师心理弹性的主要因素。质性研究主要是在 Kumpfer(1999)的心理弹性"因素—过程整合模型"框架模型的基础上,编制开放性问卷题目,对一线特殊教育教师进行小范围的开放式问卷调查和深度个案访谈,从个体的压力或挑战源、外部环境中的危险与保护性因子、个体—环境相互作用的过程与策略、个体内部的心理特质、外部环境支撑体系与过程等方面,对影响特殊教育教师心理弹性的各种因素进行深度分析,初步掌握影响特殊教育教师心理弹性的因素。量化研究主要是在开放式问卷调查和深度个案访谈的基础上,梳理影响我国特殊教育教师心理弹性的各种具体因素,结合已有的文献资料,严格遵循心理测量学原理,编制我国特殊教育教师心理弹性影响因素初测问卷,对随机抽取的我国特殊教育教师进行测试,并对测试结果进行严格的心理测量学分析,考察问卷的各种信度和效度指标,形成包含四个子问卷的我国特殊教育教师心理弹性影响因素正式问卷。另一方面是关于特殊教育教师心理弹性作用机制的研究,主要是运用中国成人心理弹性量表和自编的我国特殊教育教师心理弹性影响因素正式问卷,对随机抽取的我国特殊教育教师的心理弹性及其影响因素(关键前因变量)进行测试,采用相关分析、多元回归分析、结构方程模型等统计技术分析测量数据,综合考察影响因素(关键前因变量)对特殊教育教师心理弹性的影响及其心理作用机制,初步总结归纳影响特殊教育教师心理弹性的基本路径和模式。

第四部分主要围绕特殊教育教师心理弹性与心理健康的关系开展研究,主要体现为第六章。第六章主要运用自评症状量表、中国成年人心理弹性量表和自编的我国特殊教育教师心理弹性影响因素正式问卷,对随机抽取的我国特殊教育教师的心理健康、心理弹性及其影响因素进行测试,采用相关分析、多元回归分析、结构方程模型等统计技术分析测量数据,综合考察心理弹性及其影响因素(关键前因变量)对特殊教育教师心理健康及其因子的影响及相互作用机制,初步总结归纳影响特殊教育教师心理健康的基本路径。

第五部分主要围绕特殊教育教师心理健康促进的经验路径和理论路径展开研究,包括第七章。第七章主要包括两方面的研究。一方面是通过对前期特殊教育教师心理健康状况抽样调查及影响因素的分析结果,围绕如何有效缓解心理压力、增进心理健康这一主题,设计相关问题,对个别一线特殊教育教师进行深度访谈,结合访谈个案及相关事件,根据一线特殊教育教师的真实经验和强烈呼声,从个人和环境两个方面,总结归纳出认识自我和尝试悦纳、积极合理地应对职业压力、改善工作环境营造和谐氛围、为特殊教育教师提供专业化发展平台、争取在多方面获得理解与支持等消解特殊教育教师心理问题的具体应对策略,提供来自一线教师的经验路径。另一方面根据心理健康与心理弹性关系的相关研究结果,对总结归纳的影响特殊教育教师心理健康的具体路径进行深入的理论分析和阐释,在综合比较心理弹性及其影响因素影响特殊教育教师心理健康及其指标体系的各种数据模型的基础上,深入分析心理弹性及其影响因素(压力源、保护性因素和危险性因素)中的各种因素,从科学训练心理弹性、努力摆脱压力困境、充分挖掘保护因素、积极应对危险因素等方面入手,理论探索心理弹性促进特殊教育教师心理健康的主要应对策略,提供基于心理弹性的理论路径。

(三)研究重点和难点

本研究的重点有三方面:考察特殊教育教师心理弹性的影响因素及作用机制;揭示心理弹性对特殊教育教师心理健康的影响及其机制;阐明心理弹性促进特殊教育教师心理健康的基本路径。

本研究的难点有两方面:一是提取影响特殊教育教师心理弹性的过程变量。Kumpfer(1999)的“因素—过程整合模型”强调了个体—环境相互作用过程和外部环境支撑过程对心理弹性的影响,因此,如何从动态的过程中甄别、提取出相关的过程变量,并转化为测验变量,是本研究的一个难点。二是构建科学有效的特殊教育教师心理健康促进模式。建立基本模型、分析实现路径并对其加以验证,是模式构建的基础,因此,能不能通过严谨的研究设计和科学的研究结果,建立起科学有效的心理弹性促进特殊教育教师心理健康的基本路径,是本研究的另一个难点。

二、研究思路与方法

（一）研究思路

本研究运用积极心理学、健康心理学和教育心理学等学科的相关理论和研究方法，以心理弹性促进心理健康的逻辑与理据为研究的理论基础，构建心理弹性促进心理健康前因后果的多维理论构架，然后在实证考察特殊教育教师心理弹性的前因变量和后果变量的基础上，构建出基于心理弹性的特殊教育教师心理健康促进模式，建立起科学有效的心理弹性促进特殊教育教师心理健康的基本路径。

（二）研究方法

本研究主要采用文献分析法、问卷调查法、个案访谈法、比较分析法等方法。

1. 文献分析法

该方法主要是对与本研究有关的国内外相关研究成果进行收集、整理、归纳、分析，对本研究相关文献进行逐一阅读、研究，重点对国内外文献进行整理和批判性分析。获取中文电子文献的主要途径有：中国知网数据总库、万方数据库、维普数据库、中国科学引文数据库、超星图书馆、读秀以及其他各类学术和政府部门网站；获取外文电子文献的主要途径有：EBSCO 数据库、ProQuest 数据库、Springer Link 数据库、Taylor & Francis 数据库、Google 学术搜索及其他国外各类学术网站。

2. 问卷调查法

本研究采用定量和定性研究相结合，并以定量分析为主的方法，力求科学真实、全面系统地考察特殊教育教师心理健康及其促进问题。通过借鉴国内外相关研究所采用的调查方法，运用现成的较为成熟、应用广泛并且适合中国人的成年人心理健康评估问卷、成年人心理弹性评估问卷以及自编的具有良好信度和效度指标的特殊教育教师心理弹性影响因素问卷，对我国特殊教育教师的心理健康和心理弹性现状进行抽样调查，力求揭示特殊教育教师在心理健康和心理弹性方面呈现出的一般特点及其相互关系。同时，运用相关问卷对我国特殊教育教师心理弹性的各种前因变量和后果变量进行问卷调查，从而能够通过科学的实证调查研究结果，揭示出特殊教育教师心理弹性与前因变量、后果变量之间的内在关系，为建立基于心理弹性的特殊教育教师心理健康促进路径提供科学的经验证据。

3. 个案访谈法

本研究根据研究涉及的两大主题，即特殊教育教师心理健康的影响因素及可能的应对策略和特殊教育教师心理弹性的影响因素，设计访谈提纲，对随机抽取的一线特殊教育教师进行深度访谈。一方面从多维视角考察生活经验中的相关因素对心理健康和心理弹性的深层影响，为揭示特殊教育教师心理健康和心理弹性的影响因素及作用机制提供关键变量；另一方面深度分析特殊教育教师应对心理问题的经验策略，可以与本研究从积极心理学视角探索的特殊教育教师心理健康促进路径和模式进行对比，进一步彰显了本研究提出的促进路径和模式的科学价值和实践意义。

4. 比较分析法

本研究通过对个人背景变量的比较分析，全面系统考察我国不同类型的特殊教育教师在心理健康与心理弹性上呈现出的特点和差异，以便对呈现出不同心理健康和心理弹性特点的特殊教育教师提供更有效、更具有针对性的心理健康促进路径和模式。

三、研究创新与特色

（一）学术思想的创新与特色

本研究以心理弹性为切入点，聚焦特殊教育教师的积极心理品质和积极心理健康教育，视特殊教育教师为虽经历逆境但发展良好的群体，挖掘提升特殊教育教师心理弹性的积极资源以有效促进其心理健康，从而改变了以往研究者视特殊教育教师为“弱势群体”、研究其消极心理现象的“劣势视角”和学术思维，显现出学术思想的创新与特色。

（二）学术观点的创新与特色

(1) 心理弹性是心理健康的核心素质之一，通过心理弹性促进心理健康有着其内在的逻辑和理据。

(2) 心理弹性及其关键前因变量对特殊教育教师心理健康均具有显著的预测作用，心理弹性在其中起中介作用。

(3) 基于心理弹性的特殊教育教师心理健康促进模式是一种全新的积极心理健康促进模式，挖掘并利用特殊教育教师生活经验中的各种积极资源以提升其心理弹性，是促进特殊教育教师心理健康的基本路径。

（三）研究方法的创新与特色

本研究遵循“理论推演与实践归纳相结合，量化研究与质性研究相结合，学术继承和学术创新相结合”的方法论原则，综合运用文献法、问卷调查法、个案访谈法、比较分析法等多维方法对相关问题进行系统研究，在研究方法上体现出一定的创新与特色。

第二章 我国特殊教育教师心理健康状况抽样调查

特殊教育教师肩负着促进残疾人全面发展，促进社会公平正义的重要责任，其心理健康水平不仅影响自身的生活品质，更直接关系到特殊教育质量的提升和特殊教育事业的健康发展。特殊教育教师属于高应激的特殊群体，在与特殊儿童互动的教育教学过程中更容易出现应激反应。已有研究表明，特殊教育教师的心理健康水平不容乐观，心理问题检出率较高；特殊教育教师的心理健康水平与性别、教龄等背景变量以及社会支持、幸福感等心理变量有较高的相关性。

从已有研究看，研究对象的选取范围具有明显的区域性特征，主要是从个别省、市内部选取特殊教育教师作为调查对象，样本量从几十人到几百人不等（以 200 人以内居多，个别调查研究超过 300 人），被试选取范围和样本量缺少很好的代表性。研究工具主要包括两类：一类用于调查特殊教育教师心理健康的总体状况，如症状自评量表（SCL-90）、心理健康的诊断测验（CAS）、一般健康问卷（GHO）；另一类是调查特殊教育教师心理健康的特定指标，如抑郁自评量表（SDS）、焦虑自评量表（SAS）、职业倦怠量表（MBI-GS）等。使用不同的研究工具使得调查结果的可比性降低。

症状自评量表（SCL-90）非常适用于普通人群的心理健康状况测查，能够较为全面地详细报告某一群体的心理健康状况，是当前应用较为广泛的心理健康研究工具。本研究运用症状自评量表，在 2018 年 3 月—6 月，通过“问卷星”网络调查平台，对抽样获取的我国专任特殊教育教师进行在线问卷调查，以考察特殊教育教师心理健康总体状况及特征。

第一节　研究方法

一、研究对象

围绕研究课题的设计要求和具体内容，课题研究团队在2018年3月—6月，利用“问卷星”网络调查平台，对我国部分省市专任特殊教育教师进行在线问卷调查。具体调查程序是：利用QQ、微信等手段，运用随机抽样方法，与建立过相关联系的个别特殊教育教师进行沟通交流，请这部分人员对“问卷星”上的相关题目做出回答；再运用推荐抽样方法，请该部分人员把问卷调查的链接转发给其他认识的特殊教育教师，通过采用“滚雪球”的方式获得相关研究对象。

研究对象样本量的估算方法：根据抽样调查中样本量的科学确定方法，先计算出初始样本量$n_1=P(1-P)/[e^2/Z^2+P(1-P)/N]$，取$P=0.5$，$e=0.05$，$Z=1.96$，$N=56\ 000\approx55\ 979$，得$n_1\approx384$（根据教育部教育统计数据，截至2017年，我国专任特殊教育教师共55 979人，其中女教师41 278人）。由于本次调查主要采用推荐随机抽样，考虑到样本可能出现的偏差以及非现场在线调查导致无法回收或无效问卷过多等问题，以预计有效答卷率$r=50\%$为考量，对初试样本量n_1进行调整，计算出最终样本量$n_2=n_1/r=768$，并进行在线问卷发放，实际回收问卷726份，以被试填写问卷时长（300 s以下及“时间过长”）、重复IP地址、答案同一性作为筛选条件，剔除无效问卷45份，共回收有效问卷681份（在线问卷回答的IP地址显示，样本源涵盖除港澳台、西藏、海南、辽宁之外的其他地区），问卷有效率为93.80%。（表2-1）

表2-1　研究对象基本情况（$n=681$）

	类别	人数/n	百分比/%
所在单位性质	市属特殊教育学校	204	30.0
	县（区）属特殊教育学校	319	46.8
	特殊教育机构	81	11.9
	其他	77	11.3
性别	男	119	17.5
	女	562	82.5

表 2-1(续)

	类别	人数/n	百分比/%
年龄	25 周岁以下	221	32.5
	26～35 周岁之间	221	32.5
	36～45 周岁之间	142	20.9
	46 周岁及以上	97	14.2
教龄	1～5 年	351	51.5
	6～10 年	91	13.4
	11～15 年	36	5.3
	16 年以上	203	29.8
职称	三级	65	9.5
	二级	140	20.6
	一级	194	28.5
	高级	75	11.0
	其他	207	30.4
专业背景	特殊教育类专业毕业	421	61.8
	非特殊教育类专业毕业	260	38.2
学历	高中或中专	82	12.0
	大专	205	30.1
	本科	348	51.1
	研究生	46	6.8
所教学段	学前阶段	131	19.2
	小学阶段	398	58.4
	初中阶段	85	12.5
	高中阶段	67	9.8

注:因为四舍五入的原因,百分比的加总会出现不完全等于 100%的情况。

样本量的估算还可以通过经验判断。一般而言,总体规模在 1 万～10 万人,抽样比例一般保持在 1%～5%之间。本次调查的有效样本量共 681 人,约占 2017 年我国专任特殊教育教师总数的 1.22%,符合经验样本量范围的一般经验判断标准。

由表 2-1 可知，市属特殊教育学校 204 人(有效百分比 30%)，县(区)属特殊教育学校 319 人(有效百分比 46.8%)，特殊教育机构 81 人(有效百分比 11.9%)，其他 77 人(有效百分比 11.3%)；男性特殊教育教师 119 人(有效百分比 17.5%)，女性特殊教育教师 562 人(有效百分比 82.5%)；25 周岁以下 221 人(有效百分比 32.5%)，26～35 周岁之间 221 人(有效百分比 32.5%)，36～45 周岁之间 142 人(有效百分比 20.9%)，46 周岁及以上 97 人(有效百分比 14.2%)；教龄 1～5 年 351 人(有效百分比 51.5%)，教龄 6～10 年 91 人(有效百分比13.4%)，教龄 11～15 年 36 人(有效百分比 5.3%)，教龄 16 年以上 203 人(有效百分比 29.8%)；职称为三级 65 人(有效百分比 9.5%)，二级 140 人(有效百分比 20.6%)，一级 194 人(有效百分比 28.5%)，高级 75 人(有效百分比 11.0%)，其他 207 人(有效百分比 30.4%)；特殊教育类专业毕业 421 人(有效百分比 61.8%)，非特殊教育类专业毕业 260 人(有效百分比 38.2%)；高中或中专学历 82 人(有效百分比 12.0%)，大专学历 205 人(有效百分比 30.1%)，本科学历 348 人(有效百分比 51.1%)，研究生学历 46 人(有效百分比 6.8%)；所教学段处于学前阶段 131 人(有效百分比 19.2%)，处于小学阶段 398 人(有效百分比 58.4%)，处于初中阶段 85 人(有效百分比 12.5%)，处于高中阶段 67 人(有效百分比 9.8%)。

二、研究工具

主要研究工具是症状自评量表(SCL-90)。该量表由 90 个项目组成，包括躯体化、强迫症状、人际关系敏感、抑郁、焦虑、敌对、恐怖、偏执、精神病性及其他共 10 个因子。

本研究使用除“其他”因子外的 9 个因子，测试时要求被试根据近一个星期的真实体验来作答。量表采取 1～5 分的评分制，即没有记 1 分，较轻记 2 分，中度记 3 分，较重记 4 分，严重记 5 分。需要说明的是，被试得分越高说明其存在的心理健康问题越严重。诊断标准是任意一因子得分为 2 分或以上的被认定为心理或行为症状呈阳性(2 分及以上被认定该因子症状达到轻度及以上)，3 分及以上被认定该因子症状达到中度及以上，呈现较为严重的心理健康问题，需要给予一定的心理辅导或支持。

本研究中，总量表和 9 个因子的 Cronbach's α 系数分别是 0.985、0.918、0.891、0.899、0.924、0.906、0.866、0.878、0.856、0.900，均具有很高的信度。

第二节 研究结果

一、我国特殊教育教师心理健康总体状况

（一）我国特殊教育教师心理健康水平与全国常模的比较

鉴于特殊教育教师都已是成年人，因而他们的心理健康水平可与全国成人的心理健康常模相比较。相对于一般的成年人而言，特殊教育教师又是一个相对特殊的群体，教育对象的特殊性和偏常态特征要求特殊教育教师在对特殊儿童进行教育与康复训练时，除了必要的教育理论知识和丰富的实践经验之外，还要有足够的康复训练技能和处理特殊儿童随时可能发生应激事件的能力。特别是随着社会文明的进程及教育公平的不断推进，特殊教育事业越来越受重视，特殊教育教师也相应受到更多的关注，这使得特殊教育教师承担的社会期望和教育任务不断增大，再加上特殊教育教师本身还承担着各种家庭角色和自身发展等问题，使得特殊教育教师心理健康问题较为普遍。为了进一步了解特殊教育教师心理健康水平与全国成人常模之间的差异情况，本研究将特殊教育教师心理健康水平与全国常模进行了比较分析。（表 2-2）

表 2-2　我国特殊教育教师心理健康状况与全国常模比较

因子	特殊教育教师（n=681）		国内常模（n=1 388）		t
	M	SD	M	SD	
躯体化	1.66	0.59	1.37	0.48	12.61***
强迫症状	1.91	0.61	1.62	0.50	12.53***
人际关系敏感	1.74	0.63	1.65	0.61	3.87***
抑郁	1.74	0.63	1.50	0.59	9.84***
焦虑	1.65	0.59	1.39	0.43	11.47***
敌对	1.66	0.60	1.46	0.55	8.86***
恐怖	1.47	0.59	1.23	0.41	10.45***
偏执	1.61	0.61	1.43	0.42	7.90***
精神病性	1.55	0.57	1.29	0.42	12.08***

注：* 表示 $p<0.05$，* 表示 $p<0.01$，*** 表示 $p<0.001$，下同；M 表示平均数，SD 表示标准差，下同。

比较2018年我国特殊教育教师症状自评量表(SCL-90)的调查结果与国内正常成人常模分值,结果显示,特殊教育教师在SCL-90各个因子上的评分均显著高于全国常模,达到极其显著差异水平($p<0.001$),说明2018年我国特殊教育教师的心理健康水平远远低于正常水平。

粗略对比章永等(2014)以及徐美贞(2004)的代表性调查结果,发现2018年调查的特殊教育教师及其亚群体心理健康总体状况及具体指标要远远差于5年前(2013年),甚至15年前(2003年)。虽然取样区域和样本量不同导致对比的科学性不足,但初步发现一个事实:近年来特殊教育教师的心理健康水平出现明显下降趋势,并没有因国家对特殊教育事业的日益重视而提升。可能的原因在于,为了解决整个社会日益增长的对特殊教育的美好需求与特殊教育事业发展不平衡不充分之间的矛盾,国家投入大量经费和硬件设施、出台各种政策以保障特殊教育事业的持续健康发展,却没有进一步彰显特殊教育教师的政治、经济和社会地位,各级政府和学校也是一味地强调特殊教育的重要性,不断给特殊教育教师提要求、压担子,国家层面及社会各界人士对特殊教育的关注以及新课程标准的实行、校本课程的开发要求、"一人一案"理念的推行等加重了特殊教育教师的工作负担和心理压力,特殊儿童的特殊性与障碍性也加重了特殊教育教师职业压力与心理矛盾冲突,但是却忽视了对特殊教育教师及其亚群体的人文关怀和心理疏导,使得他们感受到越来越大的心理压力,心理健康状况日益堪忧,导致特殊教育教师这一群体的心理健康水平比全国一般人群的心理健康水平低。这提示我们关注特殊教育教师心理健康问题以及采取具体可行的措施帮助他们维护心理健康迫在眉睫。

(二) 我国特殊教育教师心理问题总体阳性检出率

本研究中特殊教育教师心理问题的检出率,即为参与本次测试存在心理健康问题的特殊教育教师人数与所有参与研究测试的总人数之比。分析特殊教育教师心理健康问题的检出情况,便于了解特殊教育教师心理健康问题各因子的检出率以及他们心理健康问题的整体状况。一般而言,症状自评量表(SCL-90)的任何一个因子平均分≥2分,就可以评定为阳性症状,表明被试在该因子上存在轻度及以上心理健康问题;因子平均分≥3分,则表明被试在该因子上存在中等及以上程度较重的心理健康问题。本调查发现,2018年我国特殊教育教师轻度及以上心理问题检出率在14.51%～34.36%之间,前三位依次是强迫症状(34.36%)、人际关系敏感(27.75%)、抑郁(24.23%);中度及严重心理问题检出率在3.08%～6.75%之间,前三位依次是强迫症状(6.75%)、敌对(5.58%)、偏执(5.29%)。具体而言,681个调查对象中,躯体化症状,147人(检出率21.59%)存在轻度及以上心理健康问题,27人(检出率3.96%)存在中度及以上较为严重的心理健康问题;强迫症状,234人(检出率34.36%)存在轻度及以上心理健康问题,46人(检出率6.75%)存在中度及以上较为严重的心理健康问题;人际关系敏感症状,189人(检出率27.75%)存在轻度及以上心理健康问题,35人(检出率5.14%)存在中度及以上较为严重的心理健康问题;抑郁症状,165人(检出率24.23%)存在轻度及以上心理健康问题,31人(检出率4.55%)存在中度及以上较为严重的心理健康问题;焦虑症状,136人(检出率19.97%)存在轻度及以上心理健康问题,26人(检出率3.82%)存在中度及以上较为严重的心理健康问题;敌对症状,145人(检出率21.29%)存在轻度及以上心理健康问题,38人(检出率5.58%)存在中度及以上较为严重的心理健康问题;恐怖症状,99人(检出率14.51%)存在轻度及以上心理健康问题,21人(检出率3.08%)存在中度及以上较为严重的心理健康问题;偏执症状,124人(检出率18.21%)存在轻度及以上心理健康问题,36人(检出率5.29%)存在中度及以上较为严重的心理健康问题;精神病性症状,100人(检出率14.68%)存在轻度及以上心理健康问题,24人(检出率3.52%)存在中度及以上较为严重的心理健康问题。(表2-3)

表2-3 我国特殊教育教师心理问题总体阳性检出率

因子	因子分≥2		因子分≥3	
	人数/个	百分数/%	人数/个	百分数/%
躯体化	147	21.59	27	3.96
强迫症状	234	34.36	46	6.75
人际关系敏感	189	27.75	35	5.14
抑郁	165	24.23	31	4.55
焦虑	136	19.97	26	3.82
敌对	145	21.29	38	5.58
恐怖	99	14.51	21	3.08
偏执	124	18.21	36	5.29
精神病性	100	14.68	24	3.52

值得注意的是,这一结果检出症状排在前三位的是强迫症状、人际关系敏

感和抑郁，原因可能与特殊教育教师的职业特性有关。众所周知，特殊儿童通常存在障碍性和特殊性，特殊教育教师作为他们在校期间的主要负责人，长期处于紧张和担忧状态，对待哪怕很小的事情或者细节，都会强迫自己去反复检查确认，因而有较为明显的强迫倾向；人际关系敏感与抑郁则可能是特殊教育教师面临较为复杂的工作环境、职业压力和家庭等多方面因素造成的。

（三）我国特殊教育教师心理问题检出率在人口学特征上的比较

为了进一步考察我国各类型特殊教育教师可能存在的心理问题，尤其是在各种症状上呈现的中度及以上较为严重的情况，本研究以症状自评量表中的因子分≥3 作为心理问题检出率的标准，比较特殊教育教师在性别、年龄、教龄、职称、专业背景、学历、所在单位性质、所教学段等 8 种人口学特征方面表现出来的一些值得重视的特点。

1. 心理问题检出率的性别比较

通过对不同性别特殊教育教师进行症状自评量表（SCL-90）测试，结果显示，女教师的心理问题检出人数比男教师多。（表 2-4）

表 2-4　不同性别特殊教育教师 SCL-90 各因子分≥3 的人数与比例

因子	检出人数/个		检出率/%	
	男（n=119）	女（n=562）	男（n=119）	女（n=562）
躯体化	5	16	4.20	2.85
强迫症状	3	30	2.52	5.34
人际关系敏感	3	24	2.52	4.27
抑郁	3	23	2.52	4.09
焦虑	4	17	3.36	3.02
敌对	3	17	2.52	3.02
恐怖	3	10	2.52	1.78
偏执	5	14	4.20	2.49
精神病性	3	14	2.52	2.49

从测试结果可以看出，女性特殊教育教师在强迫症状、人际关系敏感、抑郁、敌对 4 个因子上的检出率高于男性特殊教育教师，在躯体化、焦虑、恐怖、偏执、精神病性 5 个因子上的检出率低于男性特殊教育教师。女性特殊教育教师的心理问题按照检出率大小排序依次为：强迫症状、人际关系敏感、抑郁、焦虑

和敌对(并列)、躯体化、偏执和精神病性(并列)、恐怖。男性特殊教育教师的心理问题检出率情况为:躯体化和偏执并列第一(检出率为4.20%),焦虑排第三(检出率为3.36%),强迫症状、人际关系敏感、抑郁、焦虑、敌对、恐怖以及精神病性的检出率均为2.52%,这一结果与其他多数研究者关于特殊教育教师心理健康状况调查的结果基本一致。

2. 心理问题检出率的年龄比较

不同年龄段的特殊教育教师SCL-90测试结果呈现不同的特点。(表2-5)

表2-5 不同年龄段特殊教育教师SCL-90各因子分≥3的人数与比例

因子	检出人数/个				检出率/%			
	≤25周岁(n=221)	26～35周岁(n=221)	36～45周岁(n=142)	≥46周岁(n=97)	≤25周岁(n=221)	26～35周岁(n=221)	36～45周岁(n=142)	≥46周岁(n=97)
躯体化	6	7	4	4	2.71	3.17	2.82	4.12
强迫症状	10	14	6	3	4.52	6.33	4.23	3.09
人际关系敏感	10	12	3	2	4.52	5.43	2.11	2.06
抑郁	11	10	4	1	4.98	4.52	2.82	1.03
焦虑	7	9	4	1	3.17	4.07	2.82	1.03
敌对	7	6	6	1	3.17	2.71	4.23	1.03
恐怖	5	5	2	1	2.26	2.26	1.41	1.03
偏执	9	4	4	2	4.07	1.81	2.82	2.06
精神病性	9	4	2	2	4.07	1.81	1.41	2.06

25周岁以下的特殊教育教师在抑郁、人际关系敏感、强迫症状、偏执、精神病性5个因子上的检出率较高。26～35周岁之间的特殊教育教师心理问题突出表现在强迫症状、人际关系敏感、抑郁、焦虑方面,特别是强迫症状检出率高达6.33%,其次是人际关系敏感检出率为5.43%,抑郁和焦虑的检出率分别为4.52%和4.07%。36～45周岁之间的特殊教育教师则是强迫症状和敌对两个因子的检出率较高。46周岁及以上的特殊教育教师在抑郁、焦虑、敌对及恐怖这4个因子上的检出率相比其他年龄段的特殊教育教师最低,仅为1.03%;躯体化症状检出率却很高,这可能是因为随着年龄的增长,个体身体的机能逐渐下降,加上常年在特殊教育工作岗位,考虑的问题也较多,再加上可能的基础性疾病,因此,随着年龄的增长会导致特殊教育教师的躯体化症状越来越明显。

3. 心理问题检出率的教龄比较

教龄在1～5年的特殊教育教师心理问题检出人数最多，但比教龄在6～10年的特殊教育教师心理问题检出率低一些，这可能与二者的样本量差别较大有关；教龄在6～10年的特殊教育教师心理健康问题检出率除了躯体化因子低于教龄11～15年的特殊教育教师，强迫症、人际关系敏感、焦虑等其他7个因子的检出率远高于其他教龄段的特殊教育教师，教龄在6～10年的特殊教育教师与教龄在11～15年特殊教育教师的敌对因子检出率大致相同。教龄在16年以上的特殊教育教师除了躯体化检出率高于教龄在1～5年的特殊教育教师之外，其他各因子均低于各个教龄段的特殊教育教师。总体而言，教龄在6～10年的特殊教育教师心理健康问题检出率最高，其中强迫症状和人际关系敏感因子的检出率高达8.79%，应该引起特别重视。（表2-6）

表2-6　不同教龄特殊教育教师SCL-90各因子分≥3的人数与比例

因子	检出人数/个				检出率/%			
	1～5年（n=351）	6～10年（n=91）	11～15年（n=36）	16年以上（n=203）	1～5年（n=351）	6～10年（n=91）	11～15年（n=36）	16年以上（n=203）
躯体化	7	4	3	7	1.99	4.40	8.33	3.45
强迫症状	16	8	1	8	4.56	8.79	2.78	3.94
人际关系敏感	14	8	1	4	3.99	8.79	2.78	1.97
抑郁	15	6	1	4	4.27	6.59	2.78	1.97
焦虑	9	7	1	4	2.56	7.69	2.78	1.97
敌对	8	5	2	5	2.28	5.49	5.56	2.46
恐怖	6	4	1	2	1.71	4.40	2.78	0.99
偏执	10	3	1	5	2.85	3.30	2.78	2.46
精神病性	10	3	1	3	2.85	3.30	2.78	1.48

4. 心理问题检出率的职称比较

需要说明的是，在对不同职称特殊教育教师的SCL-90测试时，职称为“其他”的这部分教师，一般指的是刚入职或者是在特殊教育康复机构等单位没有进行职称评定的特殊教育教师。调查结果显示，心理健康问题检出率最高的是职称为三级的特殊教育教师，这部分教师的心理健康问题检出率除了强迫症状和恐怖两个因子，其余7个因子检出率均高于职称是二级、一级、高级和其他（无职称）的特殊教育教师。具体来说，在各类职称群体中，三级教师在强迫症状、人际关系敏感、抑郁这3个因子上的检出率最高，均为6.15%；其次是躯体化、焦虑、敌对、偏执、精神病性，检出率都是4.62%。二级教师在强迫症状因子上的检出率最高，达到6.43%；其次是人际关系敏感因子(检出率为5.00%)；排在第三位的是抑郁和焦虑两个因子，检出率均为4.29%。一级教师的心理健康问题检出率最高的是强迫症状因子(4.12%)，最低的是精神病性因子(1.03%)。高级教师的心理健康问题检出率最高的是强迫症状和恐怖两个因子，均为5.33%；检出率最低的是人际关系敏感和精神病性两个因子，均为2.67%；躯体化、抑郁、焦虑、敌对、偏执这5个因子的检出率相同，均为4.00%。没有职称的教师的心理健康问题检出率最高的是人际关系敏感和抑郁两个因子，均为4.83%；其次是强迫症状和精神病性两个因子，检出率均为3.86%；恐怖因子的检出率最低，为1.45%。(表2-7)

表2-7 不同职称特殊教育教师SCL-90各因子分≥3的人数与比例

因子	检出人数/个				
	三级 (n=65)	二级 (n=140)	一级 (n=194)	高级 (n=75)	其他 (n=207)
躯体化	3	3	6	3	6
强迫症状	4	9	8	4	8
人际关系敏感	4	7	4	2	10
抑郁	4	6	3	3	10
焦虑	3	6	5	3	4
敌对	3	5	4	3	5
恐怖	1	2	3	4	3
偏执	3	4	4	3	5
精神病性	3	2	2	2	8

因子	检出率/%				
	三级 (n=65)	二级 (n=140)	一级 (n=194)	高级 (n=75)	其他 (n=207)
躯体化	4.62	2.14	3.09	4.00	2.90
强迫症状	6.15	6.43	4.12	5.33	3.86
人际关系敏感	6.15	5.00	2.06	2.67	4.83
抑郁	6.15	4.29	1.55	4.00	4.83
焦虑	4.62	4.29	2.58	4.00	1.93
敌对	4.62	3.57	2.06	4.00	2.42
恐怖	1.54	1.43	1.55	5.33	1.45
偏执	4.62	2.86	2.06	4.00	2.42
精神病性	4.62	1.43	1.03	2.67	3.86

5. 心理问题检出率的专业背景比较

在对不同专业背景特殊教育教师的 SCL-90 测试中，有特殊教育专业背景的教师在人际关系敏感、焦虑和精神病性 3 个因子上的检出率高于非特殊教育专业背景的教师，其余 6 个因子的检出率均低于非特殊教育专业背景的教师。具体而言，有特殊教育专业背景教师的心理健康问题检出率，排在前三位的依次是强迫症状、人际关系敏感和抑郁，检出率分别为 4.75%、4.28%、3.33%。非特殊教育专业背景教师的心理健康问题检出率最高的是强迫症状，达到 5.00%；其次是躯体化和抑郁两个因子，均为 4.62%；检出率最低的是精神病性，为2.31%。总体而言，在特殊教育教师心理健康问题的检出率指标上，有无特殊教育专业背景，主要对躯体化的检出率产生比较大的影响（分别是 2.14% 和 4.62%），其余因子的检出率差别不是很大。（表 2-8）。

表 2-8　不同专业背景特殊教育教师 SCL-90 各因子分≥3 的人数与比例

因子	检出人数/个		检出率/%	
	特殊教育类专业毕业（n=421）	非特殊教育类专业毕业（n=260）	特殊教育类专业毕业（n=421）	非特殊教育类专业毕业（n=260）
躯体化	9	12	2.14	4.62
强迫症状	20	13	4.75	5.00
人际关系敏感	18	9	4.28	3.46
抑郁	14	12	3.33	4.62
焦虑	13	8	3.09	3.08
敌对	11	9	2.61	3.46
偏执	10	9	2.38	3.46
精神病性	11	6	2.61	2.31

6. 心理问题检出率的学历比较

不同学历的特殊教育教师 SCL-90 测试结果显示，总的来看，学历为大专的特殊教育教师在强迫症状、人际关系敏感、抑郁、焦虑、敌对等因子上的检出率高于学历是本科的特殊教育教师；在躯体化、恐怖、偏执、精神病性等因子上的检出率低于学历是本科的特殊教育教师。学历是大专和本科的特殊教育教师被检出人数最多；学历为大专的特殊教育教师的心理问题检出率最高；学历为研究生的特殊教育教师心理健康问题检出率最低。（表 2-9）

表 2-9　不同学历特殊教育教师 SCL-90 各因子分≥3 的人数与比例

因子	检出人数/个				检出率/%			
	高中或中专（n=82）	大专（n=205）	本科（n=348）	研究生（n=46）	高中或中专（n=82）	大专（n=205）	本科（n=348）	研究生（n=46）
躯体化	2	5	13	1	2.44	2.44	3.74	2.17
强迫症状	4	13	15	1	4.88	6.34	4.31	2.17
人际关系敏感	3	10	12	2	3.66	4.88	3.45	4.35
抑郁	4	10	11	1	4.88	4.88	3.16	2.17
焦虑	3	8	9	1	3.66	3.90	2.59	2.17
敌对	4	8	7	1	4.88	3.90	2.01	2.17
恐怖	1	3	9	0	1.22	1.46	2.59	0.00
偏执	3	4	11	1	3.66	1.95	3.16	2.17
精神病性	1	4	11	1	1.22	1.95	3.16	2.17

具体而言，在躯体化因子的检出率上，学历是本科的特殊教育教师检出率最高，达到 3.74%；其次是大专及高中（中专）学历的教师，检出率均为 2.44%；检出率最低的是研究生学历的教师，为 2.17%。在强迫症状因子的检出率上，学历是大专的特殊教育教师检出率最高，达到 6.34%；其次是高中（中专）学历的教师，检出率均为 4.88%；检出率最低的是研究生学历的教师，为 2.17%。在人际关系敏感因子的检出率上，学历是大专的特殊教育教师检出率最高，达到 4.88%；其次是研究生学历的教师，检出率为 4.35%；检出率最低的是本科学历的教师，为 3.45%。在抑郁因子的检出率上，学历是大专及高中（中专）的特殊教育教师的检出率最高，均为 4.88%；检出率最低的是研究生学历的教师，为 2.17%。在焦虑因子的检出率上，学历是大专的特殊教育教师检出率最高，达到 3.90%；其次是高中（中专）学历的教师，检出率为 3.66%；检出率最低的是研究生学历的教师，为 2.17%。在敌对因子的检出率上，学历是高中（中专）的特殊教育教师检出率最高，达到 4.88%；其次是大专学历的教师，检出率为 3.90%；检出率最低的是本科生学历的教师，为 2.01%。恐怖因子的检出率均比较低，其中学历是本科的特殊教育教师检出率最高，为 2.59%；其次是大专学历的教师，检出率为 1.46%；研究生学历的教师的检出率为 0。在偏执因子的检出率上，学历是高中（中专）的特殊教育教师检出率最高，达到 3.66%；其次是本科学历的教师，检出率为 3.16%；检出率最低的是大专学历的教师，为

1.95%。在精神病性因子的检出率上，除了学历是本科的特殊教育教师检出率偏高，达到 3.16%，其余学历教师的检出率均比较低，介于 1.22%～2.17% 之间。

7. 心理问题检出率的所在单位性质比较

不同单位性质的特殊教育教师在 SCL-90 各症状因子上的检出情况有较大差异，县（区）属的特殊教育教师被检出人数最多，不过特殊教育机构的特殊教育教师检出率更高一些，这可能与各类被试者的调查样本大小有关。

其中，特殊教育机构的特殊教育教师在抑郁、人际关系敏感和敌对方面的检出率超过 5%，尤其需要指出的是，抑郁因子的检出率高达 8.64%；县（区）属特殊教育教师的心理症状表现集中在强迫症状、人际关系敏感、焦虑方面，检出率分别为 5.64%、4.08%、3.76%；市属特殊教育学校的教师在强迫症状、躯体化两个因子方面检出较多；其他单位的特殊教育教师检出人数靠前的是人际关系敏感、抑郁、偏执及精神病性 4 个因子。（表 2-10）

表 2-10　不同单位性质特殊教育教师 SCL-90 各因子分≥3 的人数与比例

因子	检出人数/个				检出率/%			
	市属特殊教育学校（n=204）	县（区）属特殊教育学校（n=319）	特殊教育机构（n=81）	其他（n=77）	市属特殊教育学校（n=204）	县（区）属特殊教育学校（n=319）	特殊教育机构（n=81）	其他（n=77）
躯体化	7	8	4	2	3.43	2.51	4.94	2.60
强迫症状	9	18	4	2	4.41	5.64	4.94	2.60
人际关系敏感	5	13	5	4	2.45	4.08	6.17	5.19
抑郁	5	11	7	3	2.45	3.45	8.64	3.90
焦虑	5	12	3	1	2.45	3.76	3.70	1.30
敌对	4	9	5	2	1.96	2.82	6.17	2.60
恐怖	5	6	1	1	2.45	1.88	1.23	1.30
偏执	3	11	2	3	1.47	3.45	2.47	3.90
精神病性	2	9	3	3	0.98	2.82	3.70	3.90

8. 心理问题检出率的所教学段比较

所教对象为小学阶段的特殊教育教师检出人数最多，其中强迫症状、人际关系敏感、抑郁因子的检出量都超过 100 名。检出率最高的是所教对象为学前阶段的特殊教育教师，SCL-90 的 9 个因子检出率均远超所教对象为小学、初中、高中阶段的特殊教育教师，其中排在前三位的是强迫症状、人际关系敏感、抑郁，检出率分别为 41.98%、33.59%、32.82%，说明 10 位学前阶段的特殊教育教师中可能 3～4 位有中重度以上强迫症状、人际关系敏感或抑郁等心理问题。所教对象为小学阶段的特殊教育教师的 SCL-90 测试结果各因子检出率仅次于所教对象为学前阶段的特殊教育教师。所教对象为初中和高中阶段的特殊教育教师 SCL-90 各因子的检出率相对较低。（表 2-11）

表 2-11　不同学段特殊教育教师 SCL-90 各因子分≥3 的人数与比例

因子	检出人数/个				检出率/%			
	学前（n=131）	小学（n=398）	初中（n=85）	高中（n=67）	学前（n=131）	小学（n=398）	初中（n=85）	高中（n=67）
躯体化	31	85	12	14	23.66	21.36	14.12	20.90
强迫症状	55	132	22	17	41.98	33.17	25.88	25.37
人际关系敏感	44	106	15	9	33.59	26.63	17.65	13.43
抑郁	43	102	12	11	32.82	25.63	14.12	16.42
焦虑	33	82	10	10	25.19	20.60	11.76	14.93
敌对	33	82	8	6	25.19	20.60	9.41	8.96
恐怖	26	61	6	6	19.85	15.33	7.06	8.96
偏执	28	67	8	5	21.37	16.83	9.41	7.46
精神病性	28	63	3	5	21.37	15.83	3.53	7.46

（四）我国特殊教育教师心理健康状况总体分析

通过对特殊教育教师心理健康症状各个因子的分析以及与全国常模的对照比较发现，特殊教育教师在 SCL-90 各个因子上的均分皆高于全国常模，并达到极其显著的水平，其中强迫症状、人际关系敏感、抑郁的均分最高，说明特殊教育教师的心理健康状况较一般人群差，并且在强迫症状、人际关系敏感、抑郁等方面表现明显。根据 SCL-90 中任意一因子分≥3 判定有中度以上心理问题的评定标准，本次研究中，心理问题呈阳性症状的特殊教育教师人数占总人数的 21.59%，这意味着每 100 位特殊教育教师中就有大约 22 位有心理健康方面的问题，这一结果应该引起特殊教育学校、特殊教育机构、随班就读管理机构以及教育管理部门和社会的重视。进一步对不同背景的特殊教育教师心理问题检出分布情况进行比较分析，发现特殊教育教师心理健康状况有其各自的特点。

在性别上，女性特殊教育教师在强迫症状、人际关系敏感和抑郁3个因子上的检出率显著高于男性特殊教育教师，男性特殊教育教师在躯体化和偏执因子上的检出率显著高于女性特殊教育教师，总体检出率上女性特殊教育教师高出男性特殊教育教师4.77%。不同年龄段的特殊教育教师心理问题表现各有特点，但无论哪个年龄段的特殊教育教师强迫症状都很严重。而从不同教龄的特殊教育教师心理问题检出分布情况中可以看出，教龄在6～10年的特殊教育教师心理健康问题检出率最高，其中强迫症状和人际关系敏感因子检出率高达8.79%。在职称上，职称为三级的特殊教育教师检出率最高，特别是强迫症状、人际关系敏感和抑郁3个因子检出率并列第一，均为6.15%。在是否有专业背景上，非特殊教育专业背景的特殊教育教师比有特殊教育专业背景的特殊教育教师心理健康问题检出率高。在学历上，学历为大专的特殊教育教师心理健康问题检出率最高，学历为研究生的特殊教育教师心理健康问题检出率最低。在单位性质上，不同单位性质的特殊教育教师心理健康问题检出率呈现较大差异，其中特殊教育机构的特殊教育教师检出率更高一些。在不同学段上，学前阶段的特殊教育教师心理健康问题检出率最高，其次是小学阶段的特殊教育教师，而初中和高中阶段的特殊教育教师心理健康问题检出率相对较低。

综上所述，特殊教育教师的心理健康状况较令人担忧。究其原因，可能因为特殊教育教师是多角色的综合体，他们或为子女、丈夫或妻子、父亲或母亲、特殊学生教育与康复训练的协助者、家校合作的组织者、教职员工等，这就使特殊教育教师处于一个较为复杂的人际关系当中，不仅需要处理与家庭各成员的关系，还需要处理与学生、家长、学校的各种关系。如果特殊教育教师不及时发现并调适自身的心理问题，长年累月积攒下去，一旦负面心理之火被点燃，则可能会悲伤、会抑郁，伤害自己或家人、同事、学生。不仅如此，严重的心理问题还会引起个体身体上的不适，甚至疾病或严重的病变，而这些症状反过来又会加重其心理问题，从而形成周而复始的不良循环。从理论和实践上说，特殊教育教师职业的特殊性要求其具备的心理健康水平和心理素质应该比一般成人更高，然而，本研究的结果却显示特殊教育教师存在的心理健康问题要远多于一般常人，这显然与新时代特殊教育的发展要求是极不相符的。相关部门在对特殊教育教师展开管理或者培训工作时，不能忽视特殊教育教师的心理健康状况，要根据实际情况，结合不同特殊教育教师群体的心理特点，制定更有针对性的管理目标或培训方式，以便能够及时有效地对特殊教育教师可能存在的心理健康问题进行疏导和帮助。

二、我国特殊教育教师心理健康水平的差异分析

（一）我国特殊教育教师心理健康水平的性别差异分析

在以性别为变量的特殊教育教师 SCL-90 各因子得分差异的比较中，发现女性特殊教育教师在所有因子的得分上均高于男性特殊教育教师，并在强迫症状、抑郁因子得分上存在显著差异（$p<0.05$）。通过比较均分可知，女性特殊教育教师出现的心理症状排在前三位的是强迫症状、人际关系敏感和抑郁（并列）。（表 2-12）

表 2-12　不同性别特殊教育教师 SCL-90 因子分差异检验

因子	女教师（$n=562$）		男教师（$n=119$）		t	p
	M	SD	M	SD		
躯体化	1.68	0.60	1.57	0.58	−1.86	0.06
强迫症状	1.94	0.62	1.80	0.58	−2.28*	0.02
人际关系敏感	1.76	0.64	1.67	0.61	−1.38	0.17
抑郁	1.76	0.64	1.63	0.59	−2.01*	0.04
焦虑	1.67	0.59	1.57	0.59	−1.65	0.10
敌对	1.68	0.61	1.58	0.57	−1.64	0.10
恐怖	1.48	0.59	1.38	0.61	−1.70	0.09
偏执	1.62	0.60	1.59	0.64	−0.39	0.70
精神病性	1.56	0.57	1.50	0.56	−1.22	0.22

注：* 表示 $P<0.05$，** 表示 $P<0.01$，*** 表示 $P<0.001$。（下同）

根据调查结果可知，女性特殊教育教师的心理健康水平低于特殊教育男教师的心理健康水平，这与徐美贞（2004）、于红莉（2007）等人对特殊教育教师心理健康状况开展调查研究所得结果一致。究其原因可能是因为女性特殊教育教师既是特殊儿童教育与康复训练的主体力量，又是家庭中的重要支柱，不仅要做特殊儿童知识的传递者和生活上的导师，更要做特殊儿童可以信赖的朋友，还要应对传统社会对女性的诸多要求，比如更多地承担家中照顾老人和小孩的义务以及大部分的家务劳动等。这就要求她们除了要在工作环境中扮演好教师、同事、员工、家校合作引导者的角色之外，可能还要扮演好女儿、妻子、母亲或者儿媳妇等社会角色，还要承受女性特有的生理周期不适以及孕育后代导致的身心变化，使得女性特殊教育教师在遭遇角色冲突时不可避免地直面工

作与家庭的冲突。多重社会角色和繁杂的工作压力导致她们在心理或行为上的不适症状有所增加,如果处理不好,严重的甚至可能会引发癌变。

此外,由于女性教师感情较为细腻和敏感,面对工作环境或教育学生过程中发生的矛盾与冲突,更容易出现认知偏差和情绪波动,进而出现焦虑、抑郁、敌对、偏执、人际关系敏感等症状,并会在同事面前抱怨或哭诉,致使负面情绪在群体中扩散开来。男性教师的性格往往比较开朗,心思不会那么敏感,并且具有积极主动和喜欢运动等特点。当他们遭遇棘手之事或者心情低落时,更多地会选择积极应对、及时处理或通过体育锻炼等方式发泄出来,所以会很快消化各种不良的情绪,从而避免了不良情绪的蔓延,故而比女性教师更容易缓解或调整心理不适。据国家 2018 年度的教育统计,特殊教育专任教师一共有 55 979 名,其中女性教师占到总人数的 73.74%。这个庞大的数字反映了特殊教育女教师在特殊教育事业发展及特殊儿童缺陷补偿功能改善过程中的重要地位,也提醒我们要关注特殊教育女教师的心理健康状况。

(二)我国特殊教育教师心理健康水平的年龄差异分析

采用单因素方差分析,对不同年龄段的特殊教育教师在 SCL-90 各因子上的得分进行差异性检验。(表 2-13)。

表 2-13　不同年龄段特殊教育教师的 SCL-90 因子分差异检验

因子	A=≤25 周岁 (n=221)		B=26～35 周岁 (n=221)		C=36～45 周岁 (n=142)		D=≥46 周岁 (n=97)		F	事后比较
	M	SD	M	SD	M	SD	M	SD		
躯体化	1.60	0.55	1.67	0.61	1.66	0.61	1.75	0.63	1.585	
强迫症状	1.96	0.62	1.96	0.63	1.87	0.62	1.77	0.52	2.894*	A,B>D
人际关系敏感	1.83	0.67	1.78	0.64	1.64	0.62	1.62	0.56	4.086*	A>C,D
抑郁	1.75	0.66	1.80	0.65	1.70	0.63	1.61	0.48	2.156	
焦虑	1.70	0.60	1.68	0.59	1.59	0.61	1.54	0.50	2.328	
敌对	1.73	0.64	1.70	0.58	1.65	0.64	1.47	0.46	4.364*	A,B,C>D
恐怖	1.58	0.63	1.46	0.56	1.39	0.61	1.33	0.49	5.285***	A>C,D
偏执	1.68	0.65	1.62	0.58	1.58	0.63	1.51	0.51	1.813	
精神病性	1.62	0.62	1.58	0.52	1.49	0.59	1.43	0.47	3.627*	A,B>D

结果显示,不同年龄段的特殊教育教师在强迫症状、人际关系敏感、敌对及精神病性 4 个因子上的得分存在显著差异($p<0.05$),在恐怖因子的得分上存

在极其显著差异($p<0.001$)。通过比较均分可知,25 周岁以下的特殊教育教师均分总体上较高,即心理健康问题相较而言较为突出,其中人际关系敏感、焦虑、敌对、恐怖、偏执、精神病性等 6 个因子的均分皆高于其他年龄段的特殊教育教师,强迫症状因子均分与 26～35 周岁的特殊教育教师相同,但躯体化因子均分相对于其他各年龄段的特殊教育教师而言最低。26～35 周岁的特殊教育教师抑郁因子得分高于其他年龄段的特殊教育教师,人际关系敏感、焦虑、敌对、恐怖、偏执、精神病性等 6 个因子的得分比 25 周岁以下的特殊教育教师低,但比 36～45 周岁之间及 46 周岁以上的特殊教育教师得分高。46 周岁以上的特殊教育教师除躯体化因子得分比其他年龄段较高之外,其余 8 个因子得分均为最低,说明特殊教育教师的心理健康水平呈现出随年龄的增长而有所提升的趋势。其中,由于躯体化是个体会持久地担心或怀疑自身有各种躯体不适的神经症性躯体障碍,对个体的心理或行为有着重要影响,因而对 46 周岁以上特殊教育教师的躯体化症状要给以关注并加以引导纾解。

通过对强迫症状因子得分进行多重比较,发现 25 周岁以下和 26～35 周岁之间的特殊教育教师相较并无显著差异,但均和 46 周岁以上特殊教育教师的得分存在显著差异,且 $M_{25周岁以下}$ 和 $M_{26\sim35周岁}$ 均大于 $M_{46周岁以上}$,而其他年龄段的特殊教育教师两两之间没有显著差异。对人际关系敏感和恐怖因子分别进行多重比较,发现 25 周岁以下和 26～35 周岁的特殊教育教师之间没有显著差异,但是 25 周岁以下和 36～45 周岁之间、46 周岁以上两个阶段的特殊教育教师之间都存在显著差异,且 $M_{25周岁以下}$ 均大于 $M_{36\sim45周岁}$ 和 $M_{46周岁以上}$,26～35 周岁之间和 36～45 周岁之间、46 周岁以上两个阶段的特殊教育教师两两之间均无显著差异。对敌对因子的多重比较结果显示,25 周岁以下、26～35 周岁之间、36～45 周岁之间这 3 个年龄段的特殊教育教师均和 46 周岁以上的特殊教育教师存在显著差异,且 $M_{25周岁以下}$、$M_{26\sim35周岁}$ 和 $M_{36\sim45周岁}$ 均大于 $M_{46周岁以上}$,其他年龄段的特殊教育教师之间两两之间不存在显著差异。对精神病性因子的多重比较结果显示,25 周岁以下和 46 周岁以上的特殊教育教师之间存在显著差异,26～35 周岁之间和 46 周岁以上的特殊教育教师之间存在显著差异,且 $M_{25周岁以下}$ 和 $M_{26\sim35周岁}$ 均大于 $M_{46周岁以上}$,其他年龄段的特殊教育教师两两之间没有显著差异。

导致这些结果的可能原因在于:首先,25 周岁以下的特殊教育教师大多刚刚从大学校园进入特殊教育工作岗位,对工作环境、教学效能、师生关系及同事相处等方面可能会产生较高的期望。根据期望值理论可知,当现实结果与期望值相差巨大时,可能会产生负面影响,特别是现实事件小于期望值时,很容易致使特殊教育教师从开始的积极进取心态转变成后来的消极心态。其次，25 周岁左右的特殊教育教师离开大学校园时间尚短，回忆往昔在校的时候就像“天之骄子”，只要努力学习就好了，其他什么都不用烦神。但进入工作岗位后就不一样了，要承担起各种各样的责任，要承担特殊儿童教育教学和班级管理的责任、特殊儿童的在校安全、理论与实践相结合对特殊儿童进行适宜的诊断评估与个别化教育等一系列工作，这些责任处理不好就会转变成工作上的压力。虽然适度的压力可转化为积极进取的动力并促使个体发展自我，但当压力变频繁且强度变大时则会产生严重危害，可能导致个体精力与工作热情被过早消耗殆尽，甚至会使个体抵抗疾病的能力变弱，进而出现各种不适的身体症状，随后又反过来对个体的心理产生影响。

（三）我国特殊教育教师心理健康水平的教龄差异分析

采用单因素方差分析，对不同教龄的特殊教育教师在 SCL-90 各因子上的得分进行差异性检验。（表 2-14）

表 2-14 不同教龄特殊教育教师的 SCL-90 各因子分差异检验

因子	A=1～5 年 (n=351)		B=6～10 年 (n=91)		C=11～15 年 (n=36)		D=16 年以上 (n=203)		F	事后比较
	M	SD	M	SD	M	SD	M	SD		
躯体化	1.59	0.55	1.72	0.64	1.76	0.83	1.72	0.60	2.900*	A>D
强迫症状	1.96	0.60	1.97	0.71	1.81	0.67	1.84	0.57	2.306	
人际关系敏感	1.80	0.64	1.82	0.69	1.60	0.73	1.64	0.56	3.743*	A,B>D
抑郁	1.75	0.64	1.83	0.68	1.71	0.74	1.67	0.55	1.448	
焦虑	1.67	0.57	1.75	0.68	1.56	0.72	1.57	0.54	2.537	
敌对	1.70	0.59	1.76	0.69	1.66	0.80	1.57	0.54	2.876*	A,B>D
恐怖	1.52	0.58	1.54	0.67	1.35	0.74	1.36	0.52	3.944*	A,B>D
偏执	1.65	0.61	1.68	0.67	1.51	0.71	1.54	0.55	1.982	
精神病性	1.60	0.58	1.63	0.58	1.48	0.75	1.46	0.50	3.355*	A,B>D

结果显示，不同教龄的特殊教育教师在躯体化、人际关系敏感、敌对、恐怖、精神病性 5 个因子上的得分存在显著差异（$p<0.05$），在强迫症状、抑郁、焦虑、偏执 4 个因子上的得分上不存在显著差异（$p>0.05$）。通过对躯体化因子得分的多重比较发现，教龄为 1～5 年和 16 年以上的特殊教育教师之间存在显著差

异，且 $M_{1\sim5年}$ 大于 $M_{16年以上}$，而教龄为 1～5 年、6～10 年及 16 年以上的特殊教育教师之间不存在显著差异。对人际关系敏感、敌对、恐怖、精神病性因子得分的多重比较结果显示，教龄为 1～5 年、6～10 年的特殊教育教师分别和教龄为 16 年以上的特殊教育教师两两比较存在显著差异，且 $M_{1\sim5年}$ 和 $M_{6\sim10年}$ 均大于 $M_{16年以上}$，其余各教龄段的特殊教育教师两两之间不存在显著差异。通过比较平均分得知，教龄为 6～10 年的特殊教育教师除了躯体化因子得分略低于教龄为 11～15 年的特殊教育教师，其他 8 个因子皆高于其他教龄段的特殊教育教师。从结果可知，教龄为 6～10 年的特殊教育教师心理健康水平相对较低，其次是教龄为 1～5 年的特殊教育教师。

根据调查结果可知，教龄为 1～5 年和 6～10 年的特殊教育教师心理健康问题较为严重，教龄在 10 年以上的特殊教育教师除了躯体化有越来越严重的趋势之外，其他 8 个因子得分都相对较低。可能的原因在于：首先，新教师刚步入工作岗位，本身处于工作适应期，在教育教学、班级管理、家校合作、同事相处等方面需要相互磨合。此外，他们的工作对象是各类偏常态的特殊儿童，比如智力障碍、自闭症、脑瘫、癫痫、情绪与行为障碍等类型，甚至还有多重残疾的儿童，需要在教育与康复训练过程中投入大量的精力甚至透支体力。其次，特殊儿童的教育与康复训练是一个漫长而艰辛的过程，很难在短期内看到理想的成效，因而做好与家长的沟通交流就很有必要了。新手型特殊教育教师在与家长的沟通过程中，由于缺乏技巧和经验，往往会造成隔阂或误解，影响学生的后续教育与康复训练进展，甚至可能丧失家长方面对教师工作的支持，使双方处于敌对状态。加之当前教育系统内部的评职称或者评奖等大多是以教龄论资排辈，可能会致使一些优秀的年轻教师在工作中出现付出与收获不平衡的现象，产生较低的教学效能感和成就感，这种职业生涯发展的受挫感可能会打击他们的从业信心进而引发心理问题。此外，不少刚入职的特殊教育教师每天还会担心班里的孩子受伤或者发病，若此时遇到不理性的家长则会把责任归结于教师看护不力。对于刚刚入职特殊教育岗位不久的新教师而言，处理工作中的日常事情或者应对特殊儿童的大小事情可能是极大的挑战和压力，因为此时他们还处于积累工作经验的较为紧张阶段，很多班级里的事务或者学生课堂上出现的诸如自我伤害、情绪爆发、突发病症等情况会让他们时常感到害怕与不知所措。当教龄逐渐增长到 10 年以上时，教育教学能力各方面已经得到较好的发展，多数特殊教育教师已经成为单位里的骨干或者顶梁柱，或承担较为重要的职务，或参与一些重要的科研课题研究，或已经得到家长、同事和领导的认可，此时的成就感和满足感也就相对较高，因而整体上心理健康水平较高，但由于精力和体力可能不如刚入行的教师，因而躯体化症状比较明显。

（四）我国特殊教育教师心理健康水平的职称差异分析

本研究将特殊教育教师的职称分为三级、二级、一级、高级和其他共5个层次，"其他"职称除了包括新入职还未定职称的特殊教育教师，也包括在未有职称评定机制的特殊教育康复机构、特殊教育私立学校等单位工作的特殊教育教师。为了考察不同职称是否会引发特殊教育教师心理健康的差异，本研究采取方差分析的方式对不同职称的特殊教育教师在SCL-90上的得分进行差异性检验。（表2-15）

表2-15　不同职称特殊教育教师SCL-90因子分的差异检验

因子	A=三级（n=65）		B=二级（n=140）		C=一级（n=194）		D=高级（n=75）		E=其他（n=207）		F	事后比较
	M	SD	M	SD	M	SD	M	SD	M	SD		
躯体化	1.75	0.61	1.61	0.56	1.71	0.61	1.78	0.65	1.56	0.57	3.066*	A,C,D>E
强迫症状	1.99	0.65	1.95	0.63	1.85	0.60	1.92	0.60	1.93	0.60	1.006	
人际关系敏感	1.91	0.64	1.71	0.63	1.66	0.60	1.73	0.61	1.79	0.66	2.296	
抑郁	1.88	0.64	1.74	0.61	1.68	0.59	1.79	0.66	1.72	0.66	1.377	
焦虑	1.81	0.62	1.65	0.61	1.59	0.57	1.70	0.64	1.64	0.56	1.842	
敌对	1.85	0.59	1.67	0.65	1.59	0.58	1.68	0.65	1.67	0.57	2.310	
恐怖	1.67	0.62	1.43	0.57	1.40	0.56	1.48	0.70	1.48	0.57	2.653*	A>B,C,E
偏执	1.81	0.67	1.60	0.61	1.57	0.58	1.60	0.60	1.61	0.60	2.050	
精神病性	1.79	0.64	1.54	0.52	1.48	0.54	1.55	0.58	1.56	0.57	3.699**	A>B,C,D,E

结果显示，不同职称的特殊教育教师在躯体化、恐怖这两个因子上的得分存在显著差异（$p<0.05$），在精神病性上的得分差异达到非常显著的水平（$p<0.01$），在强迫症状、人际关系敏感、抑郁、焦虑、敌对、偏执上不存在显著差异。通过比较均分得知，职称为三级的特殊教育教师除了躯体化因子均分低于高级特殊教育教师之外，强迫症状、人际关系敏感、抑郁、焦虑等其他8个因子均分皆高于职称为二级、一级、高级和其他级别的特殊教育教师，这表明三级特殊教育教师心理健康水平相对最差。职称为一级的特殊教育教师在强迫症状、人际关系敏感、抑郁、焦虑、敌对、恐怖、偏执、精神病性等8个因子上的得分均低于职称为三级、二级、高级和其他的特殊教育教师，说明这个群体的心理健康水平

相较而言最高。对躯体化因子的得分进行多重比较分析，结果显示，职称为三级和二级的特殊教育教师之间不存在差异，职称为三级和二级、一级和高级特殊教育教师之间不存在差异，职称为二级和高级的特殊教育教师之间不存在差异，职称为二级的和职称为其他的特殊教育教师之间也不存在差异，但职称为三级、一级、高级和职称为其他的特殊教育教师存在差异，并且 $M_{三级}$、$M_{一级}$ 和 $M_{高级}$ 均大于 $M_{其他}$。对恐怖因子得分进行多重比较发现，职称为三级的特殊教育教师和职称为二级、一级、其他的特殊教育教师之间存在差异，并且 $M_{三级}$ 要大于 $M_{二级}$、$M_{一级}$ 和 $M_{其他}$，除此之外，其他职称之间并不存在显著差异。对精神病性因子得分进行多重比较分析发现，职称为三级的特殊教育教师与职称为二级、一级、高级、其他的特殊教育教师之间的差异达到显著的水平，并且 $M_{三级}$ 要大于 $M_{二级}$、$M_{一级}$、$M_{高级}$ 和 $M_{其他}$。

出现这些差异的主要原因可能有以下几个方面。首先，按照大部分地区现行的中小学职称评定规则，大部分专科学历的新教师入职一年后可以申请评三级职称，本科学历的新教师入职一年后可评二级职称，专科学历的新教师要评定到二级职称需要比本科学历的教师多工作 3 年左右，即使如此依然可以认为职称为三级和二级的特殊教育教师，入职特殊教育岗位时间还不久仍可称之为新教师。入职年限的增加和职称的上升、教学能力的提升和教学经验的积累，有利于他们更好地处理工作中遇到的困难，从而减少心理和行为问题的发生。对于三级和二级职称的特殊教育教师而言，他们在特殊教育岗位的时间不长，对专业能力的发挥、师生关系的处理以及经济收支的应对都还不够成熟，更容易出现焦虑、恐惧以及偏执行为。此外，二级职称要晋升到一级职称，一定的名额比例让特殊教育教师有所期盼但是晋升难度不小，对论文、教学、获奖及考试等方面有诸多要求，这是造成二级特殊教育教师心理困惑的部分原因；而高级职称的名额很少，所以当特殊教育教师晋升到一级职称时，内心对高级职称的期望会相对小很多，可能会更注重自身专业的发展和能力的提升，心态也较为平和稳定；高级特殊教育教师大多是通过苦熬资历、历练能力晋升上来的，随着资历与职称等的晋升可能会促使其在学校中承担要职，年龄的增长、责任的增大和自身的高要求等等交错复杂的因素不可避免地引发他们产生各种心理问题与行为。

（五）我国特殊教育教师心理健康水平的专业背景差异分析

本研究采用独立样本 t 检验对不同专业背景的特殊教育教师心理健康症状自评得分进行差异检验。（表 2-16）

表 2-16　不同专业背景特殊教育教师 SCL-90 因子的差异检验

因子	特殊教育类专业毕业（n=421）		非特殊教育类专业毕业（n=260）		t	p
	M	SD	M	SD		
躯体化	1.60	0.57	1.72	0.63	−2.98	0.003
强迫症状	1.94	0.62	1.87	0.60	1.65	0.099
人际关系敏感	1.77	0.65	1.69	0.60	1.62	0.106
抑郁	1.74	0.63	1.73	0.62	0.26	0.793
焦虑	1.65	0.59	1.64	0.59	0.17	0.864
敌对	1.67	0.61	1.65	0.60	0.40	0.690
恐怖	1.49	0.60	1.43	0.58	1.22	0.222
偏执	1.62	0.61	1.60	0.60	0.39	0.700
精神病性	1.58	0.57	1.52	0.56	1.32	0.188

结果显示，不同专业背景的特殊教育教师在躯体化因子上的得分存在非常显著的差异（$p<0.01$）。

由各因子的平均分比较可以看出，有特殊教育专业背景的特殊教育教师在强迫症状、人际关系敏感两个因子上的得分远高于非特殊教育专业背景的特殊教育教师，但并未呈现显著差异；在抑郁、焦虑、敌对、恐怖、偏执和精神病性 6 个因子上的得分轻微高于非特殊教育专业背景的特殊教育教师，仍未呈现显著差异；躯体化因子得分低于非特殊教育专业背景的特殊教育教师，并且差异达到非常显著的水平。

总体而言，有特殊教育专业背景的特殊教育教师心理健康水平较低，是什么原因引起的呢？研究通过在调查过程中采访的 3 个有着较为典型经历的特殊教育教师，还原并分析他们真实的工作或生活状态。

属于“95 后”的小 C 老师，现年 24 岁，天秤座的她来自西北边远山区，从南京特殊教育师范学院毕业后幸运考上南京某特教学校的编制。访谈中小 C 说道：其实我们这些刚毕业的老师心里要承受的东西很多，远离家人，要自己租房子，自己做饭。曾经朝夕相处的同学分散到了五湖四海再难相聚，平时除了上班回到家就很孤单，最好的朋友就是手机，隔几分钟刷一下手机……对于这份来之不易的特殊教育工作有些迷茫，不过至少到现在我还是坚信特殊教育是有意义的。但对于特殊儿童的成长与发展而言是否有用，还有点不知所措，因为看到不少特殊儿童最后的结局似乎仍没有逃脱“离开学校进入家门”的悲剧，长年累月对特殊儿童进行的教育与康复训练似乎并没有为他们带来改变与成长收获。此外，社会对这些特殊儿童甚至特殊教育教师仍抱着较大的偏见，甚至我的父母也不支持我的工作，一直想要说服我回老家进普通学校工作，但是我这样特殊教育专业出身的，学科知识的专业程度和逻辑体系其实都不太好，去普教估计也难以适应的。

Z老师是非特殊教育专业的。她坦诚自己选择做一名特殊教育教师的原因是因为特殊教育教师的编制竞争力相对较低，此前报考普通学校的编制时几百人竞争一两个岗位，考了几年不得已放弃，最终转战考上了特殊教育学校的编制。对于工作，Z老师感觉自己在学生的安全管理和自身专业发展方面压力较大，不过好在没什么升学压力。

特殊教育专业毕业后在特殊教育学校工作了20年的W老师说：每天天不亮就起床赶着七点半左右到学校，进了班级就像进入了战场，手眼耳都不够用似的，生怕学生出意外；不仅白天在单位担惊受怕，晚上睡觉都还是孩子们的身影。有时为了能够给学生营造良好的氛围和环境，还需要加班到深夜，虽然有时候是在家里加班，但与白天在单位里的工作内容无异。

（六）我国特殊教育教师心理健康水平的学历差异分析

采用单因素方差分析，对不同学历特殊教育教师在SCL-90各因子上的得分进行差异检验。（表2-17）

表2-17　不同学历特殊教育教师SCL-90因子分的差异检验

因子	高中或中专 (n=82)		大专 (n=205)		本科 (n=348)		研究生 (n=46)		F
	M	SD	M	SD	M	SD	M	SD	
躯体化	1.74	0.58	1.67	0.59	1.65	0.61	1.53	0.51	1.304
强迫症状	1.94	0.61	1.96	0.62	1.91	0.61	1.72	0.54	1.970
人际关系敏感	1.77	0.61	1.79	0.62	1.73	0.65	1.58	0.60	1.492
抑郁	1.80	0.65	1.78	0.62	1.72	0.63	1.58	0.57	1.675
焦虑	1.67	0.60	1.66	0.57	1.66	0.60	1.52	0.51	0.752
敌对	1.68	0.62	1.73	0.60	1.64	0.61	1.53	0.52	1.637
恐怖	1.48	0.59	1.45	0.54	1.49	0.63	1.32	0.47	1.177
偏执	1.69	0.63	1.61	0.58	1.61	0.62	1.48	0.52	1.128
精神病性	1.57	0.57	1.57	0.52	1.55	0.59	1.47	0.56	0.420

结果显示，不同学历的特殊教育教师在 SCL-90 各因子上的得分不存在显著差异，这可能是因为不同学历的特殊教育教师存在的心理健康问题具有共同性。

通过比较平均分得知，学历为高中或中专的特殊教育教师在躯体化、抑郁、焦虑、偏执 4 个因子上的得分高于其他学历的特殊教育教师，并且在强迫症状、人际关系敏感、敌对 3 个因子上的均分略低于学历为大专的特殊教育教师，恐怖因子得分与学历为本科的特殊教育教师的均分大致相同，精神病性因子的均分与学历为大专的特殊教育教师相同，总体均分高于其他学历层次的特殊教育教师，这表明学历为高中或中专的特殊教育教师心理健康症状相对而言较为严重。从均值的比较分析来看，研究生学历的特殊教育教师在各种症状上表现分数最低，不过除了人际关系敏感因子之外，其他 8 个因子的均分皆高于全国常模，这说明具有研究生学历的特殊教育教师心理健康水平相对较好，但仍低于普通人群，学历为高中或中专的特殊教育教师心理健康水平相对最低，学历为专科或者本科的特殊教育教师可能由于他们的受教育年限和程度较为适中，对自我的职业期望相对合理，因而心理健康水平居中，但整体上不同学历的特殊教育教师 SCL-90 各因子均分之间的差异并未达到显著水平。

出现上述结果的原因可能有以下几点：一是高中或中专学历的这部分特殊教育教师大部分是出生于 20 世纪五六十年代的老教师，已经工作了几十年，并且当初可能是各种原因导致这部分老教师在高中或者中专毕业后被分配到特殊教育岗位或者从普通学校调入特殊教育岗位。长期的教育生涯累积下来的病痛以及并非自愿从事特殊教育工作、不是心甘情愿地为特殊儿童提供支持与服务等原因，使他们在特殊教育岗位当中更容易出现身体不适或生理病症以及对工作和教育对象提不起热情等。也有部分高中或者中专学历的特殊教育教师由于学历偏低，一般只能就职于私立学校、康复机构或在公立学校代课，提升薪资待遇主要靠课时，加上在教学之余还要承担保育员的工作，过大的工作量和其他不稳定因素是造成这部分特殊教育教师身心不健康程度相对较高的主要原因。

访谈中某校教科室主任 H 老师提出：学历为研究生的特殊教育教师在教学或管理工作中，可能更加独立、自强，看待问题更全面也能够更为积极地分析问题和解决问题，在学历层次上甚至超出了特殊教育的岗位要求，在教学方面所学知识较为丰富，与同行相比往往已具有一定的超前优势，并且教育科研能力也较强，不用过于担心评职称的论文要求，因而心理健康水平相对较高。而学历为高中或中专的特殊教育教师要么是早些年进入特殊教育学校编制内的，但是职称相对于其他学历较高的同事而言很难评上去;要么就是近些年因为学历原因卡着不能考取特殊教育学校编制而选择代课或进入私立学校、康复机构工作,收入相对于编制内的同事低很多,心意难平,也较容易产生心理问题。

也有教师在访谈中谈道:学历低的特殊教育教师一般比较早从事一线教学,各种矛盾激发职业倦怠、情绪枯竭等状况进而影响心理健康问题;而取得研究生学历的特殊教育教师一般有学习的动力、耐性和锲而不舍追求进步的精神,这让他们更愿意将持之以恒的品质投入工作中,表现出积极的态度。更现实的是学历较低的特殊教育教师一般无法进入知名的一线学校教学,相对会选择一些三、四线城市的学校工作,这些学校的大环境不算太理想,工作容易出现困境和羁绊。

这一研究结果提示我们,在现今的特殊教育教师队伍中,更应该多多关注那些学历较低的特殊教育教师的心理健康问题。

（七）我国特殊教育教师心理健康水平的所在单位性质差异分析

根据当前我国对特殊儿童的安置规定,部分特殊儿童安置在市属特殊教育学校、县(区)所特殊教育学校、康复机构,也有部分儿童进入普通学校随班就读或者进入普通学校的特殊班、卫星班,还有一部分儿童在特殊教育私立学校就读。在本研究中,将在市、县(区)属特殊教育学校及康复机构之外的工作单位归类于其他,包括私立特殊教育学校以及承担普通学校随班就读、特殊班、卫星班、资源教室等特殊学生的教育与康复训练工作的单位场所。采用单因素方差分析,对不同单位性质的特殊教育教师在 SCL-90 各因子上的得分进行差异性检验。(表 2-18)

表 2-18 所在单位不同的特殊教育教师 SCL-90 因子分的差异检验

因子	A=市属特殊教育学校(n=204)		B=县(区)特殊教育学校(n=319)		C=康复机构(n=81)		D=其他(n=77)		F	事后比较
	M	SD	M	SD	M	SD	M	SD		
躯体化	1.59	0.58	1.72	0.60	1.66	0.66	1.56	0.50	2.708*	A<B B>D
强迫症状	1.85	0.61	1.97	0.61	1.92	0.67	1.87	0.55	1.806	
人际关系敏感	1.66	0.58	1.77	0.65	1.84	0.74	1.76	0.57	1.843	
抑郁	1.66	0.58	1.78	0.64	1.80	0.75	1.70	0.56	2.028	
焦虑	1.60	0.56	1.66	0.61	1.69	0.62	1.69	0.52	0.763	

表 2-18(续)

因子	A=市属特殊教育学校($n=204$)		B=县(区)特殊教育学校($n=319$)		C=康复机构($n=81$)		D=其他($n=77$)		F	事后比较
	M	SD	M	SD	M	SD	M	SD		
敌对	1.60	0.56	1.69	0.62	1.75	0.69	1.63	0.53	1.805	
恐怖	1.45	0.58	1.47	0.62	1.51	0.56	1.46	0.55	0.208	
偏执	1.55	0.52	1.64	0.66	1.67	0.65	1.60	0.54	1.308	
精神病性	1.49	0.51	1.58	0.60	1.60	0.60	1.55	0.56	1.135	

结果显示,因所在单位性质不同,特殊教育教师在躯体化因子上的得分出现显著差异($p<0.05$),多重比较后发现,市属特教学校和县(区)属特教学校教师之间存在显著差异,县(区)属特教学校和其他单位的特殊教育教师之间存在显著差异,其他两两之间并无显著差异,且 $M_{市属特殊教育学校}$ 小于 $M_{县(区)属特殊教育学校}$,$M_{县(区)属特殊教育学校}$ 大于 $M_{其他}$。进一步对不同单位性质的特殊教育教师 SCL-90 各因子得分进行均分比较,发现市属特殊教育学校的特殊教育教师除了躯体化因子均分略高于“其他”单位的特殊教育教师,其余 8 个因子的均分皆低于县(区)属特教学校、康复机构及其他类型的特殊教育教师;县(区)属特殊教育学校的教师在躯体化和强迫症状两个因子上的得分显著高于康复机构和其他单位的特殊教育教师,但在人际关系敏感、抑郁、敌对、偏执和精神病性 5 个因子上的均分低于特教机构的教师,略高于其他单位的特殊教育教师;康复机构的特殊教育教师除了躯体化和强迫症状两个因子的均分略低于县(区)属特殊教育学校教师,其他 7 个因子的均分皆为最高,由此可见,康复机构教师的心理健康水平是相对较低的。“其他”单位工作的特殊教育教师除了躯体化因子均分略低于市属特殊教育学校的特殊教育教师,其余强迫症状、人际关系敏感、抑郁、敌对、恐怖、偏执、精神病性 7 个因子的均分皆高于市属特殊教育学校的教师,焦虑因子的均分高于市属学校和县(区)属特殊教育学校的教师,与康复机构教师相同(1.69±0.52),大于全国常模中的焦虑因子均分。

造成不同单位性质的特殊教育教师心理健康水平差异的原因可能有以下两个方面:一方面,当前特殊教育领域存在一些不太符合教育公平及教育资源分配均衡的现象,这种不平等和不均衡主要出现在区域之间、城乡之间以及不同社会群体之间。最好的教育资源往往集中在少数市属特殊教育学校,使得市属特殊教育学校的工作环境及教育资源相对较好，特殊教育教师也有更多的进修学习机会，包括获取更多教师心理健康维护知识与技能的机会，因而市属特殊教育教师在SCL-90各因子上的均分最低，即该群体心理问题相对较轻。另一方面，现在国家规定有30万人以上的(区)县都要建立一所特殊教育学校，因而近几年特殊教育学校的增长速度很快，但质量却令人担忧。因为刚刚建立起来的特殊教育学校几乎可以用“白手起家”来形容，管理层大多是从普教选调而来的，不太熟悉特殊教育的发展及建校规律，往往会把普教的发展模式照搬过来套用，缺乏对特殊教育学校特色建设的定位和发展方向规划。雪上加霜的是，新学校招聘的师资也多是缺乏特殊教育教学或班级管理经验或技能的新教师。很多县(区)级新建特殊教育学校面临着各种各样的困境，哪怕是有一定办学历史的县(区)级特殊教育学校因为所处地域的经济、社会因素等原因，与市属特殊教育学校的发展仍有距离，因而县(区)属特殊教育教师的心理健康水平相较于市属特殊教育学校的教师而言较低。至于特教机构的特殊教育教师心理健康水平较低，不少教师在本研究的个案访谈中提到，康复机构工作量很大而且工作和薪资待遇不稳定，还得时常担心生病或者怀孕生子被辞退，这些都会影响康复机构特殊教育教师的心理健康。那些为普通学校随班就读、特教班及卫星班的特殊学生提供支持与服务的特殊教育教师心理健康水平相对较高的原因在于，这类儿童的障碍程度与异常症状相对较轻，教师需要承担的教育与康复训练任务、难度也会相应有所降低，也较容易看到教育与康复的效果，成就感与幸福感较容易获得，因而这类特殊教育教师群体的心理健康水平会高一些。

(八) 我国特殊教育教师心理健康水平的所教学段差异分析

为了更全面地了解特殊教育教师所教学段的不同是否会导致心理健康水平的差异，本研究将特殊教育分为学前、小学、初中、高中(一般为特殊教育职高部或者专门的特殊教育职业高中)四个学段。通过单因素方差分析，对不同学段的特殊教育教师在SCL-90各因子上的得分进行差异性检验。(表2-19)

表2-19 不同学段殊教育教师SCL-90各因子的差异检验

因子	A=学前 (n=131)		B=小学 (n=398)		C=初中 (n=85)		D=高中 (n=67)		F	事后比较
	M	SD	M	SD	M	SD	M	SD		
躯体化	1.68	0.61	1.66	0.58	1.63	0.63	1.60	0.60	0.400	
强迫症状	2.00	0.66	1.93	0.60	1.83	0.58	1.77	0.59	2.702*	A,B>D

表 2-19(续)

因子	A=学前 (n=131)		B=小学 (n=398)		C=初中 (n=85)		D=高中 (n=67)		F	事后比较
	M	SD	M	SD	M	SD	M	SD		
人际关系敏感	1.84	0.67	1.78	0.64	1.60	0.59	1.53	0.51	5.471**	A,B>C,D
抑郁	1.83	0.70	1.75	0.62	1.63	0.60	1.60	0.52	2.943*	A>C,D
焦虑	1.71	0.60	1.67	0.59	1.56	0.60	1.53	0.50	2.072	A>D
敌对	1.73	0.61	1.70	0.61	1.55	0.57	1.49	0.55	3.844*	A,B>C,D
恐怖	1.56	0.60	1.48	0.61	1.36	0.54	1.35	0.52	2.803*	A>C,D
偏执	1.67	0.63	1.63	0.62	1.53	0.60	1.49	0.46	2.193	A>C,D
精神病性	1.62	0.60	1.58	0.58	1.44	0.52	1.40	0.44	3.802*	A>D

结果显示，各学段的特殊教育教师在强迫症状、抑郁、敌对、恐怖、精神病性上的得分存在显著差异($p<0.05$)，在人际关系敏感因子上的得分存在非常显著的差异($p<0.01$)，躯体化和偏执两个因子上的得分无显著差异($p>0.05$)。通过比较各因子的均分可知，学前阶段的特殊教育教师 SCL-90 各因子的均分皆远高于其他三个学段的特殊教育教师。小学阶段的特殊教育教师 SCL-90 各因子的均分低于学前阶段的特殊教育教师，但是远高于初中和高中阶段的特殊教育教师。初中阶段的特殊教育教师 SCL-90 各因子的均分低于学前和小学阶段的特殊教育教师，但略高于高中阶段的特殊教育教师。高中阶段的特殊教育教师 SCL-90 各因子的均分相对最低，说明高中阶段的特殊教育教师心理健康水平相对较高，其中恐怖和偏执因子均分还略低于全国常模。

强迫症状因子得分的多重比较发现，学前阶段和高中阶段的特殊教育教师之间存在显著差异，小学阶段和高中阶段的特殊教育教师之间存在显著差异，且 $M_{学前}$ 和 $M_{小学}$ 均大于 $M_{高中}$，其他学段的特殊教育教师两两之间无显著差异。人际关系敏感因子得分的多重比较发现，学前阶段特殊和初中阶段的特殊教育教师之间存在显著差异，学前和高中阶段的特殊教育教师之间存在显著差异，学前阶段和初中阶段的特殊教育教师之间也存在显著差异，小学阶段和初中阶段的特殊教育教师同样存在显著差异，且 $M_{学前}$ 和 $M_{小学}$ 均大于 $M_{初中}$ 和 $M_{高中}$。抑郁因子得分的多重比较发现，学前阶段和小学阶段的特殊教育教师之间并不存在显著差异，但与初中阶段及高中阶段的特殊教育教师之间存在显著性差异，且 $M_{学前}$ 大于 $M_{初中}$ 和 $M_{高中}$。焦虑因子得分的多重比较显示，学前阶段和高中阶段的特殊教育教师之间存在显著差异，且 $M_{学前}$ 大于 $M_{高中}$，其他各学段特殊教育两两相比较，并不存在显著差异。敌对因子得分的多重比较表明，学前阶段和初中阶段的特殊教育教师之间存在显著差异，学前阶段和高中阶段的特殊教育教师之间存在显著差异，小学阶段和初中以及高中阶段的特殊教育教师也存在显著差异，且 $M_{学前}$ 和 $M_{小学}$ 要大于 $M_{初中}$ 和 $M_{高中}$。恐怖因子、偏执因子得分的多重比较发现，学前阶段和初中阶段的特殊教育教师之间存在显著差异，学前阶段和高中阶段的特殊教育教师之间也存在显著差异，且 $M_{学前}$ 大于 $M_{初中}$ 和 $M_{高中}$，其他学段之间没有呈现显著差异。精神病性因子得分的多重比较显示，学前阶段和高中阶段的特殊教育教师之间存在显著差异，且 $M_{学前}$ 大于 $M_{高中}$，其他学段两两相比没有存在显著差异。

结果显示，学前、小学、中学、高中这四个阶段的特殊教育教师心理健康水平随着学段的上升，其心理健康水平有上升的变化趋势。这可能是由于以下原因引起的：第一，学前和小学阶段的特殊儿童年龄尚小，有其独特的认知发展特点、情绪情感表达方式和意志过程，如以具体形象思维为主抽象思维发展缓慢，情绪情感外显、丰富、冲动及多变等，特殊教育教师在与他们的互动过程中，情绪劳动负荷可能更重，进而影响心理健康。第二，不少特殊教育教师反映学前阶段和小学阶段的特殊儿童对缺陷补偿和功能改善的需求更强，此时特殊教育教师需要对能力较弱的学生进行一对一的训练或小组康复课，即便如此，很多时候特殊儿童所取得的进步与变化并不明显，导致特殊教育教师可能产生急躁、焦虑、失望及无助等不良情绪。第三，初中或高中阶段的特殊教育教师所在的工作环境以及薪资待遇均较好于学前或小学阶段，其中教育对象历经了学前和小学阶段，身心发展以及对学校生活的适应等都有所进步，能力等都相较学前和小学阶段时候的好，因此初中和高中阶段的特殊教育教师在学生安全方面的担心会少一些，日常的一些工作也可以邀请学生一起分担，因此初中、高中阶段的特殊教育教师心理负担较小，心理健康水平较高。

此外，学前阶段的特殊教育教师面对的往往是自制力较差的偏常态幼儿，课堂秩序也较难维护，长期处于吵嚷慌乱的环境中，这也较为令人不愉快。更何况还得时时刻刻提防着事故的发生，毕竟孩子的安全无小事，因为有很多不可控的因素，加上特殊幼儿年龄尚小，自我保护意识不足和应对能力较弱，这些特点都决定了他们需要特殊教育教师更多的保护，甚至需要全天候丝毫不能分心地看护。因而，维护幼儿的安全无疑是学前阶段特殊教育教师心里压着的超重石头，从幼儿进入学校的那一刻起就得提着心吊着胆，至少得保证班级中时刻有教师在场。但特殊教育教师也是普通人，不可能做到每分每秒都绷紧神经关注幼儿的一举一动，因此，学前阶段的特殊教育教师难以避免出现诸如幼儿偶尔磕碰小伤及幼儿之间的摩擦等问题。不难看出，学前阶段的特殊教育教师所承受之重，心理健康水平相对较低也在意料之中。

第三章 我国特殊教育教师心理健康影响因素的经验分析

特殊教育教师首先是一个“人”，一个普通人，然后才是被赋予社会角色期望和鲜明职业特征的“特殊教育教师”。因此，对特殊教育教师心理健康的关注不应只是出于“理想化特殊教育教师”的考虑，一味地强调特殊教育教师应该怎样才有益于特殊儿童的发展、教育公平的推进及社会文明的进步，还需要注重将特殊教育教师作为主体的人来看待、评价、期望和支持，从而客观且理智地分析解决他们的心理健康问题。鉴于特殊教育教师心理健康是由多维度构成的复杂系统，影响因素纷繁复杂且与心理健康的关系错综复杂，因而，本研究试图在综合调查所得数据的比较与分析以及深度访谈所得资料的基础之上，结合案例或事件从内部因素和外部因素两个层面，对影响特殊教育教师心理健康的各种负面因素进行归纳与讨论。

第一节 特殊教育教师心理健康的内部影响因素

一、期望与现实的矛盾

从对不同年龄、教龄、职称等维度上特殊教育教师心理健康的差异比较与分析中得知，对自己有不符合实际的职业期望是造成特殊教育教师出现心理问题与行为症状的主要原因之一。特别是新手型特殊教育教师，刚刚进入特殊教育岗位常常会产生与实际不符的期待或出现认知偏差过大的事件，表现出信心十足或盲目乐观的态度，或可能出现忧心忡忡、消极应付等状态。在调查研究中发现，25 周岁左右或是教龄在 10 年内、职称为二级或三级的特殊教育教师心理健康检出率偏高的主要原因就在于个体对自我的期望与现实有巨大差异，引发心理与行为的失衡，进而出现较为严重的人际关系敏感、抑郁及焦虑等症状。

这一观点在访谈中引起了几位新特殊教育教师的共鸣:刚进入特殊教育岗位,尤其是对特殊儿童缺乏了解,感觉自己多年的理论知识积累应付这些孩子足够了,然而事实上特殊儿童之所以特殊,不仅仅因为他们比普通儿童发展缓慢,还可能是他们各方面都出现特殊性或者障碍性的偏常态,需要基于多学科合作对他们进行科学的诊断与评估,在此基础上实施"一人一案"(每个学生一份独有的成长档案以及一份合理的发展方案)。这就要求特殊教育教师要注重收集整理并完善每个特殊学生的成长档案资料(包括出生史、病史、接受教育情况、诊断与评估记录、干预记录、学习作品等),以期能够为后续的检验教育康复训练效果或者调整干预计划、转衔接服务等提供支撑材料;除此之外,还需要为每个学生在已有能力之基础上制定合理的可操作的发展方案并贯彻践行。

这与外界认为"特殊教育没有任何升学压力,特殊教育教师只要陪孩子吃好玩好,不出安全问题就可以了"的观点相反。事实上,对特殊儿童的教育与康复训练非但不比对正常儿童的教育轻松许多,反而可能更加艰难和更具挑战性。因为对特殊儿童进行诊断与评估以提供最适合的教育或康复训练,这本身就需要足够的专业知识和专业技能的支持以及足够的时间去摸索调整,甚至可能很长一段时间都无法收获满意的结果。这自然会影响特殊教育教师对职业成就感和效能感的获得,直至产生自我否定、人生无望、无用的劳心费力、得过且过等负面思想。

除此之外,特殊教育是一门教育学、心理学、管理学、康复治疗学、病理学、艺术学、社会学等多学科交叉的学科,特殊教育教师要想更好地对特殊儿童进行适宜的缺陷补偿和功能改善,需要足够的培训与学习才能掌握一定的理论与技巧,在此基础上还需要不断钻研与实践,才能获得些许的专业进步以及帮助特殊儿童最大限度实现缺陷补偿和功能改善。然而,在实际生活或工作中,特殊教育教师,特别是新手型教师更容易忽略自身条件如个人受教育程度及教育教学能力、学生的发展障碍、工作环境能够提供的资源等限制,因而缺乏合理的计划和准确的标准来衡量教育对象获得的进步与发展以及自身的成功或努力,仅凭一腔热血和主观愿望展开特殊教育工作,结果过分费力地驱使自己,导致身心俱疲或是对自己的工作表现感到失望、挫败和不满意,难以从工作中或与特殊儿童的相处中感受到轻松、愉悦和幸福。这种自我价值的追求与现实的自我长期失调更容易引发神经症等心理障碍。

二、多重角色的内在冲突

在当前的特殊教育教师师资招聘中有两种看似截然相反的观点，一种倾向于选择数学、中文、音乐、美术、体育、计算机等专业的毕业生，认为这类毕业生的学科体系较为完善，而特殊教育或者康复学专业的学生因缺乏数学、语文、音体美等学科的专业熏陶，无法应对特殊教育中的分科教学，在特殊教育工作岗位上很容易沦为学生的保姆；另一种则认为特殊教育相关专业毕业的学生更具有特殊教育情怀，在对待特殊儿童的教育与康复训练以及处理日常的教育教学工作等方面有突出的专业优势，在特殊教育岗位中更多地表现出耐心、爱心与恒心。以上两种观点虽有冲突，但不难发现其实质反映了人们对特殊教育教师应该扮演什么样的角色寄予的美好期望存在对立或矛盾。访谈中有特殊教育教师证实：在对特殊儿童的教育教学或者管理中要同时扮演数个不同的角色，承受来自学生、家长、同事、领导以及社会等方方面面不同的角色期望，以致常常陷入角色冲突的死角之中，引起心烦、焦虑、敌对、无所适从等负面情感体验。

角色这一概念源于戏剧之中说明或限定某个体在舞台上持有的身份及将进行的行为，后来被引申到教育学领域并将之定义为个体根据社会的规范，履行各方面职责的行为模式。在此基础上理解特殊教育教师的角色，即为特殊教育教师相对于特殊儿童而言或者在特殊教育环境中扮演“传道授业解惑者、班级或学校纪律的维护者、父母和知心好友、技能的训练者、道德品质的塑造者、教育的科研者”等多重的身份与角色，承担着促进特殊儿童身心健康和推进教育公平、社会文明的发展以及帮助家长看到希望、树立信心等职责。这些角色对特殊教育教师提出了不同的要求，当不同的角色之间出现不相容或者不能满足多重角色的要求或期待时，就会发生内心或情感的冲突以及出现时间和精力跟不上的窘况。

首先，当特殊教育教师正在承担的几个角色同时对其提出急需履行角色行为的强烈要求时，会促使他们出现难以合理应对的窘迫和紧张感，即为“角色紧张”。正如访谈中 W 老师所言：特殊教育的班级里一般将学生按照学习能力的发展程度划分为 A、B、C 三个层次，教师根据学生的已有能力结合教学内容设定分层目标、不同的感知方式以及差异练习等，然而真正进入课堂中，还是经常会面对 A 组学生吃不饱而 C 组学生却吃不到的情况，特别是新手特殊教育教师会更多面临类似的角色冲突。这也许可以解释 25 周岁左右、教龄在 10 年以内、职称为二级或三级等群体的特殊教育教师为什么会表现出较为严重的强迫症状、人际关系敏感、抑郁、焦虑等症状。其次，特殊教育教师角色内冲突对其自身心理健康状态的影响，通常而言表现为个体在扮演某一社会角色时，也会面临个体对自我即将扮演或正在扮演的角色行为有一定的期待和要求。特殊教育教师也不例外，访谈中有年轻的特殊教育教师发出如下感慨：

刚刚进入特殊教育岗位的我是立志要做一个温柔大方的“美女老师”“知心大姐姐一样善解人意”“小哥哥一样阳光”的老师，奈何学生看我是新来的就“欺负”我。平时课间捣蛋也就算了，上课也会故意扰乱课堂秩序。你跟他笑眯眯地讲道理，他还能反过来给你扮鬼脸或者扯皮半天。还是老教师大吼一声或者惩罚他，他才老实一些，而我也受到来自老教师的“关照”，让我对待学生务必要严厉一些，不然学生“不听话”还怎么做好教育与康复训练？经过长期的实践和领悟，我也逐渐变成了我上学时候最讨厌的教师模样，这让我很痛苦。

以上案例中的特殊教育教师之所以会心理不适，就在于其自身扮演的期望角色、领悟角色与实践角色间出现了难以调和的矛盾，若不能及时进行角色转换和适应或缺乏充分的时间和精力，就会出现角色内冲突引发负面情绪进而出现心理健康问题。

三、专业知识技能的缺失

专业化发展有利于教师自身专业知识与技能的习得、实现专业自主及表现专业道德等，进而成长为合格的教育专业工作者。然而，当前特殊教育教师专业水平发展堪忧并存在培养途径和模式单一的问题，各方合作的平台与支持有待建设。特别是随着我国特殊教育综合改革的不断深入，大量新的现代辅助技术与特殊教育理念涌现，改变了此前的特殊教育教学设备和教学手段、教育或康复训练技术等，使特殊教育教师面临种种诘难和严峻挑战，特别是已有的专业知识和专业技能与当前特殊教育发展要求的矛盾更为突出。有不少特殊教育教师并非特殊教育专业毕业的，更是缺乏正确的特殊儿童观以及特殊教育康复训练方面的专业知识和专业技能，这影响着他们教育教学及管理班级的效果，进而使他们感觉挫败无助或者认为学生“不听话”“没救了”。

访谈中部分特殊教育教师提到：“专业理论知识与现实脱轨，大学时候用的教材有很多甚至还是 20 世纪 90 年代编订的，现在很多特殊教育方式、理念和干预工具等都发生了很大变化，根本用不上在校习得的知识。”“我是听障教育方向的，但是现在却带培智班，感觉专业不对口，心理落差很大。”“教学经验和班级管理经验还不足，却因为学校里教师数量不够，被赶鸭子上架式地承担班主任、各学段段长、学科教研组长、教科室主任等职务，感觉到巨大的压力，总担心做不好引人笑话。”“想提升自身的专业技能和专业知识，但是不知道从哪里入手，感觉当前特殊教育领域可利用的资源还不多，常常为满足不了学生的教育与康复训练需求而深感懊恼。”“学生在课堂上出现捣乱、发脾气、自伤或攻击等行为，我不能很好地应对导致课堂效率很低。”长期如此，必定会对工作和学生抱有厌烦情绪，心理上表现为焦虑、敌对、抑郁和失败感。此外，心理学保健知识的缺乏会导致特殊教育教师在日常生活或工作中不注意心理卫生保健，当遭遇心理不适时通常是忽视或者不知道通过何种渠道去咨询解决，慢慢地便出现了心理健康问题。

对于刚刚入职不久的特殊教育教师或者非专业出身的特殊教育教师来说，专业知识和技能的不足尤为明显，仅仅处理特殊儿童的日常教育教学的工作，都可能成为艰巨的挑战和巨大的压力。由于这个群体阶段的特殊教育教师还处于积累特殊教育工作经验的阶段，很多特殊儿童身上或者任课班级里的突发事件，尤其是涉及特殊儿童人身安全的事故会让特殊教育教师惴惴不安或不知所措。相比之下，专业娴熟且经验丰富的特殊教育教师在工作过程中则会更多表现出游刃有余的职业自信，他们知道日常教育教学过程中较容易出现哪些问题或者了解哪种类型的儿童会出现哪些症状，并且多年的特殊教育工作实践也让他们积累了丰富的突发状况的应对策略，会事先将可能遇到的情况考虑周全，并积极地采取措施减缓负面事件的发生或做好应对准备工作。

访谈中Z老师说起自己较为难忘的经历：

刚刚考进特殊教育学校成为新教师之时，带的第一个班级里就有一个自闭症儿童，他常常会出现拔自己头发、用头撞桌椅、打自己的脸颊、抓挠掐自己等自我伤害行为。一开始接触到这样的小孩，我真是一脸懵，除了反复制止他不能这样不能那样伤害自己，别无他法，但是单纯的制止并没有解决问题。因而每次看到这个孩子裸露皮肤上出现的青紫、疤痕等，我都深感心疼、震撼和无奈。不过随着我在特殊教育学校的逐渐适应，对特殊儿童和特殊教育教育教学技能、班级管理等方面有新的认识，开始学会分析特殊儿童出现自我伤害行为的原因可能是他表达内心的方式或者舒缓身体不适、吸引他人关注、缺乏无意义的刺激、处于无聊的状态、过多的负性生活事件引发不良情绪堆积等，并通过虚心请教老教师、参加专家讲座、翻阅书籍等方式找到处理特殊儿童自我伤害行为的措施。现在我的工作状态相比刚刚来时，好得太多了，能根据孩子身上出现的问题行为对症下药，平时活动时跟孩子们也能玩到一块去，感觉他们也很可爱。

因此，特殊教育教师在专业知识与技能方面的掌握情况对特殊教育教师的心理健康水平有一定的影响，丰富的特殊教育专业知识和高超精湛的专业技能，对特殊教育教师减轻情绪负荷和更好地开展教育教学工作可以起到积极的作用。反之，专业知识和技能的不足则会影响特殊教育教师对特殊儿童的诊断、评估、干预效果，进而遭遇目标行为长期没有得到矫正、康复训练进展不顺、课堂教学效果不理想、师生关系紧张敌对等不良后果，导致特殊教育教师可能会在工作期间饱受负面情绪的影响，直至出现严重的心理问题。

第二节　特殊教育教师心理健康的外部影响因素

一、负面的职业声望

特殊教育教师群体因为职业的特殊性，被外界误认为各方面都不如普通学校教师，进而被大众疏离和边缘化。当前特殊教育学校里的学生大多障碍程度较重，甚至有些生活都不能自理，特殊教育教师就容易让人误认为是照顾孩子的“保姆”而已。哪怕有些程度较好或发展较好的特殊学生最终毕业离校后能走上工作岗位，但是由于自身的限制仍无法像大多数毕业生一样自食其力或为社会做出明显可观的贡献。此外，还有人认为特殊教育教师长期和特殊儿童在一起，智力、思维、言语、行为等可能会被同化成“憨包”老师，与这样的老师相处显得掉价或者会被同化成“憨包”人。因此，特殊教育教师的工作努力与教育成果很多时候难以获得社会的认可，负面的职业声望影响着特殊教育教师在教学、交友、婚恋等工作与生活的方方面面，长期得不到与期望值相符的尊重、理解与支持，致使心理问题的发生甚至可能导致心理障碍。

访谈中有特殊教育教师提出：刚刚大学毕业参加工作，亲戚朋友见面都会问在哪里工作、干什么工作等，一听是在特殊教育学校当老师，就没有声音了，似乎连聊天的气氛都变得凝重了，可以猜测到他们内心对特殊教育教师的抵触与嫌弃。而聊到朋友是在普通学校工作的，他们则会笑眯眯地说那以后谁找你做对象可是赚了，孩子以后可以在你们学校上学。接送方便不说，还有机会接触到更多更好的资源。事实上，一同毕业进入特殊教育行业的老同学们一致认为在师范院校男生少找不到对象，而工作后不好谈对象这一老大难的状况并没有得到改观，相反还有变得越来越严重的趋势，因为总有很多人认为当特殊教育教师的都是有点“特殊”的，或心理或行为或人格或其他不明之情况，还是敬而远之少接触为好。特殊教育教师本身已经是一个较为孤立、封闭的群体，作为特殊教育教师，很多时间都是与特殊儿童在一起的，这些特殊儿童在沟通交流、社会交往、情绪情感表达等方面或多或少有些偏常态。如果特殊教育教师再遭遇到一些负面的职业声望，其合群需求及社会支持需要难以得到满足，久而久之就会引发沉闷、孤独、无助等心理不适，甚至引起对工作的兴趣减退、对生活的无望等不良后果。

二、来自学校方面的压力

（一）工作超负荷，让人难以胜任

特殊教育教师不仅要承担繁重复杂的教育与康复、诊断与评估等任务，还要频繁应对迎检查、培训、会演、开会、卫生等非教学的或形式化的任务，此外在正式调查研究前期的90份开放性问卷以及调查研究后期的深度访谈中，都有特殊教育教师不同程度的吐槽，其所在学校领导会强迫自己去做一些远远超出自己当前专业或能力水平的事情，可能还会占用双休日或者节假日。过分消耗特殊教育教师的时间与精力，导致本应是脑力劳动者的他们逐渐地机械被动，特别对于规模不大或特殊教育教师的人数甚至两只手都能数过来的学校、康复机构而言，繁重的工作量更是增加了特殊教育教师的工作压力与心理负担。事实上，大多数特殊教育教师在校时间与我国实行的8小时工作制相比要高出不少，经常需要加班加点备课、填报各种资料、制作教学用具或处理学校的其他事情。访谈中有几位老师多次提到：外界都认为我们做教师的空闲时间多，比如下午4点左右就到了规定的下班时间了，周末还是双休，还有近3个月的寒暑假。但事实上我们的假期是透支我们至少9个月的工作期间的体力与精力换来的。忙起来哪怕有三头六臂也无法很好地应付，如要应对家长的“过分关注”：孩子训练了这么久没有进步，找老师理论；孩子吃不好，找老师沟通看看怎么能让孩子吃不饱呢；孩子拉裤子了，肯定是老师没管好；孩子跟同学有冲突了，这绝对是老师的问题……即使如此，还勉强可以接受，一些家长动不动就到教育局上访或者找媒体曝光，才更让你欲哭无泪。

对此，刚工作3年的Z老师深有感触：我带的班级是培智一年级，班里有一名多重障碍的孩子，有一天上课时，他突然站起来想走一走，等我反应过来时他已经被自己的椅子绊倒了，我赶紧把他抱起来看看有没有受伤，发现他额头肿了，我就迅速通知校医带他去检查和处理。然而放学时他妈妈却不依不饶地找学校领导，埋怨我看护不周，要我赔偿 5 000 元。我当时只觉得五雷轰顶，孩子只是摔了一跤，而且也不算太严重，更何况我一个月工资才 3 000 多元。后来家长闹到教育局，之后的我就是写各种检讨和反思，毕竟孩子的安全无小事，特别是在学校里只要有点风吹草动，首先关注的就是孩子，老师就是承担责任的主体。此外，学校各种各样的教育教学或康复训练大赛、微课制作、轮教试教等活动也增加了我的心理负担，每次准备类似的比赛或者上课，都要起早贪黑地准备半个月以上，而一个学期下来这样的活动至少有四五场，所以几乎是没有安心喘气停歇的时候。长期生活在这样强烈的竞争和极度的紧张压抑状态之下，心理不出问题才怪呢。还有现行的特殊教育学校办公室制度也让我不得不吐槽，竟然教室和办公室是一体的，对，你没听错，大部分特殊教育学校的办公室就是在班级后面简单地隔一块空间作为任课教师的办公之处。这意味着教师一天的时间，要么就是给学生上课，要么就是在看学生上课，根本不能静下心来备课之类，只能推到学生放学后再加班。

（二）学校环境待建，教育资源不足

在调查过程中也有特殊教育教师不同程度地提出，不良的工作环境和教育教学资源严重缺乏影响了他们的工作开展和身心健康。比如说，有的县（区）属特殊教育学校建校之初或康复机构开设之初大多环境不太好，各方面硬件条件很差，甚至绿化都很少，以致限制了自然环境对特殊教育教师的身心健康、认知功能等的积极作用。这也导致特殊教育教师在校时只能围绕“学生—课堂—食堂”这三点一线展开活动，有时候遇到问题和心神不安时也无处宣泄、无处诉说，使得他们的不良情绪得不到有效释放，同时也影响其对特殊教育职业信念的坚定和职业幸福感的获得。此外，也有部分特殊教育教师谈道：“现在各地区特殊教育学校办学条件差异很大，有部分地区已经为特殊学生设置了专门的功能室，甚至配备了情景室、体验室等，为特殊教育教师和学生提供了便利和良好的学校环境。但也有不少学校除了课本什么教具都没有，甚至连感觉统合训练室都没有开设，资源的缺乏让我们就如何为学生提供合适的教育与康复训练感觉到很大压力。”在走访过程中发现，一般而言，市属特殊教育学校由于办学历史、办学条件、社会支持、财政投入等原因，其校园环境的各方面建设以及所能提供的教育教学资源会比县（区）属的特殊教育学校、康复机构、特殊教育私立学校等地方胜出许多，因而，市属特殊教育学校的教师心理健康水平相对较高。

三、来自社会方面的影响

（一）缺少多方的理解与支持

通过对所在单位性质的特殊教育教师心理健康症状的比较分析可知，市属特殊教育学校教师和承担随班就读、卫星班等学生教育教学工作的特殊教育教师心理健康水平高于县（区）属特殊教育学校的教师。这事实上从侧面反映了社会支持对特殊教育教师心理健康的影响，因为市属特殊教育学校和开展随班就读、卫星班、资源教室等工作的学校大部分位于城市之中，各方面的财力物力配备、环境建设、家长配合、形成家校合力共育等较县（区）属特殊教育学校和特殊教育机构更具有优势。一方面是因为市里的学校有机会获取更多的社会资源，市民对特殊教育和特殊儿童的支持与接纳程度也较好，城市中的家长对特殊儿童教育与康复训练的相关知识和经验可能也更丰富一些，在参与家校合作的过程中也更多地表现出积极与支持的态度。相比之下县（区）属特殊教育学校的学生有来自本地县（区）城中的，也有农村的留守儿童（访谈中发现不少农村的特殊儿童家长因为生育了特殊儿童，因逃避而外出打工再在外地生育一孩后就放任特殊儿童不管了的情况），使得这类特殊儿童的问题行为或者障碍症状更加突出，不利于特殊儿童的身心发展，也影响到家校合作共育的程度。班级里有这类型儿童的特殊教育教师可能需要操心更多，但换取而来的效果却不尽人意。由此可见，单位所在的大环境不同对特殊教育教师工作的开展和身心健康会产生不同的影响。有不少特殊教育教师感叹："我所在的县城就一所特殊教育学校，特殊教育教师可谓教师队伍中的'稀罕物'，很多人不认同我所从事的特殊教育职业。""可能小县城里对特殊教育的普及和接受还不太好吧，每当带学生出去开展实践活动时，总会遇到很多人用看猴的眼神围观我们，甚至指指点点。作为这些特殊儿童的老师，我很难受也很心疼，说好的最大限度帮助特殊儿童融入社会回归主流呢？难道只是口号？""每次有亲子活动，来自农村的他都会很难过，我也会心情不好，因为总会出现不太愉快的情况，要么是他的家长缺席不来，要么是他 80 多岁的老奶奶来校说着我听不懂方言，这怎么沟通？"

（二）社会环境方面的压力

社会环境作为一个复杂多样的大系统与人的心理状态密切相关，尤其是当个体被动进入新环境时影响更为明显。当前特殊教育事业的发展以及建设高素质特殊教育教师队伍的要求，对特殊教育教师的专业素养提出了全新要求，加之科学技术的飞速发展和信息的网络化，更容易促使特殊教育教师体验到紧张、焦虑甚至敌意的情绪。一方面，近些年政府在特殊教育方面进行了大量的改革，并大力推进教育公平、研修结合、校本课程开发、一人一案等理念与实践，这在促进特殊教育事业不断发展的同时，也给特殊教育教师增加了大量的工作负担。另一方面，家长对特殊儿童教育与康复训练的足够重视和维权意识不断增强，对特殊教育教师知识储备、师德标准、教育技能的要求越来越高。此外，社会媒体对特殊教育教师虐童事件恶意扩大化或过分关注，使得特殊教育教师普遍感受到来自社会的监督与舆论压力，这也为特殊教育教师带来心理困扰。过重的社会压力加大了特殊教育教师的疲劳感，降低了他们的工作成就感和幸福感，也影响了他们对工作和生活的满意度。长此以往，不但会降低特殊教育教师的工作效率，还可能会致使一些教师出现较为严重的心理问题。

第四章　我国特殊教育教师心理弹性状况抽样调查

人们在处理日常生活中的压力或挑战事件时，由于个体人格特质以及认知水平等不同，其采取的处理方式和态度也会有所不同，事件的处理结果也可能存在差异性。有时处于同一环境中的不同的个体，在处理同样的压力事件时也会有不同的结果。产生这种行为结果的原因，归根结底在于个体的心理弹性水平不同。而导致心理弹性个体差异的原因，除了人格特质外，个体的性别、年龄、受教育水平等背景变量也会成为影响因素。因此，要深入了解特殊教育教师心理弹性的现状，首要任务就是考察特殊教育教师的心理弹性与其背景变量之间的关系，揭示特殊教育教师的心理弹性在背景变量上的特点。对特殊教育教师心理弹性特点的考察，对更加深入地了解我国特殊教育教师心理弹性的现状具有重要的参考价值，同时也是针对性地提出提升特殊教育教师心理弹性水平措施的重要依据。鉴于此，本研究拟通过"中国成年人心理弹性量表"调查我国特殊教育教师在性别、年龄、教龄、学历等个体背景变量上呈现的心理弹性特点，以便更加客观地了解特殊教育教师心理弹性的现状。

第一节　研究方法

一、研究对象

本研究随机抽取来自全国各地市、县（区）属特殊教育学校、普通中小学幼儿园及特殊教育机构等单位的特殊教育教师，共回收问卷 726 份，剔除无效问卷 45 份，有效问卷 681 份，有效回收率为 93.80%。研究对象具体构成情况同前。

二、研究工具

本研究采用天津师范大学梁宝勇、程诚(2012)编制的“中国成年人心理弹性量表”。该量表由5个维度共30个题目构成。5个维度分别为内控性，注重问题解决的灵活应对，乐观性，形成、维持和运用支持关系的能力，接纳性。每个维度均包含6个项目。每个题目分为“完全不符合、不太符合、比较符合、完全符合”4级选项，依次分别记“1,2,3,4”分，其中正向计分22题，反向计分8题。得分越高，表示心理弹性越高。本研究中，总量表与5个维度的内部一致性系数分别为0.916,0.757,0.842,0.812,0.674和0.832,说明该量表在本研究中具有较高的信度，可以作为测量特殊教育教师心理弹性的可靠工具。

三、研究程序

本研究采用推荐抽样方法，在全国范围内对特殊教育教师进行问卷调查，借助问卷星形成的二维码以及链接在微信群、朋友圈以及相关QQ群发放并回收调查问卷726份，以被试填写问卷时长(300 s以下及“时间过长”)、重复IP地址、答案同一性作为筛选条件，剔除无效问卷45份，最后得到有效研究样本681个，有效回收率93.80%。

有效样本数据采用统计软件SPSS 22.0进行处理。

第二节　研究结果

一、特殊教育教师心理弹性基本情况

特殊教育教师心理弹性的基本情况见图4-1和表4-1。从表4-1中可见，特殊教育教师心理弹性量表总平均分为2.87分，各维度平均分介于2.70～3.02之间(评分等级为1～4分)，说明特殊教育教师心理弹性水平中等偏上。其中乐观性得分最高；其次是注重问题解决的灵活性应对，内控性，以及形成、维持和运用支持关系的能力；得分最低的是接纳性。

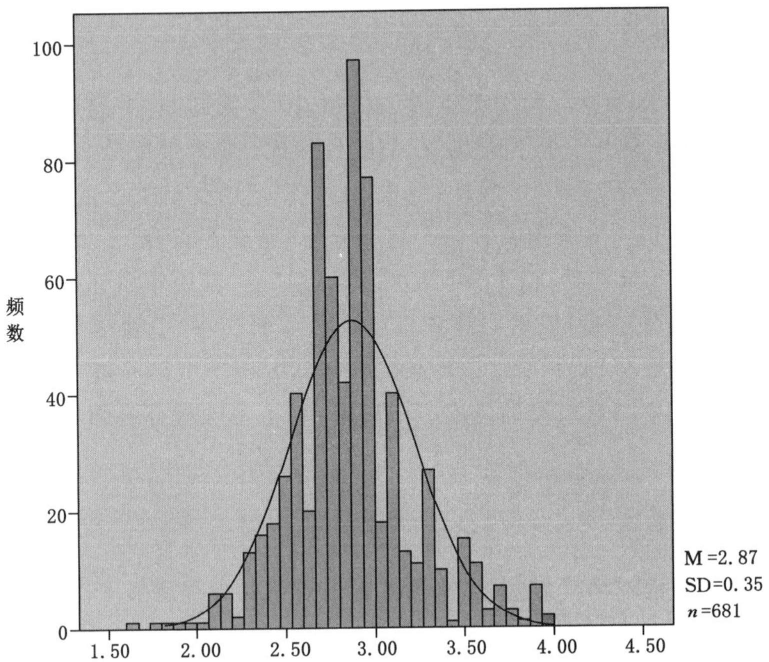

图 4-1 特殊教育教师心理弹性总体情况

表 4-1 特殊教育教师心理弹性基本情况($n=681$)

维度	M	SD
内控性	2.90	0.42
注重问题解决的灵活应对	2.93	0.43
乐观性	3.02	0.45
形成、维持和运用支持关系的能力	2.85	0.37
接纳性	2.70	0.54
整体	2.87	0.35

二、特殊教育教师心理弹性在个人背景信息变量上的差异比较

(一) 特殊教育教师心理弹性在性别上的差异比较

本研究采用 t 检验对特殊教育教师的心理弹性各维度进行性别上的差异性检验,结果见表 4-2。结果显示,在内控性和注重问题解决的灵活应对的得分上

男女特殊教育教师呈现出显著性差异。由平均分比较可知，男性特殊教育教师在心理弹性总得分及内控性、注重问题解决的灵活应对的得分上显著高于女性特殊教育教师；男性特殊教育教师在乐观性和形成、维持和运用支持关系的能力上的得分高于女性特殊教育教师，但不存在显著差异；在接纳性因子上，男性特殊教育教师的得分低于女性特殊教育教师，但无显著差异。

表 4-2　不同性别特殊教育教师心理弹性各因子差异比较

维度	男(n=119)		女(n=562)		F	p
	M	SD	M	SD		
内控性	2.98	0.41	2.88	0.41	2.30	0.022
注重问题解决的灵活应对	3.10	0.44	2.91	0.43	2.30	0.022
乐观性	3.07	0.47	3.01	0.44	1.41	0.160
形成、维持和运用支持关系的能力	2.86	0.36	2.84	0.37	0.38	0.704
接纳性	2.66	0.55	2.71	0.54	−0.77	0.440
整体	2.92	0.35	2.867	0.34	1.40	0.162

（二）特殊教育教师心理弹性在年龄上的差异比较

采用单因素方差分析，对不同年龄的特殊教育教师心理弹性各维度的得分进行差异性检验，结果见表 4-3。由表 4-3 可知，不同年龄的特殊教育教师在内控性、注重问题解决的灵活应对、乐观性、接纳性以及心理弹性整体上得分存在极其显著差异，在形成、维持和运用支持关系的能力维度上存在显著差异；由平均分比较可知，随着年龄的增长，特殊教育教师在心理弹性及各维度上的得分逐渐提高。

表 4-3　不同年龄特殊教育教师心理弹性各因子差异检验

维度	A=≤25 周岁(n=221)		B=26～35 周岁(n=221)		C=36～45 周岁(n=142)		D=≥46 周岁(n=97)		F	事后比较
	M	SD	M	SD	M	SD	M	SD		
内控性	2.82	0.40	2.88	0.41	2.95	0.44	3.05	0.38	7.932***	C,D>A D>B
注重问题解决的灵活应对	2.85	0.43	2.90	0.43	2.99	0.44	3.07	0.37	7.725***	A,B<D A,B<C
乐观性	2.92	0.45	3.01	0.45	3.07	0.45	3.21	0.38	10.271***	D>B, C>A

表 4-3(续)

维度	A=≤25 周岁（n=221）		B=26～35 周岁（n=221）		C=36～45 周岁（n=142）		D=≥46 周岁（n=97）		F	事后比较
	M	SD	M	SD	M	SD	M	SD		
形成、维持和运用支持关系的能力	2.81	0.35	2.82	0.40	2.89	0.38	2.93	0.32	3.714*	C,D>A D>B
接纳性	2.58	0.54	2.66	0.55	2.84	0.52	2.84	0.49	9.299***	C,D>A C,D>B
整体	2.79	0.31	2.85	0.35	2.94	0.37	3.02	0.32	12.307***	C,D>A C,D>B

由内控性因子的多重比较发现，25 周岁以下与 26～35 周岁之间的特殊教育教师之间不存在显著差异，26～35 周岁之间与 36～45 周岁之间的特殊教育教师之间不存在显著差异，36～45 周岁之间与 46 周岁以上特殊教育教师之间不存在显著差异；25 周岁以下的特殊教育教师与 36～45 周岁之间、46 周岁以上的特殊教育教师之间差异显著，26～35 周岁之间与 46 周岁以上特殊教育教师之间存在显著差异。由注重问题解决的灵活应对因子的多重比较发现，25 周岁以下和 26～35 周岁之间的特殊教育教师之间无显著差异，26～35 周岁之间与 46 周岁以上的特殊教育教师之间无显著差异，其他年龄段的两两比较皆存在显著差异，且 $M_{46周岁以上} > M_{36\sim45周岁之间} > M_{25周岁以下}$。由乐观性因子的多重比较发现，除 26～35 周岁之间与 36～45 周岁之间的特殊教育教师之间差异不显著外，其他年龄段的两两比较皆存在显著性差异。由形成、维持和运用支持关系的能力因子的多重比较发现，25 周岁以下和 36～45 周岁之间以及 46 周岁以上的特殊教育教师之间存在显著差异，26～35 周岁和 46 周岁以上的特殊教育教师之间存在显著差异，其他年龄段的两两比较皆不存在显著差异。由接纳性因子的多重比较发现，25 周岁以下与 26～35 周岁之间的特殊教育教师之间无显著差异，36～45 周岁之间与 46 周岁以上的特殊教育教师之间无显著差异，其他年龄段的两两比较皆存在显著差异。对心理弹性整体进行多重比较发现，25 周岁以下与 36～45 周岁之间以及 46 周岁以上的特殊教育教师之间存在显著性差异，26～35 周岁与 36～45 周岁之间以及 46 周岁以上的特殊教育教师之间存在显著性差异，其他年龄的两两比较皆无显著性差异。

（三）特殊教育教师心理弹性在教龄上的差异比较

采用单因素方差分析，对不同教龄的特殊教育教师心理弹性各维度的得分进行差异性检验，结果见表 4-4。由表可知，不同教龄的特殊教育教师在内控性、注重问题解决的灵活应对、乐观性、接纳性以及心理弹性整体上得分存在极其显著差异，在形成、维持和运用支持关系的能力维度上存在显著差异。平均分比较显示，16 年以上教龄的特殊教育教师除在接纳性因子上的得分低于 11～15 年教龄的特殊教育教师，在心理弹性其他 4 个维度上的得分显著高于 1～5 年、6～10 年以及 11～15 年教龄的特殊教育教师。6～10 年教龄的特殊教育教师在内控性和注重问题解决的灵活应对因子上的得分高于 1～5 年和 11～15 年教龄的特殊教育教师。

表 4-4 不同教龄特殊教育教师心理弹性各因子差异检验

维度	A=1～5 年 (*n*=351)		B=6～10 年 (*n*=91)		C=11～15 年 (*n*=36)		D=16 年以上 (*n*=203)		*F*	事后比较
	M	SD	M	SD	M	SD	M	SD		
内控性	2.83	0.39	2.95	0.48	2.89	0.45	3.00	0.41	8.379***	B,D>A
注重问题解决的灵活应对	2.85	0.41	2.95	0.52	2.95	0.42	3.04	0.41	8.924***	B,D>A
乐观性	2.95	0.44	3.00	0.50	3.07	0.49	3.15	0.41	8.648***	D>A,B
形成、维持和运用支持关系的能力	2.81	0.35	2.82	0.43	2.87	0.37	2.92	0.36	3.648*	D>A,B
接纳性	2.60	0.52	2.66	0.61	2.91	0.50	2.85	0.50	12.136***	D>A,B C>A
整体	2.81	0.31	2.87	0.41	2.93	0.33	2.99	0.34	13.208***	D>A,B C>A

由内控性因子的多重比较发现，1～5 年与 6～10 年以及 16 年以上教龄的特殊教育教师之间存在显著差异，且 $M_{16年以上}>M_{6\sim10年}>M_{1\sim5年}$，其他教龄的两两比较无显著性差异。注重问题解决的灵活应对因子多重比较结果显示，1～5 年与 6～10 年以及 16 年以上教龄的特殊教育教师之间存在显著差异，且 $M_{16年以上}>M_{6\sim10年}>M_{1\sim5年}$，其他教龄的两两比较皆无显著性差异。由乐观性与形成、维持和运用支持关系的能力因子上的多重比较发现，16 年以上与 1～5 年以及 6～10 年教龄的特殊教育教师之间存在显著差异，且 $M_{16年以上}>M_{6\sim10年}>M_{1\sim5年}$，其他教龄的特殊教育教师两两比较皆无显著性差异。由接纳性因子的多重比较发现：1～5 年与 11～15 年以及 16 年以上教龄的特殊教育教师之间存

在显著差异，6～10年与16年以上教龄的特殊教育教师之间存在显著差异；6～10年与1～5年及11～15年教龄的特殊教育教师之间不存在显著差异，11～15年与16年以上教龄的特殊教育教师之间不存在显著性差异。对心理弹性整体进行多重比较发现，1～5年与11～15年以及16年以上教龄的特殊教育教师之间存在显著性差异，6～10年与16年以上教龄的特殊教育教师之间存在显著性差异，其他教龄的两两比较无显著性差异。

（四）特殊教育教师心理弹性在职称上的差异比较

本研究将特殊教育教师的职称分为三级、二级、一级、高级以及其他，采用方差分析，对不同职称的特殊教育教师心理弹性各维度的得分进行差异性检验，结果如表4-5所示。不同职称的特殊教育教师在内控性，注重问题解决的灵活应对，乐观性，形成、维持和运用支持关系的能力，接纳性以及心理弹性整体得分上存在显著性差异。由平均分比较得知，一级教师在注重问题解决的灵活应对、形成、维持和运用支持关系的能力，接纳性以及心理弹性整体上的得分显著高于其他职称的特殊教育教师，高级教师在内控性和乐观性上的得分显著高于其他职称的特殊教育教师。

表4-5　不同职称特殊教育教师心理弹性各因子差异检验

维度	A=三级（n=65）		B=二级（n=140）		C=一级（n=194）		D=高级（n=203）		E=其他（n=207）		F	事后比较
	M	SD	M	SD	M	SD	M	SD	M	SD		
内控性	2.81	0.41	2.94	0.39	2.98	0.44	2.98	0.44	2.80	0.38	7.023***	B,C,D>A,E
注重问题解决的灵活应对	2.78	0.50	2.97	0.42	3.01	0.44	3.00	0.48	2.85	0.37	6.346***	C>A,E
乐观性	2.92	0.46	3.04	0.44	3.10	0.44	3.11	0.48	2.94	0.43	4.850**	C,D>A B,C,D>E
形成、维持和运用支持关系的能力	2.71	0.40	2.89	0.32	2.90	0.40	2.88	0.39	2.81	0.35	4.407**	B,C,D,E>A C>E
接纳性	2.67	0.48	2.63	0.55	2.84	0.53	2.80	0.48	2.58	0.55	7.310***	A,B,E>C B,E>D
整体	2.78	0.32	2.89	0.32	2.96	0.37	2.95	0.37	2.79	0.30	8.958***	B,C,D>A,E

由内控性因子的多重比较发现：一级与三级、二级以及高级职称的特殊教

育教师之间存在显著性差异，且随着职称的升高，内控性得分随之增加；职称等级中的其他主要是指入职两年内暂无职称和私立特殊教育机构的特殊教育教师，其与高级、一级、二级特殊教育教师之间存在显著性差异；其他职称的两两比较皆无显著性差异。对注重问题解决的灵活应对因子的多重比较结果显示，一级与三级以及其他职称的特殊教育教师之间存在显著性差异，且 $M_{一级}=3.01>M_{其他}=2.85>M_{三级}=2.78$，其他职称间的两两比较皆无显著性差异。对乐观性因子的多重比较显示，三级职称的特殊教育教师与一级以及高级职称的特殊教育教师之间存在显著性差异，其他职称的特殊教育教师与高级、一级、二级特殊教育教师之间存在显著性差，且 $M_{高级}=3.11>M_{一级}=3.10>M_{其他}=2.94>M_{三级}=2.92$，其他职称的两两比较皆无显著性差异。对形成、维持和运用支持关系的能力因子的多重比较发现，一级职称的特殊教育教师与其他职称的特殊教育教师之间存在显著性差异，三级职称的特殊教育教师与二级、一级、高级以及其他职称的特殊教育教师之间存在显著性差异，且 $M_{一级}=2.90>M_{二级}=2.89>M_{高级}=2.88>M_{其他}=2.81>M_{三级}=2.71$，其他职称的两两比较皆无显著性差异。对接纳性因子的多重比较发现，一级职称的特殊教育教师与三级、二级以及其他职称的特殊教育教师之间存在显著性差异，高级职称的特殊教育教师与二级以及其他职称的特殊教育教师之间存在显著性差异，其他职称的两两比较皆无显著性差异。对心理弹性整体的多重比较发现，三级职称的特殊教育教师与二级、一级以及高级职称的特殊教育教师之间存在显著性差异，其他职称的特殊教育教师与二级、一级以及高级职称的特殊教育教师之间存在显著性差异。

由不同职称的特殊教育教师心理弹性各维度的差异性检验结果可知，特殊教育教师的职称高低对其心理弹性各因子产生的影响是很明显的。

（五）特殊教育教师心理弹性在专业背景上的差异比较

本研究中，专业背景主要分为特殊教育类专业和非特殊教育类专业两种，因此，采用 t 检验对不同专业背景下的特殊教育教师的心理弹性各维度进行差异性检验，结果见表 4-6。是否为特殊教育类专业在内控性、注重问题解决的灵活应对、乐观性、接纳性以及心理弹性整体上得分呈现显著性差异。由平均分比较可知，非特殊教育类专业特殊教育教师在内控性、注重问题解决的灵活应对、乐观性、接纳性以及心理弹性整体上的得分显著高于特殊教育类专业特殊教育教师；特殊教育类专业特殊教育教师在形成、维持和运用支持关系的能力上的得分高于非特殊教育类专业特殊教育教师，但不存在显著差异。

表 4-6　不同专业背景特殊教育教师心理弹性各因子差异检验

维度	特殊教育类专业（n=421）		非特殊教育类专业（n=260）		t	p
	M	SD	M	SD		
内控性	2.87	0.41	2.95	0.42	−2.62	0.009
注重问题解决的灵活应对	2.90	0.43	2.97	0.44	−2.18	0.030
乐观性	2.99	0.45	3.07	0.45	−2.06	0.040
形成、维持和运用支持关系的能力	2.85	0.36	2.84	0.38	0.14	0.887
接纳性	2.65	0.54	2.77	0.54	−2.73	0.006
整体	2.85	0.34	2.92	0.35	−2.61	0.009

（六）特殊教育教师心理弹性在其他个人背景变量上的差异比较

本研究调查了不同学历特殊教育教师心理弹性各维度得分上的差异情况。结果显示，在心理弹性整体及各维度得分上，研究生学历的特殊教育教师得分最高，大专学历的特殊教育教师在内控性、注重问题解决的灵活应对、乐观性、接纳性以及心理弹性整体上的得分最低，高中或中专学历的特殊教育教师在形成、维持和运用支持关系的能力上的得分最低，但均不存在显著差异。

本研究分析了特殊教育教师所在单位[市属特殊学校、县（区）属特殊学校、特殊教育机构以及其他]在心理弹性各因子得分上的差异。结果显示，县（区）属特殊学校的特殊教育教师在内控性，注重问题解决的灵活应对，乐观性，形成、维持和运用支持关系的能力因子上及量表整体上的得分明显高于市属特殊学校、特殊教育机构及其他地方。工作所在地区得分在乐观性因子上存在显著差异（$F=3.485$，$p<0.05$），在接纳性（$F=2.266$，$p=0.080$）和心理弹性整体（$F=2.449$，$p=0.063$）上的得分存在边缘显著差异。多重比较后发现，县（区）属特殊学校的特殊教育教师在乐观性因子上显著高于特殊教育机构以及其他地方，表明这一类特殊教育教师心理弹性能力较好。

本研究还分析了特殊教育教师所教学生所处的年龄段（学前阶段、小学阶段、初中阶段、高中阶段）在心理弹性各因子得分上的差异。结果显示：教小学阶段的特殊教育教师在内控性、注重问题解决的灵活应对、乐观性上的平均分得分高于其他阶段，但不存在显著差异；教高中阶段的特殊教育教师在形成、维持和运用支持关系的能力，乐观性及总量表上的平均分得分最高，无显著差异。学前阶段的特殊教育教师在内控性、乐观性、接纳性3个因子上的得分最低，这可能是由于无论是正常幼儿还是有特殊需要的幼儿，其心理、生理处于个体发展的早期阶段，教师在教育的过程中面临更多的压力或应激情境，相比其他阶段的教师更容易产生职业怠倦等情况，特殊教育教师可能更是如此，因而其心理弹性各因子得分相对其他阶段特殊教育教师得分较低，这与我国学者李永占(2016)对幼儿教师的相关研究结果相似。然而，所教年龄段在特殊教育教师心理弹性各因子上均不存在显著差异。这或许说明了无论所教年龄段处于高年级还是学前阶段，特殊教育教师的心理弹性水平都具有一定的稳定性。

第五章　我国特殊教育教师心理弹性的影响因素及作用机制

有关危险或压力的研究是心理弹性研究的起源。虽然研究者对"resilience"一词的译法不同,但"复原力""韧性""反弹"等的含义都包含了个体在应对压力源或挑战时,能够恢复过来的一种能力。研究者对心理弹性作用机制的研究也从未停止过,其中以 Kumpfer(1999)的心理弹性框架颇具整合性和系统性。(图 5-1)

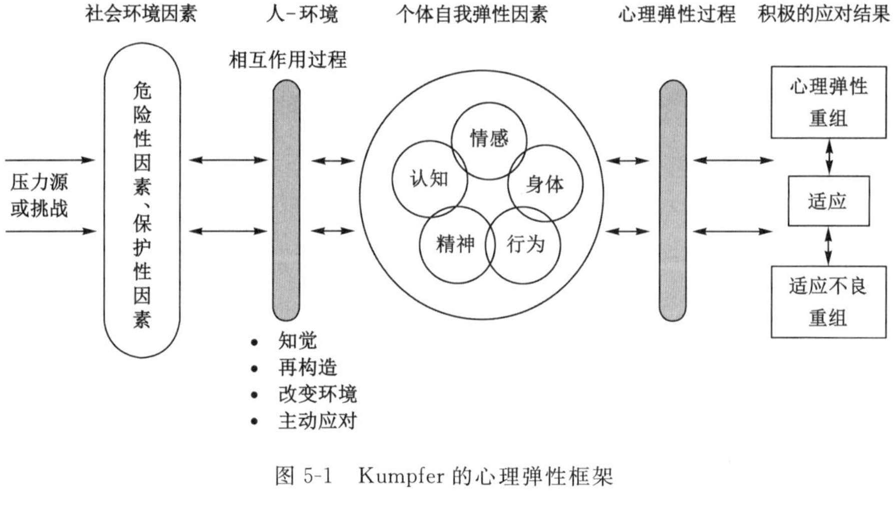

图 5-1　Kumpfer 的心理弹性框架

由图 5-1 可知,心理弹性框架主要由六部分内容组成:① 压力源或挑战;② 社会环境因素;③ 人—环境相互作用过程;④ 个体自我弹性因素;⑤ 心理弹性过程;⑥ 积极的应对结果。由一定的刺激引起压力或挑战,并且个体利用环境和自身因素成功适应或应对的过程就是心理弹性的过程。心理弹性的本质是个体体验到消极生活事件所带来的压力或挑战,而个体能采取行动成功适应或应对,并能从这些经历中获得成长。社会环境中的危险性和保护性因素主要包括家庭、文化、社区、学校以及同伴交往等,当急性或慢性压力事件发生时,社会环境因素会起到缓冲或者加剧消极影响的作用，也就是说环境情境中的危险性因素和保护性因素之间是交互影响的，会因个体而异。该框架模型表明，个体内在的心理弹性特征对心理弹性过程尤为重要，认知能力帮助个体实现人生理想或目标，包括学习技能、洞察力、自我意识、创造力、计划能力等；情感稳定性方面包括情绪管理能力、同情心、主观幸福感以及幽默感等；精神性起到精神引领和导向的作用，能够为个体解决问题提供明确的努力方向，包括理想和目标、生活目标、坚定的信念、希望和乐观以及有毅力等；行为或社会能力促使个体将所思所想付诸实际行动，包括社交能力、问题解决能力、人际交往与沟通能力等；身体健康方面包括良好的身体状态、维持健康状态的能力以及发展运动技能等。在各因素相互作用过程中，可能产生心理弹性重组、适应和适应不良重组三种结果。

基于此理论框架模型，结合对个别特殊教育教师深度访谈的结果，本研究初步编制形成了关于特殊教育教师压力源及特殊教育教师心理弹性影响因素的开放性调查问卷。在对开放性问卷调查进行质性分析的基础上，对特殊教育教师的回答进行整理和分析，提取关键词，初步编制形成 4 个调查问卷。同时，征求心理学专家、一线特殊教育教师以及研究生的意见，对有歧义、重复以及晦涩难懂的题进行修改或删除，形成初步调查问卷，运用 SPSS 22.0、AMOS 23.0 等对调查数据进行处理和分析。

第一节　特殊教育教师心理弹性影响因素的质性探索

一、研究目的

在基于 Kumpfer(1999)心理弹性框架模型的基础上，编制开放性问卷题目，初步了解特殊教育教师压力的来源、受到哪些环境或个体因素的有利或不利影响，从而深入分析影响特殊教育教师心理弹性的因素，在此基础上编制用于量化研究的正式调查问卷。

二、研究对象

采用完全随机取样和方便取样相结合的方法，采取网上调查的形式对四川、重庆、江苏等省市的特殊教育教师进行线上访谈，同时提供开放式调查问卷供被试作答;采用面对面调查的方式对参加安徽省“国培”和“省培”的特殊教育教师进行现场访谈,同时发放开放式调查问卷供被试根据实际情况作答。总共访谈并发放调查问卷101份,有效回收90份,有效回收率为89.1%。90名特殊教育教师中,男性12人,女性78人,年龄在25周岁以下23人,26～35周岁之间36人,36～45周岁之间25人,46周岁以上6人。

三、研究工具

自编开放式问卷。开放性问卷题目如下:① 您曾经或正在面临哪些压力或困境?您是如何解决或摆脱这些压力或困境的?② 在面临压力或困境时,您获得过外界(家庭、学校、个人等)的支持和帮助吗?他们是如何支持和帮助您的?③ 在面临压力或困境的时候,哪些外界的因素不但没有支持和帮助您,反而加深了您的压力或困境?④ 您认为自己的哪些品质或特征有利于您成功解决或摆脱面临的压力或困境?⑤ 您认为自己的哪些特征或品质不利于您成功解决或摆脱面临的压力或困境?

四、研究结果与分析

(一)特殊教育教师的压力源

1. 教育教学环境

在对问卷进行整理和归纳后,发现不少教师提到工作条件差,薪资待遇低等使他们产生压力。根据马斯洛的需求层次理论,归属与爱的需要是人类的基本需要,在一个群体中若无法满足这种需要,个人很难融入这个群体且精神上无法得到满足,就会对个体身心产生消极影响,无形中增加个体的心理压力。访谈中也发现,相当一部分特殊教育教师表示会因为领导不重视、同事不关心、教学资源有限、工资低等教育教学条件产生很大的压力,且不知如何去缓解。由此可见,特殊教育教师的教育教学条件受限是其产生压力的一个原因。

2. 教学对象

教师的教学和服务对象是学生,而学生的表现是对教师教学的一种反馈。由于教学对象的特殊性、复杂性,特殊教育教师表示会由于学生的动手操作能力不足、注意力不够集中、问题行为等问题倍感疲惫,在教学上形成压力。

3. 个人能力

大部分教师表示会由于感到个人能力的不足而产生强大的压力感。当教学达不到预期效果时，他们会将原因归于教学能力和专业技能不足、专业知识匮乏等，如有的特殊教育教师提到“教育教学经验不足，技能缺乏”“自己的专业技能和专业知识不够强硬，满足不了学生的需求”等会使其处于压力或困境中。

4. 情绪情感

个人的情绪情感会受到所处环境的影响。特殊教育教师在工作时间面对的是有特殊需要的儿童，学生残障类别多、情绪问题多等客观存在的条件在一定程度上使特殊教育教师产生情绪情感困扰。另外，社会上一部分人对特殊教育职业投来异样的眼光时，同样会使其产生压力。

5. 工作强度

部分特殊教育教师认为，他们感觉工作强度大的原因在于，一方面学生残障类别多，需要学习很多知识和技能，但是平时课时量大，苦于没时间；另一方面，虽然自己是专任教师，但有时会被领导安排做行政工作又无法拒绝等。

6. 特殊儿童家长

特殊儿童家长让特殊教育教师感觉到压力的原因在于，一方面有些学生家长不配合、不理解、不关心、不重视特殊教育教师的工作，康复意识薄弱；另一方面，有的学生家长溺爱孩子，总是小题大做，无法让教师进行正常的教学和管理工作，等等。

相关访谈结果见表 5-1。

表 5-1 访谈部分结果

因素	人数	示例
教育教学环境	23 人	“领导强迫你去做一些自己专业达不到的事情，可能还会占用双休日，对此很苦恼”“同事不帮忙，还看笑话”“现在学校针对智障生配套的教学功能室没有建立，缺少情景教室、体验室等”“教材不够匹配，实用性不够强”“学校缺少教学资源，除了课本什么教具都没有，感觉到有压力”“教师工资太低，勉强生活，除了每个月打卡 2 000 元，年终 10 000 元，没有啥额外补助”“工资低，地位低，政府重视度不够”
教学对象	41 人	“智障孩子的日常行为很令人头疼，有时很难纠正”“班上一个孩子特别调皮，每天都要搞事情，各种破坏，各种捣蛋”“学生复杂，年龄段复杂，3～18 岁的都有，很难教学”“聋哑儿童程度差别太大，学习基础相当不一致”“学生越来越难教，身心、脑力、体力都感觉累”“孩子上课不配合老师，他们往往易发怒，一点小事就要大闹一场”“无视上课规则，我行我素”

表 5-1(续)

因素	人数	示例
个人能力	68 人	“我是非特殊类毕业的,大学修的也不是师范类,一下子面对这些群体,感觉难以驾驭”“专业知识无法正确用到工作中,特殊教育康复专业毕业,现教授聋教育,感到不对口”“自己的工作经验不足,却担任班主任、教研组长等职务,工作压力大”“教育教学经验不足,技能缺乏”“自己的专业技能和专业知识不够强硬,满足不了学生的需求”“学生在课堂上捣乱,很难有效地管理课堂、正常上课”
情绪情感	47 人	“工作成就感特别小,经常遇到很简单的一个问题却总是教不会学生,产生无力感”“学生情绪问题多,我很难有效处理”“自闭症、智障、脑瘫等学生残障类别多,我难以应付”“社会上有些人不认同我所从事的特殊教育职业”
工作强度	29 人	“课程任务太重,基本每天满堂,直接导致授课质量较低”“工作量大,工资较低,工作动力不大”
特殊儿童家长	16 人	“学生家长不配合、不理解、不关心、不重视特殊教育教师的工作”“家长康复意识薄弱,认为康复是老师应该做的事”“有的学生家长溺爱孩子,总是小题大做”

(二) 特殊教育教师心理弹性的保护性因素

保护性因素,是指个体在面临压力或困境时,能够对其适应和发展产生积极影响的个体和环境因素。根据研究结果,基于特殊教育教师角度,将保护性因素分为外部保护性因素和个体内部保护性因素。

1. 外部保护性因素

67 名特殊教育教师从学校、领导以及同事方面做出了应答,有的表示“面对压力,我只能和同事谈心,因为只有他们才会理解这份工作”“同事们互相沟通交流,下班后与同事一起散步、逛街,心情焦虑时,同事给予开导”“同事的支持,让我感到慰藉”“跟同事交流可以找到一些存在感。还有同事的支持,就是我们班整个团队老师的相互扶持和帮助,主动承担”,等等。

另外,有的特殊教育教师谈到“校领导对学校老师都非常关心,正确地指导工作,对生活也给予关心”“领导的肯定,让我心中感到快乐”“在专业提升方面,学校给了很多培训学习的机会,同时还安排了师傅带领,经常给我们发一些专业书籍,并且共读”“学校提供专业的培训机会。特教知识缺乏,学校派我外出培训学习,进行了转岗培训”“学校给予大力支持,如社区融合中,学校常常出证明，然后就可以去参观博物馆，到超市购物实践”，等等。从这些教师的回答中，能够明显感受到他们在遭遇压力时，得到了来自学校的关怀与照顾，无论是心理上的慰藉，还是参加培训获得知识和技能的提高，都在一定程度上成为特殊教育教师积极应对压力的催化剂。

15 名特殊教育教师表示从学生的积极行为或态度中获得了支持。如“学生平时一些温暖的举动让我很感动，所以我不想放弃他们”“学生很乖，知道老师忙，班级事务完成得很好”“学生表达对我的喜爱时，我会感到非常开心”“学生的一些温暖举动会让我感动”，等等。这些特殊教育教师从学生的积极行为或态度中激发了对工作的热情和良好的情绪情感反应，认为不能放弃这些学生，要提升自身素质，发现学生身上的闪光点。

14 名特殊教育教师表示从家长或孩子的理解、配合中获得了支持与帮助。如“有的家长很贴心，理解我们老师”“家长提供支持、安慰我们”“学生出现问题行为或情绪时，家长能够积极配合，帮助我们老师进行处理”“在班级学生之间出现问题时，家长的理解和支持让很多的矛盾得到化解”“学生配合我的教学工作”，等等。他们从学生或学生家长的行为中感受到被尊重、被理解，更愿意在面临教育教学压力或困境时积极寻求解决办法。

39 名特殊教育教师从书籍、讲座等方面表示感受到获得了支持与帮助。他们阐述“看书能够在处理学生问题行为时找到方向”“通过阅读一些专业书籍，可以从中找到一些解决问题的方法”“学校经常给我们发一些专业书籍，并且共读，开阔我们的视野，提升我们的专业知识”“学校会定期开展相关专业讲座，组织我们一起研讨和学习”及“社区融合实践教育课中，他人会尊重我的学生和工作”，等等。从书籍和讲座等学习中，特殊教育教师精神上得到鼓舞，能够在独自阅读与相互学习中获得成长；社会他人的尊重，是对其职业价值的肯定，同样能起到积极的作用。

20 名特殊教育教师表示从家庭中获得了支持与帮助。如“每当被学生气到的时候，家人就会在一旁开导我、安慰我，和我交流，转移我的注意力以缓解我的压力”“家人觉得特教现在薄弱，可以有一番作为，竞争力小，更多的是精神支持”“身体不舒服时，家人非常体贴我。父母永远是我的精神支柱，是我的忠实粉丝，永远无条件支持我”，等等。家庭是每个人情感的栖息地，保持与爱人、父母、家人的亲密关系，能够使特殊教育教师获得最大的情感和精神支持。

还有部分教师阐述新媒体的关心、关注、报道，使大众对特殊教育的态度发生了很大的改观；政府政策和法规的制定，使得他们感受到了尊重与理解等。

2. 个体内部保护性因素

73名特殊教育教师认为自身具有良好的情绪调节能力、坚韧、乐观、自信等优秀品质，在面对诸多工作或生活中的压力情境时，能够利用身上的闪光点，制订切实可行的执行计划，控制自己的不良情绪或行为，并且坚信自己能够处理好面对的难题。他们的回答有“在特殊教育教学过程中遇到困难，开始觉得没有成就感，甚至失去信心，但在综合了解学生的各方面情况后，又重拾信心”“提高自身的专业素质，做好心理适应调节。耐心、毅力决定了做一件事情就要坚持做好”“作为班主任，为了促进班级管理和发展，我会想方设法改善班级的现状，对班级管理计划的落实有助于个人摆脱工作困境”“教师应该是有理想和梦想的，只要坚持理想，认真做事，多多少少总会给他人和自己带来成长”“在情绪低落的时候，还是会鼓励自己、安慰自己，不要跟别人做比较，我们的行业不同”“在遇到问题时，能很好地管理自己的情绪，缓解当时的氛围，特别是在与学生的交往过程中，能起到很好的调节作用，有助于缓解压力和调节氛围”，等等。

58名特殊教育教师表示他们能将职业与自己的认同感结合起来，将特殊教育工作与人生的价值和意义联系起来，将帮助特殊儿童作为自己的使命和责任，并能从工作中感受到乐趣和自我价值的实现。有的教师表示“特殊孩子最缺乏的就是爱，被别人排斥、孤独，平时在课内课外和他们保持和蔼亲切的交流，关注、融入他们的内心，这样就能创设一个和谐美好的班级氛围”“自己来自普教和农村，理解和了解这些家庭的不易，希望能给这些家庭予以帮助”“我爱这些孩子，他们很可爱”“因为孩子们的特殊性，行动和语言上有很多不便，在孩子们学习和生活过程中需要付出比一般孩子更多的爱心和责任心”“我认为学生的缺陷让学生不能快乐成长，他们需要帮助”“善待帮助每一位学生，喜欢与学生相处”“相信特教事业会越来越好，我的努力会被认可”“我喜欢特殊教育工作”，等等。职业认同感强的个体，一般具有良好的职业道德，将职业所赋予的义务当成一份责任。

28名特殊教育教师认为良好的沟通和表达能力使自己获得了很大的收益。如“在遇到困难需要帮助时，我能够及时与同事沟通，协商解决办法”“在学校组织团体活动时，我能够和同事和谐相处”“我注重同事之间的沟通交流与合作”“我乐于帮助同事”，等等。人际交往能力是人与人相处最基本的能力，沟通能力强的个体往往能够在处理事件时发挥很大的正向作用。

（三）特殊教育教师心理弹性的危险性因素

危险性因素，是指个体在面临压力或困境时，对其适应和发展起阻碍作用的因素。根据访谈和开放性问卷结果，本研究从个体和环境两个方面对危险性因素进行了划分。

1/3以上的特殊教育教师认为自己的某些特征如悲观、情绪化、自信心不足、易焦虑等对处理压力事件起到阻碍作用，他们表示“特校学生与普校学生存在巨大差距，一个知识点或动作需要大量时间教，成就感较低”“上课的时候，总想多教他们一些实用知识，由于学生特殊，总感觉有心无力，又有点内疚”“自我感觉意志力不强，自信心不足，社交能力差，易焦虑”“有些懒惰，没有探索特教学生经典案例的精神，有时情绪控制不好，生活中、工作中遇到不顺心的事情时容易悲观，有消极、想放弃的想法”，等等。

外部环境因素包括社会、学校、家庭、朋友、学生家长等方面。39名特殊教育教师表示部分社会人士的不理解、不支持以及歧视给他们带来很大的心理压力。如“当别人知道我是教师，就问哪个学校的，我说特教，然后就没有了，感觉受到了歧视”“社会上认为，特殊教育就是国家浪费人力物力财力，没有意义。很多人不能理解、接受特校教师职业，歧视特校教师与学生”“社区融合实践教育课上，有些社会上的人会对学生投来异样的目光”“社会对于自身工作的认可度不高，或不支持，等等。对此，他们既无奈又不知道采取怎样的措施能改善社会上有些人异样的眼光。33名特殊教育教师认为学校领导或同事的行为有时会成为阻碍，如“有的学校领导不管不顾，教师的压力大、工作量大、让人产生厌烦”“有生活圈就有各种各样的问题，比如同事之间的相处，有时你的优秀和成绩会招来同事的嫉妒，他们会在背后说三道四，增加了压力”“我的工资低，经济压力大”，等等。16名特殊教育教师表示家人的不理解加剧了自己的压力感，如“家人觉得此工作没有成就感，认为付出的努力得不到回报，例如学生在街上碰到老师，如同陌生人一样，不打招呼”以及“家庭生活的烦琐，下班后得不到休息加重了疲倦感”等。8名特殊教育教师会由于朋友的不理解而产生压力，如“烦恼时和朋友倾诉，朋友会说真是烦，别做了，朋友建议我转到普校”等。25名特殊教育教师讲述在教学时得不到学生的反馈，学生障碍程度重以及家长的不配合会成为阻碍，如“家长有的已经放弃了孩子，对我们的教学行为不理解，也不尊重我们，认为我们和普通教师有差别”“家长的态度，对我们的不理解，会对我们上课产生压力”以及“学生程度差，教起来没有成就感。学生上课时的表现和不良情绪会影响我的情绪，从而加深我的压力”等。

第二节　特殊教育教师心理弹性影响因素的量化分析

一、影响特殊教育教师心理弹性的压力源

根据文献的梳理以及开放式问卷结果，我们提取出“教学条件、教学对象、能力、情感、特殊儿童家长、职业倦怠”等关键词，初步编制形成特殊教育教师压力源问卷项目。然后，根据咨询心理学专家、一线特殊教育教师、特殊教育专业研究生等人的意见，对问卷的语句、字词表达等进行修改，编制形成由“学校给我安排的课程过多”“学生不遵守上课规则，影响教学”“我的教学经验不足”等36个项目组成的特殊教育教师压力源初始调查问卷。

（一）研究对象

采用推荐抽样方法，在全国范围内对特殊教育教师进行问卷调查。借助问卷星形成的微信二维码以及链接在网络上发放调查问卷，得到有效样本681份，其中，男性119人，女性562人；25周岁以下的221人，26～35周岁之间的221人，36～45周岁之间的142人，46周岁及以上的97人；教龄1～5年的351人，教龄6～10年的91人，教龄11～15年的36人，教龄16年以上的203人；特殊教育类专业毕业的421人，非特殊教育类专业毕业的260人；高中或中专生学历的82人，大专学历的205人，本科学历的348人，研究生学历的46人；所教年龄段处于学前阶段的131人，小学阶段的398人，初中阶段的85人，高中阶段的67人。

（二）数据处理

使用SPSS 22.0对回收数据进行项目分析、探索性因素分析以及内部一致性系数检验；用AMOS 23.0进行验证性因素分析，对所得维度进行验证，给出拟合优度指数。其中，随机选取340个样本进行探索性因素分析，对另外341个样本进行验证性因素分析。

（三）研究结果

1. 项目区分度

由于第34题(a34“我的执行能力强”)的专家效度太低，先予以删除，然后根据每个被试对剩余35个项目的得分总分进行排序，将得分在前27%者划为高分组，得分在后27%者划为低分组，再求出高分组和低分组在每个项目得分上的平均数差异显著性，发现第1题(a1“我所拥有的理论知识对我的日常教学帮助不

大")的 $p=0.088>0.05$,未达到显著性水平,不具鉴别度,因此删除第 1 题。

2. 项目总分相关分析

由表 5-2 项目分析结果可知,各项目得分与问卷总分之间的相关系数在 0.32～0.68 之间,全部达到显著性水平,所有项目均达到 0.30 以上。这说明所有项目均具有较好的鉴别力,能够鉴别出被试不同程度的反应,可以进行探索性因素分析。

表 5-2　项目一总分的相关分析

项目	总分	项目	总分
a2	0.45**	a19	0.63**
a3	0.47**	a20	0.57**
a4	0.53**	a21	0.48**
a5	0.41**	a22	0.51**
a6	0.39**	a23	0.41**
a7	0.60**	a24	0.64**
a8	0.55**	a25	0.59**
a9	0.62**	a26	0.58**
a10	0.59**	a27	0.53**
a11	0.49**	a28	0.40**
a12	0.58**	a29	0.50**
a13	0.61**	a30	0.45**
a14	0.47**	a31	0.64**
a15	0.68**	a32	0.53**
a16	0.61**	a33	0.32**
a17	0.59**	a35	0.45**
a18	0.59**	a36	0.49**

3. 探索性因素分析

使用 SPSS 22.0 中文版随机选取 340 个回收样本数据进行探索性因素分析。对特殊教育教师压力源问卷进行 KMO 和球形检验,结果 KMO 值为 0.906,Bartlett 球形检验的 χ^2 值为 4 477.461(自由度为 595),p 值极其显著,说明问卷适合做探索性因素分析。

采用主成分分析法进行因素分析,发现特征根均大于 1 的有 8 个因子。根据主成分分析的意义,用以下 4 个原则删除不适合的题目:删除在公共因子上的最大载荷小于 0.4,共同度小于 0.4 的题目;某个公共因子下题目少于 3;删除在两个及以上因子载荷上均高且负荷值相近的题目;删除归类不当题目。经过多次因素分析,决定删除18个不适合的项目,保留17个项目。对17个项目进行因素分析,问卷数据的KMO检验和Bartlett的球形检验如表5-3所示,KMO值为0.856,Bartlett球形检验的χ^2值为1 693.530(自由度为136),达到了显著水平,有4个特征根大于1的因子,包含17个项目,可解释总变异率为56.510%。各因子负荷矩阵及贡献率见表5-4。

表5-3　KMO检验和Bartlett球形检验

KMO检验	0.856	
Bartlett球形检验	卡方	1 693.530
	自由度	136
	显著性水平	0.000

表5-4　旋转后因子的负荷矩阵及贡献率

项目	因子1	因子2	因子3	因子4
12. 特教津贴发放不平衡	0.785			
13. 我的薪资太低	0.776			
19. 我认为学校选择的教材实用性不强	0.654			
10. 学校给我安排的课程过多	0.633			
16. 学校领导忽视我的努力	0.612			
31. 特殊教育教师的社会地位低	0.596			
24. 教学参考书少	0.542			
30. 学生的逻辑思维能力发展不足		0.779		
35. 学生动手操作能力较弱		0.742		
32. 学生不遵守上课规则,影响教学		0.629		
23. 有的家长溺爱孩子		0.583		
33. 我的教学经验不足			0.826	
5. 我不能很好地管理课堂			0.747	
29. 我的专业技能无法满足我的日常教学			0.710	
3. 社会上有些人不认同我所从事的特殊教育职业				0.758
2. 学生的情绪问题会使我产生无力感				0.704
36. 学生残障类别复杂,让我难以应对				0.499
特征值	5.060	1.995	1.433	1.118
方差贡献率/%	29.766	11.735	8.431	6.578
累计方差贡献率/%	29.766	41.501	49.932	56.51

陡坡图又称碎石图，一般应用在因子分析上。在碎石图底端、特征值小于1且比较平缓的因素相对不重要，可以舍弃。因此，可以根据碎石图的走势提取因子数量，提取公共因子的数量是碎石图中直观看到的最大拐点前“碎石”的数量。结合碎石成分图（图5-2），接受提取后保留的4个因子。

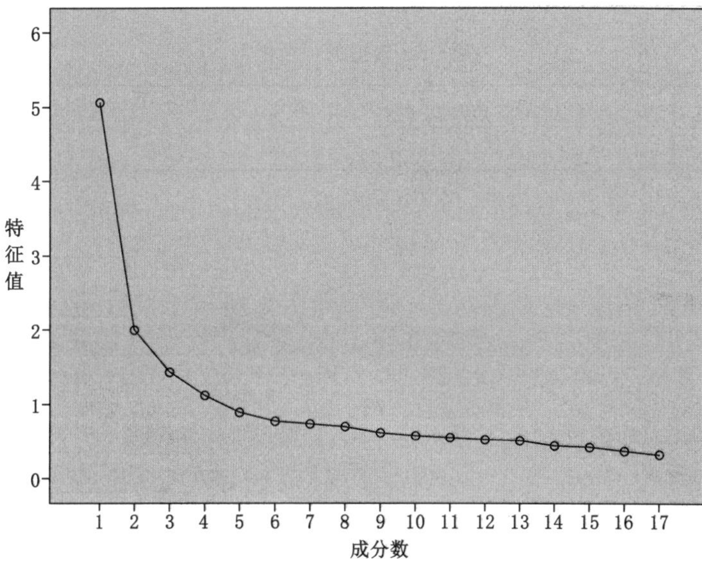

图5-2　碎石成分图

其命名及含义如下：

因子1，条件困境（7个题目）：指教师在教育教学中面临的课程过多、教材实用性不强等不利条件产生的压力和困境。

因子2，对象困境（4个题目）：指由于教学对象不遵守规则、动手能力差等产生的压力和困境。

因子3，能力困境（3个题目）：指教师管理课堂、完成教学所需技能等方面产生的压力和困境。

因子4，情感困境（3个题目）：指由于社会对个体的看法或者学生个人问题等产生的压力和困境。

4. 验证性因素分析

验证性因素分析（CFA）是对数据和已有理论模型的拟合程度的验证。使用AMOS 23.0对341个样本进行验证性因素分析，对模型适配度进行修正，以及删除因子负荷小于0.4的题目，修正后剩余14个项目，形成的模型拟合指数见表5-5。由表5-5可知,卡方与自由度之比(χ^2/ df)为2.418,小于5,拟合优度指数(GFI)为0.932,比较拟合指数(CFI)为0.923,TLI指数为0.902,近似均方根误差(RMSEA)为0.065,小于0.08。各指数均达到拟合的基本要求,说明模型的拟合程度理想,证明该问卷具有较好的结构效度。模型见图5-3。

表5-5 模型的拟合指数

指数	χ^2	df	χ^2/ df	GFI	CFI	TLI	RMSEA
数值	171.660	71	2.418	0.932	0.923	0.902	0.065

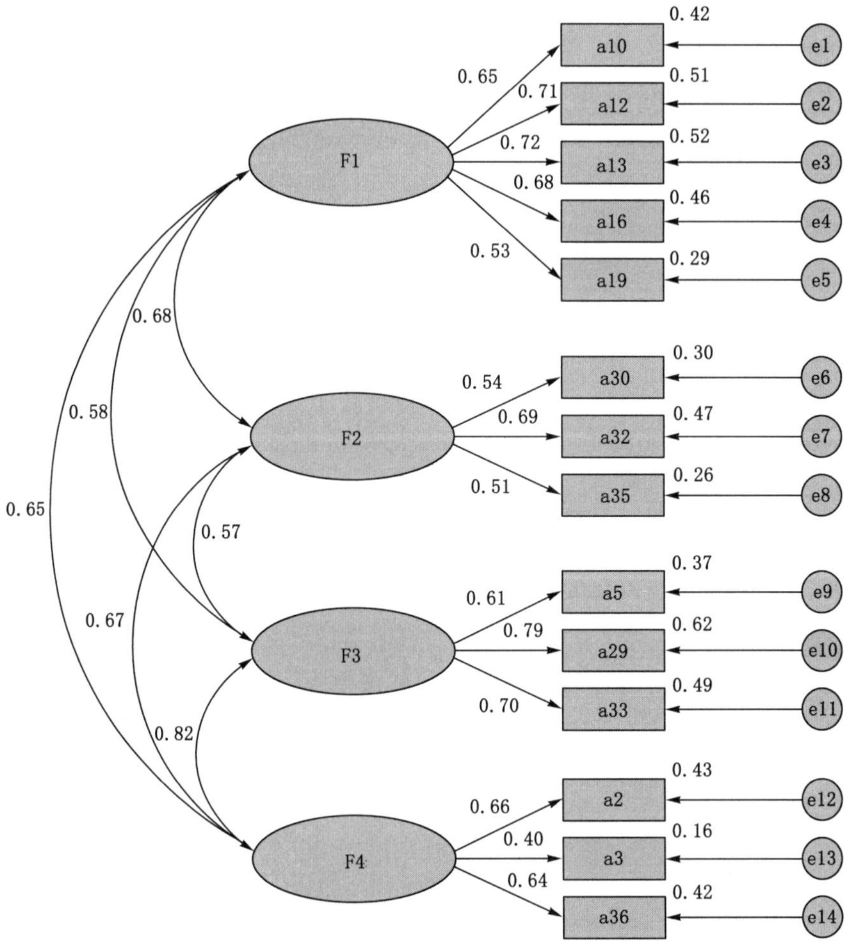

图5-3 特殊教育教师压力源问卷验证性因素分析模型图

5. 信度检验

采用内部一致性信度作为信度检验指标，结果见表 5-6。由表 5-6 可知，问卷总体的内部一致性 α 系数为 0.835，问卷各维度信度在 0.593～0.787 之间。虽然个别维度信度较低，但是总问卷信度系数较高，所以该问卷作为测量特殊教育教师压力源的工具是稳定可靠的。

表 5-6　问卷信度分析结果

因素	条件困境	对象困境	能力困境	情感困境	总问卷
α 系数	0.787	0.667	0.726	0.593	0.835

（四）研究小结

经过探索性因素分析和验证性因素分析，编制的特殊教育教师的压力源问卷共包含 14 个项目，包含 4 个维度：条件困境、对象困境、能力困境、情感困境。问卷信效度良好，能够作为测量特殊教育教师压力困境的有效工具。

二、影响特殊教育教师心理弹性的外部保护性因素

根据相关文献的梳理、访谈以及开放性问卷调查结果，提取出“学校关怀、同事之间关心和鼓励、学生的积极行为、获得家庭支持、专业讲座、专业书籍阅读”等关键词，初步编制形成由“学校领导十分关心和照顾我”“同事间会相互鼓励”“学生家长尊重我的工作”等 30 个项目组成的特殊教育教师心理弹性的外部保护性因素初始调查问卷。

（一）研究对象

同前述研究对象一样，即有效样本 681 份，其中，男性 119 人，女性 562 人；特殊教育类专业毕业的 421 人，非特殊教育类专业毕业的 260 人；高中或中专学历的 82 人，大专学历的 205 人，本科学历的 348 人，研究生学历的 46 人；所教年龄段处于学前阶段的 131 人，小学阶段的 398 人，初中阶段的 85 人，高中阶段的 67 人。

（二）数据处理

使用 SPSS 22.0 对回收数据进行项目分析、探索性因素分析以及内部一致性系数检验；用 AMOS 23.0 进行验证性因素分析，给出拟合优度指数。其中，随机选取 340 个样本进行探索性因素分析，对另外 341 个样本进行验证性因素分析。

（三）研究结果

1. 项目区分度

根据每个被试对30个项目的得分总分进行排序，将得分在前27%者划为高分组，得分在后27%者划为低分组，再求出高分组和低分组在每个项目得分上的平均数差异显著性。所有项目均达到显著性水平（$p<0.05$），说明所有项目均能鉴别被试反应水平。

2. 项目总分相关分析

由表5-7项目分析结果可知，各项目得分与问卷总分之间的相关系数在0.35～0.60之间，全部达到显著性水平，所有项目均达到0.3以上。这说明所有项目均具有较好的鉴别力，能够鉴别出被试不同程度的反应，可以进行下一步探索性因素分析。

表5-7　项目一总分的相关分析

项目	总分	项目	总分
a37	0.52**	a60	0.59**
a38	0.49**	a62	0.42**
a39	0.48**	a63	0.53**
a40	0.60**	a66	0.55**
a41	0.53**	a67	0.51**
a43	0.47**	a68	0.43**
a46	0.57**	a69	0.53**
a49	0.49**	a70	0.52**
a51	0.42**	a71	0.58**
a52	0.48**	a72	0.46**
a53	0.59**	a73	0.54**
a56	0.45**	a74	0.49**
a57	0.43**	a75	0.53**
a58	0.48**	a76	0.35**
a59	0.53**	a77	0.53**

3. 探索性因素分析

使用SPSS 22.0中文版对340个调查样本进行探索性因素分析。对特殊教育教师心理弹性的外部保护性因素问卷进行KMO和球形检验，结果KMO值为0.864，Bartlett球形检验的χ^2值为3 322.974（自由度为435），p值极其显著，说明问卷适合做探索性因素分析。

采用主成分分析法进行因素分析，发现特征根均大于1的有8个因子。进行多次因素分析，删除某些涵盖较少的因素后，保留14个项目。将14个项目再次进行因素分析后，结果见表5-8，KMO值为0.817，Bartlett球形检验的χ^2值为1 345.498(自由度为91)，达到了显著性水平，有4个特征根大于1的因子，包含14个项目，可解释总变异率为60.556%。各因子负荷矩阵及贡献率见表5-9。

表5-8　KMO检验和Bartlett球形检验

KMO检验	0.817	
Bartlett球形检验	卡方	1 345.498
	自由度	91
	显著性水平	0.000

表5-9　旋转后因子的负荷矩阵及贡献率

项目	因子1	因子2	因子3	因子4
40. 学校领导十分关心和照顾我	0.739			
39. 同事会帮忙代课	0.647			
59. 同事间会相互鼓励	0.638			
56. 学校会提供外出培训的机会	0.633			
46. 学校领导很支持我的工作	0.581			
52. 学生的乐观态度激起我的工作热情		0.873		
51. 学生表达对我的喜爱时，我会感到非常开心		0.866		
41. 学生的一些温暖举动会让我感动		0.526		
43. 家长能理解、配合我的工作			0.764	
73. 学生家长尊重我的工作			0.734	
74. 学生配合我的教学工作			0.600	
70. 学校能提供足够的专业书籍				0.850
71. 学校会开展相关专业讲座				0.731
60. 社区融合实践教育活动中，他人会尊重我的学生和工作				0.498
特征值	4.305	1.792	1.322	1.059
方差贡献率/%	30.751	12.797	9.443	7.565
累计方差贡献率/%	30.751	43.548	52.991	60.556

由碎石成分图(图 5-4)亦得,特征值大于 1 的有 4 个因子,且第 4 个因子后坡形较缓,无明显拐点,故接受提取后保留的 4 个因子。

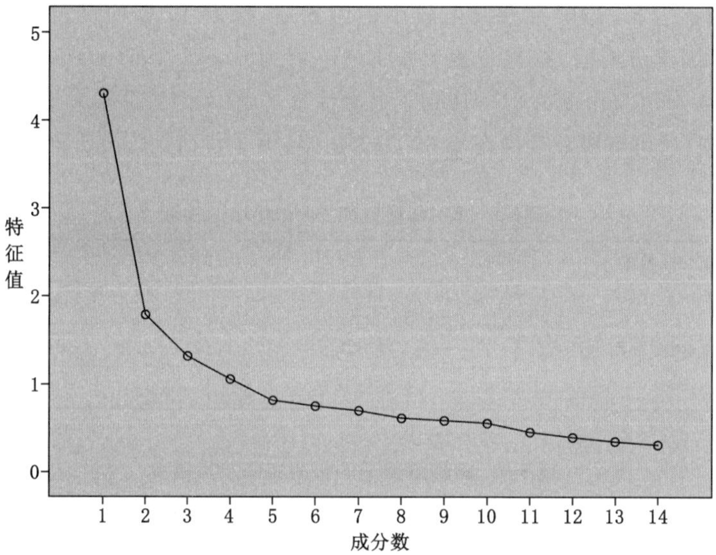

图 5-4　碎石成分图

其命名及含义如下:

因子 1,学校关怀(5 个题目),指教师在教育教学中受到学校领导、同事等方面的关心与照顾。

因子 2,积极反馈(3 个题目),指学生的积极行为对教师产生的积极影响。

因子 3,尊重理解(3 个题目),指学生、家长等对教师工作的配合以及对教师个人的支持等。

因子 4,专业支持(3 个题目),指教师从社区、学校等方面获得的支持。

4. 验证性因素分析

由探索性因素分析,得出特殊教育教师心理弹性的外部保护性因素问卷基本结构,对理论构建的结构进行验证性因素分析。结合因子负荷至少大于 0.4 的原则,对模型进行修正,删除了 1 个项目,剩余 13 个项目,修正形成的模型拟合指数见表 5-10。由表 5-10 可知,卡方与自由度之比(χ^2/ df)为 2.989,小于 5,表明模型适配良好;拟合优度指数(GFI)为 0.922,大于 0.9,比较拟合指数(CFI)为 0.897,TLI 指数为 0.863,表明模型适配度尚可接受;近似均方根误差(RMSEA)为 0.076,小于 0.08,表明模型达到较理想水平。模型拟合指数表以及模型图(图 5-5),可以证明该问卷具有较好的结构效度。

表 5-10　模型的拟合指数

指数	χ^2	df	χ^2/ df	GFI	CFI	TLI	RMSEA
数值	176.344	59	2.989	0.922	0.897	0.863	0.076

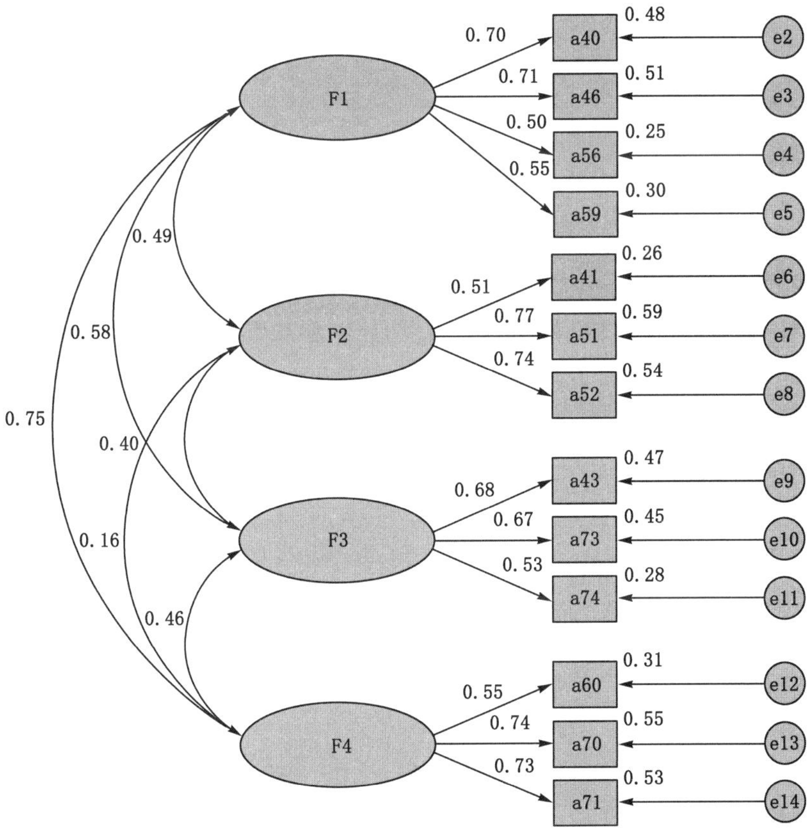

图 5-5　特殊教育教师心理弹性外部保护性因素问卷验证性因素分析模型图

5. 信度检验

对问卷的内部一致性信度进行检验,结果见表 5-11。由表 5-11 可知,问卷总体的内部一致性 α 系数为 0.815,问卷各维度信度在 0.651～0.726 之间,总问卷及各维度信度总体上是可信的,能够作为调查特殊教育教师心理弹性外部保护性因素的可靠工具。

表 5-11　问卷信度分析结果

因素	学校关怀	积极反馈	尊重理解	专业支持	总问卷
α 系数	0.713	0.726	0.651	0.708	0.815

（四）研究小结

在对特殊教育教师心理弹性的外部保护性因素问卷进行探索性因素阶段，探索出 4 个因子、14 个有效项目。经过验证性因素分析的修正，删除 1 个项目，保留 13 个项目。该问卷包含 4 个维度：学校关怀、积极反馈、尊重理解、专业支持。问卷的信效度良好，能够作为测量特殊教育教师心理弹性外部保护性因素的有效工具。

三、影响特殊教育教师心理弹性的内部保护性因素

由相关研究以及前述开放性调查结果，提取出“情绪调控、自信、乐观、坚韧、责任心、爱心、使命感、人际和谐”等关键词，初步编制形成由“我制订计划的能力强”“我喜欢和特殊儿童相处，真诚地想帮助他们增长知识、发展潜能”“我乐于帮助同事”等 15 个项目组成的特殊教育教师心理弹性的内部保护性因素初始调查问卷。

（一）研究对象

同前述研究对象一样，即有效样本 681 份，其中，男性 119 人，女性 562 人；特殊教育类专业毕业的 421 人，非特殊教育类专业毕业的 260 人；高中或中专学历的 82 人，大专学历的 205 人，本科学历的 348 人，研究生学历的 46 人；所教年龄段处于学前阶段的 131 人，小学阶段的 398 人，初中阶段的 85 人，高中阶段的 67 人。

（二）数据处理

使用 SPSS 22.0 对回收数据进行项目分析、探索性因素分析以及内部一致性系数检验；用 AMOS 23.0 进行验证性因素分析，从而给出拟合优度指数。

（三）研究结果

1. 项目区分度

根据每个被试对 15 个项目的得分总分进行排序，按照得分前后各 27%的标准，分为高分组和低分组，再进行平均数差异显著性检验，发现所有项目均达到显著性水平（$P<0.05$），说明所有项目均能鉴别被试反应水平。

2. 项目总分相关分析

由表 5-12 项目分析结果可知，各项目得分与问卷总分之间的相关系数在

0.58～0.73之间，相关性较高，且全部达到了显著性水平。这说明所有项目均具有较好的鉴别力，能够鉴别出被试不同程度的反应，可以进行探索性因素分析。

表 5-12　项目一总分的相关分析

项目	总分	项目	总分
a78	0.58**	a93	0.69**
a79	0.61**	a94	0.65**
a81	0.62**	a95	0.63**
a83	0.70**	a98	0.67**
a84	0.59**	a99	0.73**
a85	0.67**	a101	0.60**
a88	0.64**	a102	0.57**
a90	0.60**		

3. 探索性因素分析

使用SPSS 22.0中文版进行探索性因素分析。采用"方差极大旋转法"对初始调查问卷15个项目进行主成分分析。结果显示，KMO值为0.906，Bartlett球形检验的结果达到了显著水平（$p<0.001$），表明样本适合做因素分析。根据前述删题原则，删除4个不适合项目。对剩下的11个项目进行第二次主成分分析，KMO检验值和Bartlett的球形检验的χ^2值分别为0.862和1 184.379（自由度为55），达到了显著性水平（表5-13）。同时，由表5-14可知，有3个特征值大于1的因子，包含11个项目，可解释总变异率为61.238%，表中第1个公共因子解释总变异量的40.404%，虽然略高于通常所规定的共同方法偏差低于40%的判断标准，但也有研究表明略高于40%是可以接受的，故40.404%的解释量可接受。

表 5-13　KMO 检验和 Bartlett 球形检验

KMO检验	0.862	
Bartlett球形检验	卡方	1 184.379
	自由度	55
	显著性水平	0.000

表 5-14　旋转后因子的负荷矩阵及贡献率

项目	因子 1	因子 2	因子 3	
101. 我制订计划的能力强	0.742			
102. 我能很好地控制自己的情绪	0.725			
94. 我的意志力坚定	0.710			
95. 我在空余时候会安排轻松愉快的活动	0.673			
78. 我能积极发掘自己身上的闪光点	0.632			
88. 我喜欢特殊教育工作		0.778		
98. 我把帮助特殊儿童作为自己的使命和责任		0.773		
83. 我喜欢和特殊儿童相处，真诚地想帮助他们增长知识、发展潜能		0.772		
79. 我乐于帮助同事			0.817	
81. 我注重同事之间的沟通交流与合作			0.727	
90. 我能够在团体活动中与同事和谐相处			0.674	
特征值	4.444	1.276	1.016	
方差贡献率/%	40.404	11.598	9.236	
累计方差贡献率/%	40.404	52.002	61.238	

由碎石成分图(图 5-6)可知，特征值大于 1 的有 3 个因子，且第 3 个因子后坡形较平缓，无明显拐点，故接受提取后保留的 3 个因子。

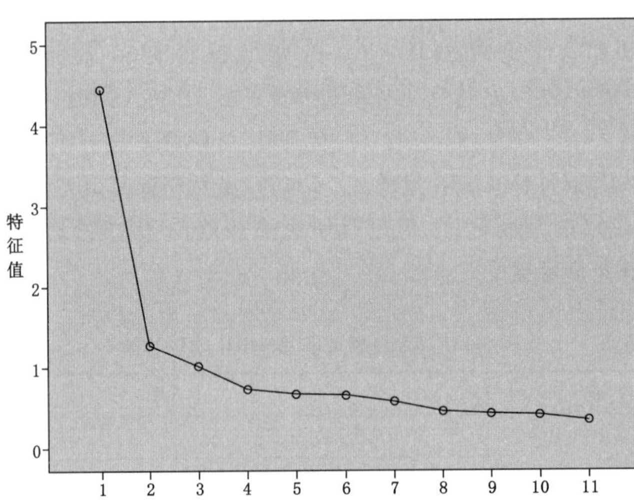

图 5-6　碎石成分图

其命名及含义如下：

因子 1，自我调控力（5 个题目），指个体能够调控好自己的情绪、情感和行为，并能发挥优秀品质的作用，合理有序安排各项教育教学活动。

因子 2，职业使命感（3 个题目），指认为特殊教育工作是一份有意义和价值的工作，并且能够将完成特殊教育工作作为自己的责任，有较强的职业承诺。

因子 3，人际和谐性（3 个题目），指在遭遇压力或挑战时，能够与同事进行共同交流，保持和谐的关系，进行互助。

4. 验证性因素分析

对特殊教育教师心理弹性的内部保护性因素问卷的理论模型进行验证性因素分析，获得的主要拟合指数见表 5-15。由表 5-15 可知，卡方与自由度之比（χ^2/ df）为 2.174，小于 5，拟合优度指数（GFI）为 0.957，比较拟合指数（CFI）为 0.958，TLI 指数为 0.944，近似均方根误差（RMSEA）为 0.065，小于 0.08。各指数均达到拟合的要求，说明模型达到理想水平。模型拟合指数表以及模型图（图 5-7），可以证明该问卷具有较好的结构效度。

表 5-15　模型的拟合指数

指数	χ^2	df	χ^2/ df	GFI	CFI	TLI	RMSEA
数值	89.134	41	2.174	0.957	0.958	0.944	0.059

5. 信度检验

由表 5-16 可知，问卷总体的内部一致性 α 系数为 0.856，问卷各分维度信度在 0.711～0.763 之间，总问卷及各维度信度总体上是可信的，能够作为调查特殊教育教师心理弹性内部保护性因素的可靠工具。

表 5-16　问卷信度分析结果

因素	自我调控力	职业使命感	人际和谐性	总问卷
α 系数	0.763	0.762	0.711	0.856

（四）研究小结

经过探索性因素和验证性因素分析，最终形成了用于调查特殊教育教师心理理弹性内部保护性因素的正式问卷。该问卷包含 3 个维度：自我调控力、职业使命感、人际和谐性。问卷的信效度良好，能够作为测量特殊教育教师心理弹

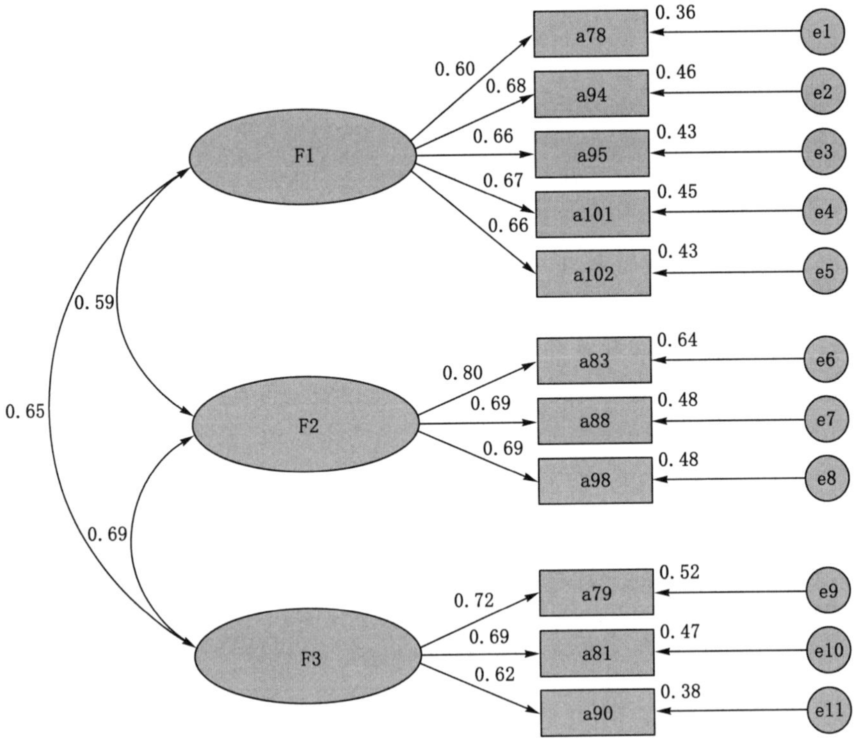

图 5-7　特殊教育教师内部保护性因素问卷验证性因素分析模型图

性内部保护性因素的有效工具。

四、影响特殊教育教师心理弹性的危险性因素

根据访谈及开放性调查结果，提取出“焦虑、多愁善感、情绪化、自信心不足、经济压力、支持力不足”等关键词，结合专家、一线教师和特殊教育专业研究生的意见，编制形成由“我比较悲观”“朋友建议我转到普校”等 20 个项目组成的特殊教育教师心理弹性危险性因素初始调查问卷。

（一）研究对象

同前述研究对象一样，即有效样本 681 份，其中，男性 119 人，女性 562 人；特殊教育类专业毕业的 421 人，非特殊教育类专业毕业的 260 人；高中或中专学历的 82 人，大专学历的 205 人，本科学历的 348 人，研究生学历的 46 人；所教年龄段处于学前阶段的 131 人，小学阶段的 398 人，初中阶段的 85 人，高中阶段的 67 人。

（二）数据处理

使用 SPSS 22.0 对回收数据进行项目分析、探索性因素分析以及内部一致性系数检验；用 AMOS 23.0 进行验证性因素分析，对所得维度进行验证，给出拟合优度指数。

（三）研究结果

1. 项目区分度

根据每个被试对 20 个项目的得分总分进行排序，按照前后 27%的标准将被试得分分为高分组和低分组，再求两个分组在各项目得分上的平均数差异显著性，发现第 44 个项目 $p=0.449>0.05$，未达到显著性水平，不具鉴别力，删除第 44 个项目。

2. 项目总分相关分析

由表 5-17 项目分析结果可知，各项目得分与问卷总分之间的相关系数在 0.28～0.66 之间，全部达到显著性水平，除了项目 47 和 61 与问卷总分之间的相关系数较小外，其他 17 个项目的相关系数均在 0.3 以上。说明所有项目均能较好地鉴别出被试不同程度的反应，可以进行探索性因素分析。

表 5-17　项目—总分的相关分析

项目	总分	项目	总分
a42	0.46**	a82	0.48**
a45	0.49**	a86	0.40**
a47	0.28**	a87	0.57**
a48	0.47**	a89	0.59**
a50	0.54**	a91	0.57**
a54	0.45**	a92	0.57**
a55	0.54**	a96	0.66**
a61	0.29**	a97	0.60**
a64	0.56**	a100	0.48**
a65	0.53**		

3. 探索性因素分析

使用 SPSS 22.0 中文版对 340 个调查样本进行探索性因素分析。问卷的 KMO 值和 Bartlett 球形检验的 χ^2 值分别为 0.847 和 1 710.422（自由度为

190)，P 值极其显著，说明问卷适合做探索性因素分析。

主成分分析发现，有 5 个因子的特征值大于 1。多次因素分析后，删除 9 个项目，保留 11 个项目，对剩下的 11 个项目进行因素分析，结果如表 5-18 所示。KMO 值为 0.829，Bartlett 球形检验的 χ^2 值为 1 038.727（自由度为 55），达到了显著性水平，有 2 个特征根大于 1 的因子，包含 11 个项目，可解释总变异率为 50.439%。各因子负荷矩阵及贡献率见表 5-19。

表 5-18 KMO 检验和 Bartlett 球形检验

KMO 检验	0.829	
Bartlett 球形检验	卡方	1 038.727
	自由度	55
	显著性水平	0.000

表 5-19 旋转后因子的负荷矩阵及贡献率

项目	因子 1	因子 2
89. 我比较悲观	0.756	
97. 我自信心不足	0.746	
92. 我容易多愁善感	0.725	
96. 我容易焦虑	0.718	
87. 我缺乏与人沟通的技巧	0.704	
82. 我的性格内向，不善言谈	0.659	
91. 在工作过程中，我容易情绪化	0.628	
50. 我的工资低、经济压力大		0.786
55. 学校的教学资源少		0.708
61. 网络世界中，人们对特殊儿童的认识与现实不符		0.637
45. 朋友建议我转到普校		0.546
特征值	3.890	1.659
方差贡献率/%	3 277.576	17.863
累计方差贡献率/%	32.576	50.439

由碎石成分图（图 5-8）同样可以看出，特征值大于 1 的有 2 个因子，第 2 个因子后坡形较平缓，无明显拐点，故接受提取后保留的 2 个因子。

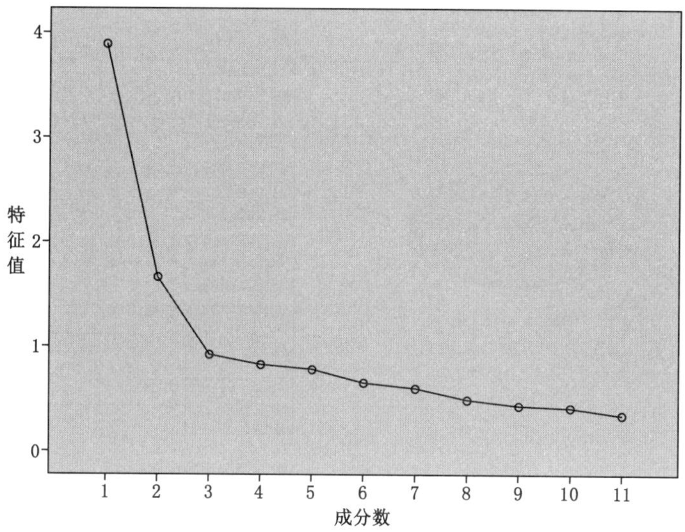

图 5-8　碎石成分图

其命名及含义如下：

因子 1，个人因素（7 个题目），是指由教师个人特质如悲观、自信心不足、情绪化、多愁善感等形成的不利影响因素。

因子 2，环境因素（4 个题目），是指由外部不利环境如工资低、朋友不支持等形成的不利影响因素。

4. 验证性因素分析

对探索所得理论模型进行验证，结合因子负荷至少大于 0.4 的原则，对模型进行修正，删除了 2 个项目，剩余 9 个项目，修正形成的模型拟合指数见表 5-20。由表 5-20 可知，卡方与自由度之比（χ^2/df）为 2.455，小于 5，表明模型适配良好；拟合优度指数（GFI）为 0.961，比较拟合指数（CFI）为 0.958，TLI 指数为 0.942，均大于 0.9，表明模型适配度较佳；近似均方根误差（RMSEA）为 0.065，小于 0.08，表明模型达到理想水平。模型拟合指数表以及模型图（图 5-9），可以证明该问卷具有较好的结构效度。

表 5-20　模型的拟合指数

指数	χ^2	df	χ^2/df	GFI	CFI	TLI	RMSEA
数值	63.836	26	2.455	0.961	0.958	0.942	0.065

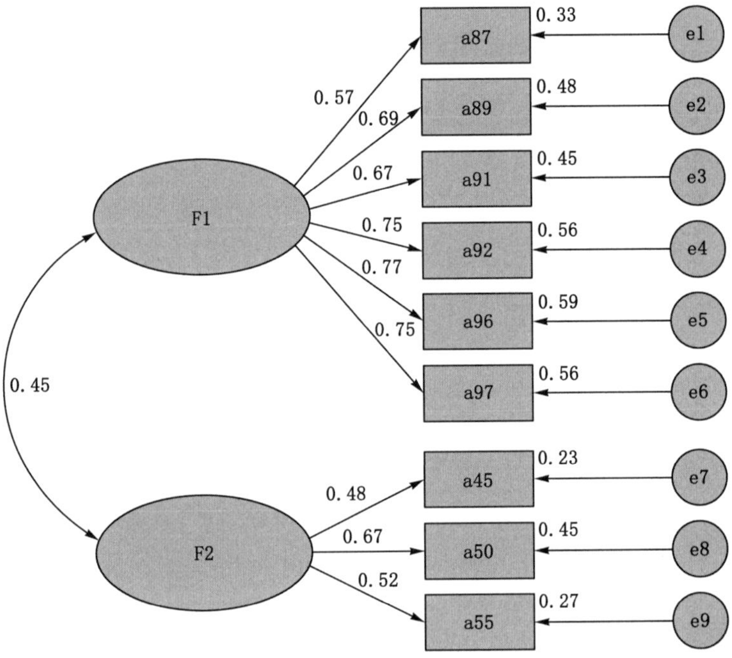

图 5-9　特殊教育教师心理弹性危险性因素问卷验证性因素分析模型图

5. 信度检验

采用内部一致性信度作为信度检验指标，结果见表 5-21。由表 5-21 可知，问卷总体及两个维度的内部一致性 α 系数分别为 0.803、0.841、0.581。虽然在个别维度上信度稍低，但是总体上问卷是可信的，能够作为调查特殊教育教师心理弹性危险性因素的可靠工具。

表 5-21　问卷信度分析结果

因素	个人因素	环境因素	总问卷
α 系数	0.841	0.581	0.803

（四）研究小结

在对特殊教育教师心理弹性危险性因素调查问卷进行探索和验证后形成包括 2 个维度、9 个题目的问卷，维度 1 是个人因素，维度 2 是环境因素，问卷的信效度良好。

五、讨论与结论

在基于 Kumpfer(1999)的心理弹性框架以及对个别特殊教育教师深度访谈的前提下，本研究编制了开放性问卷调查相关问题。从访谈和开放性问卷调查结果中发现，由于特殊教育教师是教师队伍中的一个特殊群体，无论是在压力的来源方面，还是在是否获得过支持方面，都与普校教师存在区别。具体表现在：① 压力源方面，特殊教育教师的压力主要来自教育教学中的教学资源不足、教材难以选择、领导不给予支持等方面；来自教学对象复杂且学生能力发展不足方面；来自自身能力有限，无法完成工作要求方面；来自无法从工作中和社会中获得情感支持方面；来自家长对特殊教育工作的不尊重、不配合，不理解“家校合作”的意义方面等。② 保护性因素方面，特殊教育教师表示主要来自个体人格特质中的积极、乐观、自我调节等优点以及外部环境支持，其中，外部环境支持包括特殊学生的积极反馈行为、特殊学生家长的理解与合作、同事间的相互鼓励与帮助以及家庭成员的支持等。③ 危险性因素方面，主要是个人特质和环境因素两方面，其中，个人因素包括易情绪化、焦虑、多愁善感等不利品质，环境方面包括薪资待遇低、教学资源少等不利于特殊教育教师应对或摆脱压力的因素。

编制特殊教育教师压力源问卷的目的，是了解特殊教育教师是否曾经或正在面临压力或困境，以及主要来自哪几个方面的压力或困境。经过探索和验证，该问卷最终由 14 个项目组成，共 4 个维度。维度 1 包括 a10，a12，a13，a16，a19，共 5 个题目，受测者表示学校课程多、特教津贴发放不平衡、薪资太低等一些不利条件给他们带来很大的压力，因此将维度 1 命名为“条件困境”。维度 2 包括 a30，a32，a35，共 3 个题目，涉及教学对象的逻辑思维能力、动手操作能力等方面的困境，因此将维度 2 命名为“对象困境”。维度 3 包括 a5，a29，a33，共 3 个题目，涉及特殊教育教师的教学经验、管控课堂等能力方面的困境，因此将维度 3 命名为“能力困境”。维度 4 包括 a2，a3，a36，共 3 个题目，涉及学生残障类型复杂、社会的认同等方面对特殊教育教师产生的一些情绪感受，因此将维度 4 命名为“情感困境”。问卷总体的内部一致性 α 系数为 0.835，问卷各维度信度在 0.593～0.787 之间，虽然个别维度信度较低，但是总问卷信度系数较高，总体上该问卷具有良好的信度。问卷的信度、效度检验结果均表明该问卷能够作为研究测量工具。

编制特殊教育教师心理弹性外部保护性因素问卷的目的，是探讨特殊教育教师在面临压力或困境时，哪些有利的外部因素对其成功处理或应对压力产生了积极影响。该问卷由 13 个项目组成，共 4 个维度。维度 1 包括 a40，a46，a56，a59，共 4 个题目，主要涉及在学校工作环境中同事间的相互鼓励、学校领导的关心与照顾等内容，因此将维度 1 命名为“学校关怀”。维度 2 包括 a41，a51，a52 共 3 个题目，主要是学生的积极态度或行为等对特殊教育教师产生的积极影响，将维度 2 命名“积极反馈”；维度 3 包括 a43，a73，a74 共 3 个题目，主要涉及家长或学生对特殊教育教师工作的尊重与配合，因此，将维度 3 命名为“尊重理解”；维度 4 包括 a60，a70，a71 共 3 个题目，涉及专业书籍、专业讲座以及社区融合实践等保护性活动方面的内容，命名为“专业支持”。问卷总体的内部一致性 α 系数为 0.815，问卷各维度信度在 0.651～0.726 之间，说明该问卷具有良好的信度。探索性因素分析和验证性因素的分析表明，问卷结构效度较好，模型较理想。

编制特殊教育教师心理弹性内部保护性因素问卷的目的，是探讨个体本身具备的哪些良好品质或特性对其处理压力或困境结果产生积极作用。该问卷由 11 个项目组成，有 3 个维度。维度 1 包括 a78，a94，a95，a101，a102，共 5 个题目，是关于特殊教育教师制订计划能力、情绪调节能力以及安排工作等方面的内容，因此命名为“自我调控力”。维度 2 包括 a83，a88，a98，共 3 个题目，涉及特殊教育教师对特教工作的热爱、真诚地帮助特殊儿童作为自己的责任和使命等内容，因此命名为“职业使命感”；维度 3 包括 a79，a81，a90 共 3 个题目，涉及同事间的相互帮助与交流等内容，因此命名为“人际和谐性”。问卷总体的内部一致性 α 系数为 0.856，问卷各维度信度在 0.711～0.763 之间，说明该问卷具有可接受的信度。探索性因素分析和验证性因素的分析表明，问卷结构效度较好，模型较理想。

编制特殊教育教师心理弹性危险性因素问卷的目的，是探讨特殊教育教师在面临压力或困境时，哪些环境或个体因素不但未起到保护性作用，反而起到阻碍作用。该问卷由 9 个项目组成，分两个维度。维度 1 包括 a87，a89，a91，a92，a96，a97，共 6 个题目，内容涉及特殊教育教师的自信心、情绪等个人特质内容，因此命名为“个人因素”。维度 2 包括 a45，a50，a55，共 3 个题目，涉及特殊教育教师的薪资待遇、教学资源等外部环境方面，因此命名为“环境因素”。问卷总体及两个维度的内部一致性 α 系数分别为 0.803，0.841 和 0.581，虽然个别维度信度较低，但问卷总体信度较高，因而该问卷是可信的。问卷的结构效度也基本达到理想水平。

综上，本研究得出以下结论：

自编的特殊教育教师压力源问卷、特殊教育教师心理弹性外部保护性因素问卷、特殊教育教师心理弹性内部保护性因素问卷和特殊教育教师心理弹性危险性因素问卷均具有良好的信度和效度指标，符合心理测量学标准。

第三节　特殊教育教师心理弹性的影响机制分析

一、特殊教育教师心理弹性与影响因素的相关分析

（一）压力源与特殊教育教师心理弹性的相关分析

本研究根据心理弹性问卷得分平均数上下一个标准差，将特殊教育教师分为高心理弹性组、中心理弹性组、低心理弹性组，比较 3 组特殊教育教师在压力源问卷得分上的差异，结果见表 5-22。由表 5-22 可知，高、中、低心理弹性组特殊教育教师在压力源问卷整体及各因子的得分上均存在显著性差异（$p<0.05$）。由平均分比较看出，在条件困境、能力困境和情感困境上，高心理弹性组得分最低；在压力源问卷整体上，高心理弹性组得分最低，中心理弹性组次之，低心理弹性组得分最高。

表 5-22　3 组特殊教育教师的压力源问卷得分差异检验

	高心理弹性组（$n=98$）		中心理弹性组（$n=505$）		低心理弹性组（$n=78$）		F
	M	SD	M	SD	M	SD	
条件困境	2.49	0.76	2.67	0.57	2.78	0.62	5.677**
对象困境	3.01	0.64	2.96	0.54	3.03	0.67	0.707
能力困境	1.81	0.60	2.29	0.58	2.53	0.62	37.805***
情感困境	2.27	0.65	2.59	0.52	2.70	0.57	17.031***
总问卷	2.41	0.49	2.63	0.41	2.77	0.47	16.292***

为了进一步探究特殊教育教师的压力源问卷各因子得分与心理弹性各维度之间的关系，采用双变量分析，以压力源问卷总分及其 4 个维度作为自变量，以心理弹性量表总分及其 5 个维度作为因变量，进行相关分析，结果见表 5-23。

表 5-23　特殊教育教师的压力源与心理弹性得分的相关性分析

	内控性	注重问题解决的灵活应对	乐观性	形成、维持和运用关系的能力	接纳性	总问卷
条件困境	−0.06	−0.06	−0.14**	−0.15**	−0.19**	−0.16**
对象困境	−0.03	0.01	0.00	−0.02	−0.04	−0.02
能力困境	−0.31**	−0.26**	−0.31**	−0.22**	−0.35**	−0.38**
情感困境	−0.20**	−0.15**	−0.20**	−0.16**	−0.24**	−0.25**
总问卷	−0.18**	−0.15**	−0.21**	−0.19**	−0.27**	−0.27**

从表 5-23 中可见，整体上，心理弹性整体及各维度与能力困境、情感困境和压力源问卷整体呈现显著负相关($p<0.01$)；条件困境与内控性和注重问题解决的灵活应对相关性不高($p>0.01$)，与其他 3 个维度均存在显著相关；对象困境维度与心理弹性各维度均相关性不高。

（二）外部保护性因素与特殊教育教师心理弹性的相关分析

本研究考察了高、中、低心理弹性组在外部保护性因素各因子上的差异，结果见表 5-24。3 组特殊教育教师心理弹性在外部保护性因素问卷整体及各维度上均表现出了极其显著的差异($p<0.001$)。其中，高心理弹性组在外部保护性因素问卷整体及各维度上的得分最高，低心理弹性组在外部保护性因素问卷整体及各维度上的得分最低。

表 5-24　3 组特殊教育教师心理弹性的外部保护性因素问卷得分差异检验

	高心理弹性组 ($n=98$)		中心理弹性组 ($n=505$)		低心理弹性组 ($n=78$)		F
	M	SD	M	SD	M	SD	
学校关怀	3.19	0.53	2.85	0.46	2.47	0.53	48.409***
积极反馈	3.69	0.38	3.30	0.50	3.03	0.57	41.094***
尊重理解	3.11	0.53	2.82	0.44	2.51	0.46	37.886***
专业支持	3.04	0.66	2.72	0.51	2.34	0.53	37.670***
总问卷	3.25	0.39	2.91	0.32	2.58	0.38	88.515***

进一步探讨特殊教育教师心理弹性的外部保护性因素问卷各维度与心理弹性之间的关系，结果见表 5-25。从表 5-25 中可知，外部保护性因素问卷及其各维度与心理弹性整体及其各维度间呈显著的正相关($p<0.01$)。外部保护性

因素问卷各因子在接纳性因子上的相关性最低（$0.18\leqslant r\leqslant 0.23$），在其他维度上呈现较低或中等程度的相关。

表 5-25　特殊教育教师心理弹性的外部保护性因素与心理弹性得分的相关性分析

	内控性	注重问题解决的灵活应对	乐观性	形成、维持和运用关系的能力	接纳性	总问卷
学校关怀	0.35**	0.34**	0.43**	0.39**	0.19**	0.43**
积极反馈	0.31**	0.34**	0.46**	0.35**	0.18**	0.41**
尊重理解	0.33**	0.34**	0.38**	0.32**	0.16**	0.39**
专业支持	0.30**	0.29**	0.29**	0.34**	0.13**	0.34**
总问卷	0.45**	0.45**	0.54**	0.49**	0.23**	0.54**

（三）内部保护性因素与特殊教育教师心理弹性的相关分析

高、中、低心理弹性组在特殊教育教师心理弹性的内部保护性因素各因子上的差异结果见表 5-26。3 组特殊教育教师在内部保护性因素问卷整体及各维度上均表现出了极其显著的差异（$p<0.001$）。其中，高心理弹性组在各维度上均值得分最高，中心理弹性组次之，低心理弹性组最低。

表 5-26　3 组特殊教育教师心理弹性的内部保护性因素问卷得分差异检验

	高心理弹性组（$n=98$）		中心理弹性组（$n=505$）		低心理弹性组（$n=78$）		F
	M	SD	M	SD	M	SD	
自我调控力	3.30	0.43	2.74	0.35	2.35	0.41	154.596***
职业使命感	3.66	0.46	3.14	0.47	2.65	0.59	96.925***
人际和谐性	3.64	0.41	3.19	0.39	2.81	0.49	95.332***
总问卷	3.49	0.33	2.97	0.28	2.56	0.37	216.850***

进一步探讨特殊教育教师心理弹性的内部保护性因素问卷各维度与心理弹性之间的相关性，结果见表 5-27。从表 5-27 中可知，内部保护性因素问卷及其各维度与心理弹性整体及其各维度间呈显著的正相关（$p<0.01$）。特殊教育教师心理弹性的内部保护性因素问卷各因子在接纳性因子上相关性较低（$0.18\leqslant r\leqslant 0.25$），在其他维度上均呈现中等或较高程度的正相关（$0.43\leqslant r\leqslant 0.72$）。

表 5-27　特殊教育教师心理弹性的内部保护性因素与心理弹性得分的相关性分析

	内控性	注重问题解决的灵活应对	乐观性	形成、维持和运用关系的能力	接纳性	总问卷
自我调控力	0.67**	0.61**	0.56**	0.48**	0.18**	0.62**
职业使命感	0.50**	0.50**	0.55**	0.44**	0.22**	0.56**
人际和谐性	0.47**	0.53**	0.56**	0.43**	0.20**	0.55**
总问卷	0.69**	0.68**	0.68**	0.56**	0.25**	0.72**

（四）危险性因素与特殊教育教师心理弹性的相关分析

本研究还考察了高、中、低心理弹性组在特殊教育教师心理弹性的危险性因素问卷各因子上的差异，结果见表 5-28。3 组特殊教育教师在危险性因素问卷整体及各因子上均表现出极其显著的差异（$p<0.001$）。其中，低心理弹性组在各维度上均值得分最高，中心理弹性组次之，高心理弹性组最低。

表 5-28　3 组特殊教育教师的危险性因素问卷得分差异检验

	高心理弹性组（$n=98$）		中心理弹性组（$n=505$）		低心理弹性组（$n=78$）		F
	M	SD	M	SD	M	SD	
个人因素	1.78	0.59	2.41	0.47	2.77	0.60	92.213***
环境因素	2.46	0.74	2.76	0.54	2.87	0.57	13.809***
总问卷	2.01	0.53	2.53	0.39	2.80	0.52	83.017***

对特殊教育教师的危险性问卷维度与心理弹性间的相关进行探讨，结果见表 5-29。除环境因素与注重问题解决的灵活应对无显著相关，危险性调卷整体及各因子与心理弹性各维度间均存在显著负相关（$p<0.01$），其相关程度较低或中等。

表 5-29　特殊教育教师心理弹性的危险性因素与心理弹性得分的相关性分析

	内控性	注重问题解决的灵活应对	乐观性	形成、维持和运用关系的能力	接纳性	总问卷
个人因素	−0.37**	−0.34**	−0.48**	−0.32**	−0.64**	−0.57**
环境因素	−0.12**	−0.07	−0.16**	−0.16**	−0.32**	−0.23**
总问卷	−0.34**	−0.29**	−0.44**	−0.32**	−0.63**	−0.54**

二、影响因素对特殊教育教师心理弹性的回归分析

(一) 影响因素对特殊教育教师心理弹性整体的回归分析

表 5-30 表明，除特殊教育教师压力源问卷中的对象困境与心理弹性整体不存在显著相关关系，压力源问卷的条件困境、能力困境、情感困境、心理弹性的内外部保护性因素问卷各维度以及危险性因素问卷各维度与心理弹性均存在显著的相关。自我调控力与心理弹性的相关性最高($r=0.62,p<0.01$)，余下依次为个人因素($r=-0.57,p<0.01$)、职业使命感($r=0.56,p<0.01$)、人际和谐性($r=0.55,p<0.01$)、学校关怀($r=0.43,p<0.01$)、积极反馈($r=0.41$, $p<0.01$)、尊重理解($r=0.39,p<0.01$)、能力困境($r=-0.38,p<0.01$)、专业支持($r=0.33,p<0.01$)、情感困境($r=-0.25,p<0.01$)、环境因素($r=-0.22,p<0.01$)、条件困境($r=-0.16,p<0.01$)。

以特殊教育教师压力源问卷(条件困境、对象困境、能力困境、情感困境)、特殊教育教师心理弹性的外部保护性因素问卷(学校关怀、积极反馈、尊重理解、专业支持)、特殊教育教师心理弹性的内部保护性因素问卷(自我调控力、职业使命感、人际和谐性)和特殊教育教师心理弹性的危险性因素问卷(个人因素、环境因素)为预测变量，心理弹性为效果变量，进行逐步多元回归分析，结果见表 5-31。

表 5-31 表明，依次进入回归方程的变量分别为自我调控力、个人因素、人际和谐性、职业使命感、尊重理解、对象困境、能力困境和学校关怀。8 个因子能联合预测心理弹性的 64.4%的变异量，以自我调控力的预测力最佳，其解释量(R^2)为 38.5%，其标准化回归系数(β)为 0.247。其余依次为个人因素 12.8%，人际和谐性 8.5%，职业使命感 2.6%，尊重理解 1%，对象困境 0.5%，能力困境 0.3%，学校关怀 0.2%，其联合预测力总共是 25.9%。由此可见，影响心理弹性的主要因素是自我调控力、个人因素和人际和谐性。

各种变量对心理弹性的标准化回归方程为：心理弹性＝0.247×自我调控力－0.346×个人因素＋0.186×人际和谐性＋0.184×职业使命感＋0.112×尊重理解＋0.096×对象困境－0.063×能力困境＋0.054×学校关怀。

进一步分别以保护－危险性因素、压力困境总分为预测变量，心理弹性总分为效果变量，进行逐步回归分析，结果表明，保护－危险性因素均能显著预测心理弹性，依次进入回归方程的是内部保护性因素、危险性因素和外部保护性因素，其中内部保护性因素、危险性因素对心理弹性产生实质性影响

表 5-30　压力源各因子、心理弹性内外部保护性各因子、危险性各因子与心理弹性及其 5 个维度的相关矩阵

	1	2	3	4	5	6	7	8	9	10	11	12	13	14	15	16	17	18	19
1. 内控性	1																		
2. 问题解决	0.77 **	1																	
3. 乐观性	0.70 **	0.73 **	1																
4. 关系能力	064 **	0.64 **	0.62 **	1															
5. 接纳性	0.22 **	0.19 **	0.42 **	0.32 **	1														
6. 弹性整体	0.82 **	0.83 **	0.88 **	0.79 **	0.59 **	1													
7. 条件困境	−0.06	−0.06	−0.14 **	−015 **	−0.19 **	−0.16 **	1												
8. 对象困境	−0.03	0.01	0.00	−0.02	−0.04	−0.02	0.43 **	1											
9. 能力困境	−0.31 **	−0.26 **	−0.31 **	−0.22 **	−0.35 **	−0.38 **	0.34 **	0.29 **	1										
10. 情感困境	−0.20 **	−0.15 **	−0.20 **	−0.16 **	−0.24 **	−0.25 **	0.42 **	0.38 **	0.46 **	1									
11. 学校关怀	0.35 **	0.34 **	0.43 **	0.39 **	0.19 **	0.43 **	−0.38 **	−0.07	−0.19 **	−0.15 **	1								
12. 积极反馈	0.31 **	0.34 **	0.46 **	0.35 **	0.18 **	0.41 **	0.01	0.10 **	−0.11 **	−0.09 *	0.36 **	1							
13. 尊重理解	0.33 **	0.34 **	0.38 **	0.32 **	0.16 **	0.39 **	−0.24 **	−0.23 **	−0.25 **	−0.26 **	0.35 **	0.33 **	1						
14. 专业支持	0.30 **	0.29 **	0.29 **	0.34 **	0.13 **	0.33 **	−0.39 **	−0.13 **	−0.27 **	−0.19 **	0.54 **	0.17 **	0.37 **	1					
15. 自我调控力	0.67 **	0.61 **	0.56 **	0.48 **	0.18 **	0.62 **	−0.16 **	−0.10 **	−0.31 **	−0.23 **	0.41 **	0.26 **	0.35 **	0.37 **	1				
16. 职业使命感	0.50 **	0.50 **	0.55 **	0.44 **	0.22 **	0.56 **	−0.10 **	−0.02	−0.17 **	−0.19 **	0.38 **	0.55 **	0.35 **	0.20 **	0.46 **	1			
17. 人际和谐性	0.47 **	0.53 **	0.56 **	0.43 **	0.20 **	0.55 **	−0.03	0.11 **	−0.21 **	−0.06	0.42 **	0.50 **	0.30 **	0.26 **	0.44 **	0.55 **	1		
18. 个人因素	−0.37 **	−0.34 **	−0.48 **	−0.32 **	−0.64 **	−0.57 **	0.26 **	0.18 **	0.45 **	0.39 **	−0.22 **	−0.20 **	−0.17 **	−0.19 **	−0.39 **	−0.25 **	−0.22 **	1	
19. 环境因素	−0.12 **	−0.07	−0.16 **	−0.16 **	−0.32 **	−0.22 **	0.62 **	0.36 **	0.40 **	0.41 **	−0.28 **	0.08 *	−0.18 **	−0.42 **	−0.20 **	−0.10 **	−0.03	0.34 **	1

注:第 1 行中 1 至 19 各数字代表的含义与第一列中序号 1～19 的含义相同。“2. 问题解决”指代“注重问题解决的灵活应对”,“4. 关系能力”指代“形成、维持和运用关系的能力”。

表 5-31　特殊教育教师压力源及心理弹性的影响因素各维度对心理弹性的逐步回归分析

自变量	B	β	t	R	R^2	调整后的 R^2	F
自我调控力	0.192	0.247	8.44***	0.621	0.385	0.384	425.449***
个人因素	−0.211	−0.346	−12.74***	0.716	0.513	0.511	356.696***
人际和谐性	0.141	0.186	6.17***	0.773	0.598	0.596	335.923***
职业使命感	0.115	0.184	6.21***	0.790	0.624	0.622	280.840***
尊重理解	0.081	0.112	4.21***	0.796	0.634	0.631	233.538***
对象困境	0.058	0.096	3.79***	0.800	0.639	0.636	199.175***
能力困境	−0.035	−0.063	−2.30*	0.801	0.642	0.638	172.541***
学校关怀	0.036	0.054	2.01*	0.803	0.644	0.640	152.153***

(β分别为 0.577,−0.311;R^2改变量分别为 0.546,0.093),但外部保护性因素对心理弹性不产生实质性影响(β=0.091,R^2改变量=0.005)。压力困境能显著预测心理弹性,且对心理弹性产生实质性影响(β=−0.265,R^2改变量=0.070)。(表 5-32)

表 5-32　保护—危险性因素、压力困境对心理弹性的回归分析

因变量	预测变量	B	β	t	p	R^2改变量
心理弹性	内部保护性因素	1.355	0.577	19.71	0.000	0.546
	危险性因素	−0.745	−0.311	−12.58	0.000	0.093
	外部保护性因素	−0.192	0.091	3.12	0.002	0.005
心理弹性	压力困境	−0.445	−0.265	−7.17	0.000	0.070

(二)影响因素对特殊教育教师心理弹性各因子的回归分析

1. 影响因素对内控性的回归分析

表 5-30 表明,除了条件困境和对象困境与内控性因子不存在显著相关关系,压力源问卷的能力困境和情感困境 2 个因子、内外部保护性因素问卷 7 个因子以及危险性因素问卷 2 个因子与内控性均存在显著的相关。其中,特殊教育教师心理弹性的内外部保护性 7 个因子与内控性因子呈现显著正相关,压力源问卷中的能力困境和情感困境以及特殊教育教师心理弹性的危险性因素问卷的 2 个因子与内控性因子呈现显著负相关。自我调控力与内控性的相关性最高(r=0.67,p<0.01),余下依次为职业使命感(r=0.50,p<0.01)、人际和谐性(r=0.47,p<0.01)、个人因素(r=−0.37,p<0.01)、学校关怀(r=

0.35，$p<0.01$）、尊重理解（$r=0.33$，$p<0.01$）、积极反馈（$r=0.31$，$p<0.01$）、能力困境（$r=-0.31$，$p<0.01$）、专业支持（$r=0.30$，$p<0.01$）、情感困境（$r=-0.20$，$p<0.01$）、环境因素（$r=-0.12$，$p<0.01$）。

以特殊教育教师压力源问卷（条件困境、对象困境、能力困境、情感困境）、特殊教育教师心理弹性的外部保护性因素问卷（学校关怀、积极反馈、尊重理解、专业支持）、特殊教育教师心理弹性的内部保护性因素问卷（自我调控力、职业使命感、人际和谐性）和特殊教育教师心理弹性的危险性因素问卷（个人因素、环境因素）为预测变量，内控性为效果变量，进行逐步多元回归分析，结果见表 5-33。

表 5-33　特殊教育教师压力源及心理弹性的影响因素各维度对内控性因子的逐步回归分析

自变量	B	β	t	R	R^2	调整后的 R^2	F
自我调控力	0.430	0.459	13.57***	0.665	0.442	0.441	536.910***
职业使命感	0.136	0.180	5.35***	0.697	0.486	0.484	320.526***
人际和谐性	0.098	0.107	3.20**	0.706	0.498	0.496	224.188***
个人因素	−0.073	−0.099	−3.16**	0.713	0.509	0.506	174.876***
条件困境	0.086	0.127	4.16***	0.717	0.514	0.510	142.819***
能力困境	−0.063	−0.094	−2.98**	0.722	0.521	0.517	122.285***
专业支持	0.057	0.077	2.48*	0.725	0.526	0.521	106.490***

表 5-33 表明，依次进入回归方程的变量分别为自我调控力、职业使命感、人际和谐性、个人因素、条件困境、能力困境和专业支持。7 个因子能联合预测内控性的 52.6%的变异量，以自我调控力的预测力最佳，其解释量为 44.2%；其余因子对内控性的解释量从 0.5%到 4.4%不等，联合预测力总共是 8.4%。由此可见，影响内控性的主要因素是自我调控力。

从表 5-33 也可以看出，自我调控力对内控性的变异影响最大，其标准化回归系数最高（$\beta=0.459$），专业支持的预测性最低（$\beta=0.077$）。各种变量对内控性的标准化回归方程为：内控性＝0.459×自我调控力＋0.180×职业使命感＋0.107×人际和谐性－0.099×个人因素＋0.127×条件困境－0.094×能力困境＋0.077×专业支持。

2. 影响因素对注重问题解决的灵活应对的回归分析

表 5-30 表明，除了条件困境、对象困境和环境因素与注重问题解决的灵活

应对因子不存在显著相关关系，能力困境、情感困境、个人因素和环境因素与注重问题解决的灵活应对存在显著负相关，学校关怀、积极反馈、尊重理解、专业支持、自我调控力、职业使命感、人际和谐性与注重问题解决的灵活应对存在显著正相关，自我调控力与注重问题解决的灵活应对的相关性最高（$r=0.61, p<0.01$），余下依次为人际和谐性（$r=0.53, p<0.01$）、职业使命感（$r=0.50, p<0.01$）、学校关怀（$r=0.34, p<0.01$）、尊重理解（$r=0.34, p<0.01$）、积极反馈（$r=0.34, p<0.01$）、个人因素（$r=-0.34, p<0.01$）、专业支持（$r=0.29, p<0.01$）、能力困境（$r=-0.26, p<0.01$）、情感困境（$r=-0.15, p<0.01$）。

以特殊教育教师压力源问卷（条件困境、对象困境、能力困境、情感困境）、特殊教育教师心理弹性的外部保护性因素问卷（学校关怀、积极反馈、尊重理解、专业支持）、特殊教育教师心理弹性的内部保护性因素问卷（自我调控力、职业使命感、人际和谐性）和特殊教育教师心理弹性的危险性因素问卷（个人因素、环境因素）为预测变量，注重问题解决的灵活应对为效果变量，进行逐步多元回归分析，结果见表 5-34。

表 5-34　特殊教育教师压力源及心理弹性的影响因素各维度对注重问题解决的灵活应对因子的逐步回归分析

自变量	B	β	t	R	R^2	调整后的 R^2	F
自我调控力	0.368	0.376	10.99***	0.608	0.369	0.369	397.806***
人际和谐性	0.227	0.239	6.98***	0.676	0.457	0.455	285.243***
职业使命感	0.115	0.146	4.16***	0.689	0.475	0.473	204.134***
个人因素	−0.087	−0.114	−3.64***	0.694	0.482	0.479	157.109***
尊重理解	0.078	0.087	2.85**	0.698	0.487	0.483	127.916***
环境因素	0.060	0.081	2.73**	0.702	0.492	0.488	108.857***

表 5-34 表明，依次进入回归方程的变量分别为自我调控力、人际和谐性、职业使命感、个人因素、尊重理解和环境因素。6 个因子能联合预测注重问题解决的灵活应对 49.2%的变异量，以自我调控力的预测力最佳，其解释量为36.9%；其余依次为人际和谐性 8.8%，职业使命感 1.8%，个人因素 0.7%，尊重理解 0.5%，环境因素 0.5%，其联合预测力总共是 12.3%。由此可见，影响注重问题解决的灵活应对的主要因素是自我调控力和人际和谐性。

从表 5-34 也可以看出，自我调控力对注重问题解决的灵活应对的变异影响最大，其标准化回归系数最高（$\beta=0.376$），环境因素的预测性最低（$\beta=0.081$）。各种变量对注重问题解决的灵活应对的标准化回归方程为：注重问题解决的灵活应对＝0.376×自我调控力＋0.239×人际和谐性＋0.146×职业使命感－0.114×个人因素＋0.087×尊重理解＋0.081×环境因素。

3. 影响因素对乐观性的回归分析

表 5-30 表明，除了对象困境与乐观性因子不存在显著相关关系，条件困境、能力困境、情感困境、个人因素和环境因素与乐观性存在显著负相关，学校关怀、积极反馈、尊重理解、专业支持、自我调控力、职业使命感、人际和谐性与乐观性存在显著正相关。人际和谐性与乐观性的相关性最高（$r=0.56, p<0.01$），余下依次为自我调控力（$r=0.56, p<0.01$）、职业使命感（$r=0.55, p<0.01$）、个人因素（$r=-0.48, p<0.01$）、积极反馈（$r=0.46, p<0.01$）、学校关怀（$r=0.43, p<0.01$）、尊重理解（$r=0.38, p<0.01$）、能力困境（$r=-0.31, p<0.01$）、专业支持（$r=0.29, p<0.01$）、情感困境（$r=-0.20, p<0.01$）、环境因素（$r=-0.16, p<0.01$）。

以特殊教育教师压力源问卷（条件困境、对象困境、能力困境、情感困境）、特殊教育教师心理弹性的外部保护性因素问卷（学校关怀、积极反馈、尊重理解、专业支持）、特殊教育教师心理弹性的内部保护性因素问卷（自我调控力、职业使命感、人际和谐性）和特殊教育教师心理弹性的危险性因素问卷（个人因素、环境因素）为预测变量，乐观性为效果变量，进行逐步多元回归分析，结果见表 5-35。

表 5-35　特殊教育教师压力源及其心理弹性的影响因素各维度对乐观性因子的逐步回归分析

自变量	B	β	t	R	R^2	调整后的 R^2	F
人际和谐性	0.207	0.210	6.13***	0.560	0.313	0.312	310.041***
个人因素	−0.216	−0.273	−9.57***	0.667	0.445	0.444	272.099***
自我调控力	0.204	0.201	6.14***	0.708	0.501	0.499	226.417***
职业使命感	0.124	0.153	4.36***	0.728	0.530	0.527	190.755***
积极反馈	0.079	0.093	2.80**	0.736	0.542	0.538	159.517***
尊重理解	0.104	0.111	3.71***	0.742	0.550	0.546	137.238***
对象困境	0.058	0.074	2.66**	0.744	0.554	0.550	119.492***
学校关怀	0.062	0.071	2.33*	0.747	0.558	0.552	105.917***

表5-35表明，依次进入回归方程的变量分别为人际和谐性、个人因素、自我调控力、职业使命感、积极反馈、尊重理解、对象困境和学校关怀。8个因子能联合预测乐观性的55.8%的变异量，以人际和谐性的预测力最佳，其解释量为31.3%；其次为个人因素13.2%，自我调控力5.6%；其余因子对乐观性的解释量从0.4%到2.9%不等，联合预测力总共是5.7%。由此可见，影响乐观性的主要因素是人际和谐性、个人因素和自我调控力。

从表5-35也可以看出，个人因素对乐观性的变异影响最大，其标准化回归系数最高（$\beta=-0.273$），学校关怀的预测性最低（$\beta=0.071$）。各种变量对乐观性的标准化回归方程为：乐观性＝0.210×人际和谐性－0.273×个人因素＋0.201×自我调控力＋0.153×职业使命感＋0.093×积极反馈＋0.111×尊重理解＋0.074×对象困境＋0.071×学校关怀。

4. 影响因素对形成、维持和运用支持关系的能力的回归分析

表5-30表明，除了对象困境与形成、维持和运用支持关系的能力不存在显著相关关系，其他12个因子皆存在显著的正相关或负相关。自我调控力与形成、维持和运用支持关系的能力的相关性最高（$r=0.48$，$p<0.01$），其次是职业使命感（$r=0.44$，$p<0.01$）和人际和谐性（$r=0.43$，$p<0.01$），其他因子的相关性较低（$-0.32\leqslant r\leqslant 0.39$，$p<0.01$）。

以特殊教育教师压力源问卷（条件困境、对象困境、能力困境、情感困境）、特殊教育教师心理弹性的外部保护性因素问卷（学校关怀、积极反馈、尊重理解、专业支持）、特殊教育教师心理弹性的内部保护性因素问卷（自我调控力、职业使命感、人际和谐性）和特殊教育教师心理弹性的危险性因素问卷（个人因素、环境因素）为预测变量，形成、维持和运用支持关系的能力为效果变量，进行逐步多元回归分析，结果见表5-36。

表5-36　特殊教育教师压力源及心理弹性的影响因素各维度对形成、维持和运用支持关系的能力因子的逐步回归分析

自变量	B	β	t	R	R^2	调整后的R^2	F
自我调控力	0.183	0.218	5.55***	0.480	0.230	0.229	202.763***
职业使命感	0.102	0.151	3.61***	0.540	0.292	0.289	139.497***
专业支持	0.105	0.159	4.76***	0.566	0.321	0.318	106.597***
人际和谐性	0.113	0.139	3.47**	0.582	0.339	0.335	86.704***
个人因素	−0.080	−0.122	−3.61***	0.594	0.353	0.348	73.617***
积极反馈	0.065	0.092	2.39*	0.599	0.358	0.353	62.721***

表 5-36 表明，依次进入回归方程的变量分别为自我调控力、职业使命感、专业支持、人际和谐性、个人因素和积极反馈。6 个因子能联合预测形成、维持和运用支持关系的能力的 35.8%的变异量，以自我调控力的预测力最佳，其解释量为 23.0%；其次为职业使命感 6.2%；其余因子对形成、维持和运用支持关系的能力的解释量从 0.5%到 2.9%不等，联合预测力总共是 6.6%。由此可见，影响形成、维持和运用支持关系的能力的主要因素是自我调控力和职业使命感。

从表 5-36 也可以看出，自我调控力对形成、维持和运用支持关系的能力的变异影响最大，其标准化回归系数最高（$\beta=0.218$），积极反馈的预测性最低（$\beta=0.092$）。各种变量对形成、维持和运用支持关系的能力的标准化回归方程为：形成、维持和运用支持关系的能力＝0.218×自我调控力＋0.151×职业使命感＋0.159×专业支持＋0.139×人际和谐性－0.122×个人因素＋0.092×积极反馈。

5. 影响因素对接纳性的回归分析

表 5-30 表明，除了对象困境与接纳性因子不存在显著相关关系，其他 12 个因子与内控性均存在显著的相关性，个人因素与接纳性的相关性最高（$r=-0.64$，$p<0.01$），其他因子的相关性较低。

以特殊教育教师压力源问卷（条件困境、对象困境、能力困境、情感困境）、特殊教育教师心理弹性的外部保护性因素问卷（学校关怀、积极反馈、尊重理解、专业支持）、特殊教育教师心理弹性的内部保护性因素问卷（自我调控力、职业使命感、人际和谐性）和特殊教育教师心理弹性的危险性因素问卷（个人因素、环境因素）为预测变量，接纳性为效果变量，逐步多元回归分析的结果见表 5-37。

表 5-37 特殊教育教师压力源及影响因素各维度对接纳性因子的逐步回归分析

自变量	B	β	t	R	R^2	调整后的 R^2	F
个人因素	−0.609	−0.637	−19.70***	0.642	0.412	0.411	476.307***
环境因素	−0.147	−0.160	−5.00***	0.651	0.424	0.422	249.314***
对象困境	0.118	0.125	3.95***	0.662	0.438	0.435	175.635***
自我调控力	−0.185	−0.151	−4.39***	0.666	0.444	0.441	135.054***
人际和谐性	0.106	0.090	2.71**	0.673	0.453	0.449	111.886***
尊重理解	0.089	0.079	2.49*	0.677	0.458	0.453	94.995***

表 5-37 表明，依次进入回归方程的变量分别为个人因素、环境因素、对象困境、自我调控力、人际和谐性和尊重理解。6 个因子能联合预测内控性的 45.8% 的变异量，以个人因素的预测力最佳，其解释量为 41.2%；其余因子对内控性的解释量从 0.5% 到 1.4% 不等，联合预测力总共是 4.6%。由此可见，影响接纳性的主要因素是个人因素。

从表 5-37 也可以看出，个人因素对接纳性的变异影响最大，其标准化回归系数最高（$\beta=-0.637$），尊重理解的预测性最低（$\beta=0.079$）。各种变量对接纳性的标准化回归方程为：接纳性＝－0.637×个人因素－0.160×环境因素＋0.125×对象因素－0.151×自我调控力＋0.090×人际和谐性＋0.079×尊重理解。

三、特殊教育教师心理弹性影响因素的路径分析

（一）心理弹性的作用路径分析

以上多元回归分析结果表明，自我调控力、个人因素和人际和谐性是预测心理弹性的 3 个主要因素，自我调控力是预测内控性的主要因素，自我调控力和人际和谐性是预测注重问题解决的灵活应对的主要因素，人际和谐性、个人因素和自我调控力是预测乐观性的 3 个主要因素，自我调控力和职业使命感是预测形成、维持和运用支持关系的能力的两个主要因素，个人因素是预测接纳性的主要因素。在此基础上，采用负相关回归以及 Bootstrap 法建立 6 个路径模型进行研究，以揭示预测变量对心理弹性及 5 个因子之间的内在关系。（图 5-10～图 5-15）

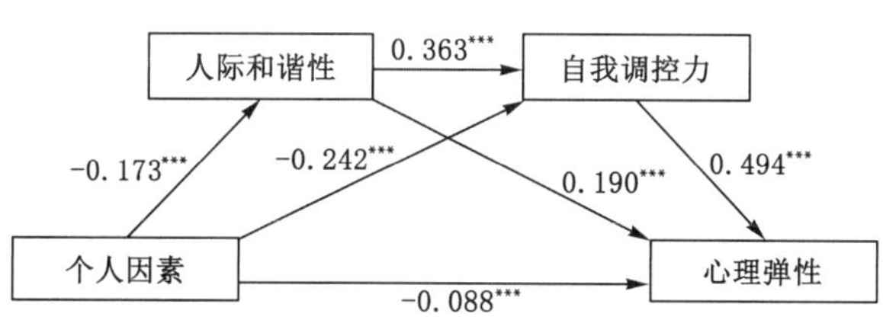

图 5-10　心理弹性的中介作用路径模型

中介效应的分析结果（图 5-10 和表 5-38）表明，链式间接效应模型显著，这一总间接效应的 Bootstrap95% 置信区间不含 0 值{间接效应－0.184，95%CI（－0.229，－0.138）}，说明人际和谐性和自我调控力在个人因素和心理弹性之间存在显著的中介效应，占个人因素对心理弹性总效应（－0.272）的 67.647%。

具体来看，总间接效应由3条间接效应构成：通过个人因素→人际和谐性→心理弹性的途径产生间接效应1（－0.033）；通过个人因素→人际和谐性→自我调控力→心理弹性的途径产生间接效应2（－0.031）；通过个人因素→自我调控力→心理弹性的途径产生的间接效应3（－0.120）。由表5-38可知，3个间接效应依次占总效应的12.132%、11.397%和44.118%，它们的Bootstrap95%置信区间均不包含0值，表明3个间接效应均达到显著水平。

表5-38 人际和谐性和自我调控力的中介效应分析（n=681）

效应	间接效应值	Boot标准误	Boot95%CI下限	Boot95%CI上限	相对中介效应
总间接效应	－0.184	0.023	－0.229	－0.138	67.647%
间接效应1	－0.033	0.009	－0.053	－0.018	12.132%
间接效应2	－0.031	0.007	－0.047	－0.018	11.397%
间接效应3	－0.120	0.018	－0.156	－0.087	44.118%

进一步分别以保护－危险性因素、压力困境总分为预测变量，心理弹性总分为效果变量，进行逐步回归分析。结果表明，保护－危险性因素均能显著预测心理弹性。依次进入回归方程的是内部保护性因素、危险性因素和外部保护性因素，其中内部保护性因素、危险性因素对心理弹性产生实质性影响（β=0.577，－0.311；R^2改变量=0.546，0.093），但外部保护性因素对心理弹性不产生实质性影响（β=0.091，R^2改变量=0.005）。压力困境能显著预测心理弹性，且对心理弹性产生实质性影响（β=－0.265，R^2改变量=0.070）。（表5-39）。

表5-39 保护－危险性因素、压力困境对心理弹性的回归分析

因变量	预测变量	B	β	t	p	R^2改变量
心理弹性	内部保护性因素	1.355	0.577	19.71	0.000	0.546
	危险性因素	－0.745	－0.311	－12.58	0.000	0.093
	外部保护性因素	0.192	0.091	3.12	0.002	0.005
心理弹性	压力困境	－0.445	－0.265	－7.17	0.000	0.070

（二）心理弹性各维度的作用路径分析

由图5-11可见，自我调控力对内控性产生显著的直接的正向影响（β=0.665，p<0.001）。

图 5-11　内控性的回归路径模型

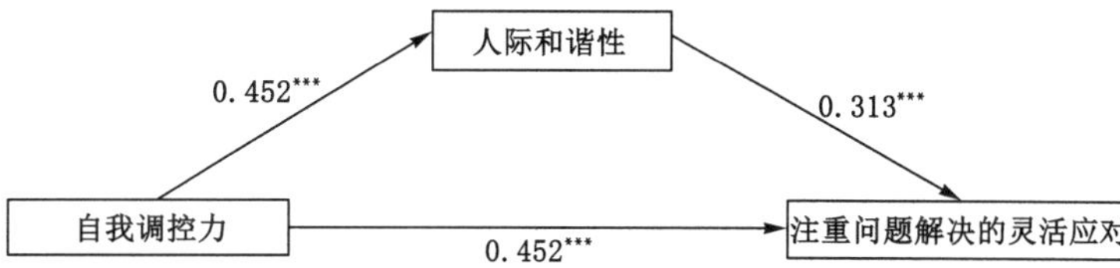

图 5-12　注重问题解决的灵活应对的回归路径模型

由图 5-12 路径系数可见，两条路径均对注重问题解决的灵活应对产生显著的正向影响。

表 5-40　人际和谐性的中介效应分析(*n*=681)

效应	效应值	Boot 标准误	Boot95%CI 下限	Boot95%CI 上限	相对中介效应
间接效应	0.142	0.022	0.102	0.191	23.906%

由表 5-40 可知，间接效应的 Bootstrap95% 置信区间不含 0 值{间接效应 0.142，95%CI(0.102，0.191)}，说明自我调控力以人际和谐性为中介变量，对注重问题解决的灵活应对产生显著的间接影响，占自我调控力对注重问题解决的灵活应对总效应(0.594)的 23.906%。

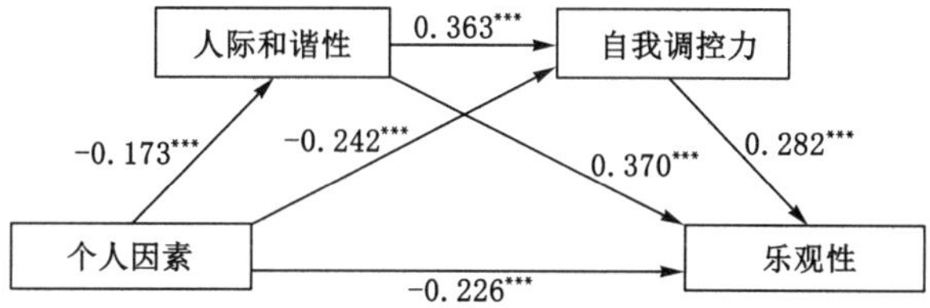

图 5-13　乐观性的回归路径模型

中介效应的分析结果(图 5-13 和表 5-41)表明，链式间接效应模型显著，这一总间接效应的 Bootstrap95% 置信区间不含 0 值{间接效应－0.150，95%CI(－0.193，－0.108)}，说明人际和谐性和自我调控力在个人因素和乐观性之间存在显著的中介效应，占个人因素对乐观性因子总效应(－0.376)的 39.893%。

表 5-41 人际和谐性和自我调控力的中介效应分析($n=681$)

效应	间接效应值	Boot 标准误	Boot95%CI 下限	Boot95%CI 上限	相对中介效应
总间接效应	−0.150	0.022	−0.193	−0.108	39.893%
间接效应 1	−0.064	0.014	−0.094	−0.037	17.021%
间接效应 2	−0.018	0.004	−0.028	−0.011	4.787%
间接效应 3	−0.068	0.013	−0.096	−0.046	18.085%

具体来看,总间接效应由 3 条间接效应构成:通过个人因素→人际和谐性→乐观性的途径产生间接效应 1(−0.064);通过个人因素→人际和谐性→自我调控力→乐观性的途径产生间接效应 2(−0.018);通过个人因素→自我调控力→乐观性的途径产生间接效应 3(−0.068)。由表 5-41 可知,3 个间接效应依次占总效应的 17.021%、4.787%和 18.085%,它们的 Bootstrap95%置信区间均不包含 0 值,表明 3 个间接效应均达到显著水平。

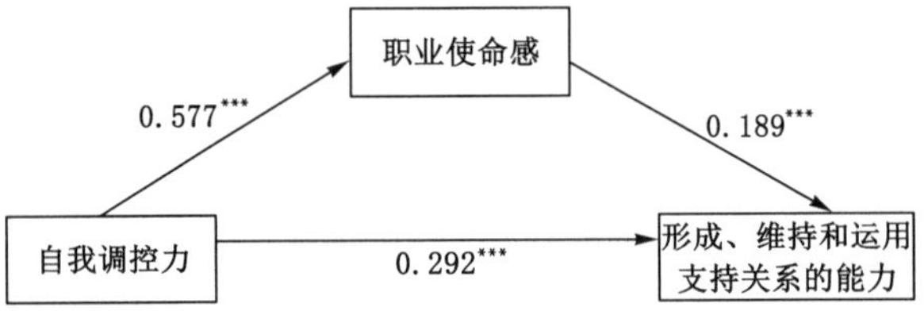

图 5-14 形成、维持和运用支持关系的能力的回归路径模型

由图 5-14 路径系数可见,3 条路径均对形成、维持和运用支持关系的能力产生显著的正向影响。

表 5-42 形成、维持和运用支持关系的能力的中介效应分析($n=681$)

效应	效应值	Boot 标准误	Boot95%CI 下限	Boot95%CI 上限	相对中介效应
间接效应	0.109	0.021	0.072	0.155	70.323%

由表 5-42 可知,间接效应的 Bootstrap95%置信区间不含 0 值{间接效应 0.109,95%CI(0.072,0.155)},说明自我调控力以职业使命感为中介变量,对形成、维持和运用支持关系的能力产生显著的间接影响,占自我调控力对形成、维持和运用支持关系的能力总效应(0.401)的 70.323%。

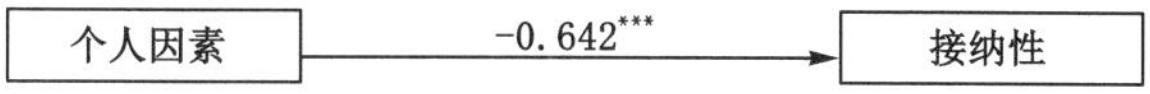

图 5-15 接纳性的回归路径模型

由图 5-15 可见，个人因素对接纳性产生显著的直接的负向影响（$\beta=-0.642$，$p<0.001$）。

四、讨论与结论

（一）影响因素与特殊教育教师心理弹性的关系

本研究将特殊教育教师分为高、中、低 3 个心理弹性组，分别与特殊教育教师压力源问卷、特殊教育教师心理弹性的外部保护性因素问卷、内部保护性因素问卷以及危险性因素问卷整体及各维度进行差异检验，结果显示，高、中、低心理弹性组特殊教育教师在 4 个问卷整体及各维度上的得分均存在显著差异（$p<0.05$）。在压力源问卷整体上，高心理弹性组得分最低，中心理弹性组次之，低心理弹性组得分最高，这与徐媛（2010）关于特殊儿童家长心理压力与心理弹性间的关系研究结果相似。压力源问卷得分与心理弹性得分的相关性分析发现，能力困境因子与情感困境因子和心理弹性及其各维度之间呈现显著的负相关。在特殊教育教师心理弹性的外部保护性因素问卷得分上，$M_{高心理弹性组}>M_{中心理弹性组}>M_{低心理弹性组}$；外部保护性因素问卷得分与心理弹性得分的相关性分析发现，外部保护性因素问卷各因子在接纳性因子上的相关性最低（$0.18\leqslant r\leqslant 0.23$），在其他维度上呈现较低或中等程度的相关。在特殊教育教师心理弹性的内部保护性因素问卷得分上，$M_{高心理弹性组}>M_{中心理弹性组}>M_{低心理弹性组}$，研究结果符合一般假设；两者相关分析发现，内部保护性因素问卷及各维度与心理弹性整体及各维度间呈显著的中等以上程度的正相关（$p<0.01$）。在特殊教育教师心理弹性的危险性因素问卷得分上，$M_{高心理弹性组}<M_{中心理弹性组}<M_{低心理弹性组}$；相关分析发现，除环境因素对注重问题解决的灵活应对无显著相关，危险性问卷整体及各因子与心理弹性各维度间均存在显著负相关（$p<0.01$）。

本研究的 4 个影响因素问卷分别与心理弹性及各维度的相关分析发现，总体上，心理弹性与自我调控力之间存在着较高的正相关（$r=0.62$），与职业使命感（$r=0.56$）、人际和谐性（$r=0.55$）、学校关怀（$r=0.43$）、积极反馈（$r=0.41$）以及尊重理解（$r=0.39$）均存在中等的正相关，与个人因素（$r=-0.57$）以及能力困境（$r=-0.38$）存在中等的负相关，与专业支持（$r=0.33$）、情感困境（$r=$

－0.25)、环境因素($r=-0.22$)以及条件困境($r=-0.16$)存在较弱的相关。从心理弹性的5个维度看,内控性与自我调控力因子存在较高的正相关($r=0.67$),与职业使命感($r=0.50$)、人际和谐性($r=0.47$)和学校关怀($r=0.35$)存在中等的正相关,与其他几个因素的相关性均不高。注重问题解决的灵活应对与自我调控力存在着较高的正相关($r=0.61$),与人际和谐性($r=0.53$)和职业使命感($r=0.50$)存在中等的正相关,与其他几个因素均存在较弱的相关。乐观性与人际和谐性($r=0.56$)、自我调控力($r=0.56$)、职业使命感($r=0.55$)、个人因素($r=-0.48$)、积极反馈($r=0.46$)、学校关怀($r=0.43$)和尊重理解($r=0.38$)存在中等程度的相关,与他几个因素均存在较弱的相关。形成、维持和运用支持关系的能力与自我调控力($r=0.48$)、职业使命感($r=0.44$)和人际和谐性($r=0.43$)存在中等的正相关,与其他因素存在较弱的相关。接纳性与个人因素存在较高的负相关($r=-0.64$),与其他因素均存在较低的相关。

本研究中,自我调控力是指对自己行为有清晰的认知,能够掌控并且处理好生活事件的能力,包括自我效能感、情绪调节、自信、坚韧等积极个人特质。自我效能感作为个体的内部资源可以促进个体心理弹性的发展。何玲(2015)、张敏(2010)的研究发现,个体的抗压力与自我效能感呈现显著正相关,高心理弹性的个体具有更好的情绪调节能力,能以乐观的态度面对压力和消极情绪体验,保持积极的情绪体验,良好的情绪调节能力与心理弹性之间存在密切的关系。这些研究与本研究结果相似,即自我调控力与心理弹性之间存在显著的正相关。学校关怀、积极反馈与尊重理解都来自他人的情感支持,使个体感受到温暖,而它们是社会支持的一部分。大量的研究证明,社会支持和心理弹性相关显著,如李志凯(2009)对河南某地区的研究发现,心理韧性与社会支持之间存在显著的正相关;姚海娟等(2014)关于中学生社会支持与心理韧性的研究发现,社会支持与心理韧性存在显著的相关,且社会支持对心理弹性具有预测作用;Carbonell 等(2001)关于高危青少年的心理韧性研究发现,社会支持与心理韧性相关。本研究中,学校关怀、积极反馈与尊重理解等社会支持内容与心理弹性存在显著正相关,和前述研究一致。良好的人际互动可以促进教师进行有效的沟通和交流,增加教师的安全感,有利于教师的心理健康,而心理弹性属心理健康研究的范畴,教师的人际和谐与心理健康存在显著正相关。本研究充分证明了人际和谐性与心理弹性之间的确存在较为密切的关系,二者存在中等程度的相关。职业使命感是一种个人内在因素,对个人的职业生涯发展、工作满意度和生活满意度等具有积极的影响。很多人都会将自己的工作视为一种使命，较高的职业使命感使教师对工作和生活的满意度提升，对其主观幸福感产生积极影响。宋广文等(2013)的研究也表明，心理弹性与主观幸福感显著相关。显然，职业使命感与心理弹性是相关的。本研究中，特殊教育教师职业使命感与心理弹性存在中等程度的相关。

（二）影响特殊教育教师心理弹性的主要因素及其影响路径

本研究在相关分析的基础上，进一步以特殊教育教师压力源因素、特殊教育教师心理弹性的内外部支持因素以及危险性因素为预测变量，对心理弹性及其 5 个因子分别进行多元回归分析。结果显示，总有几个因素与心理弹性及其 5 个因子之间存在某种程度的相关。以心理弹性为效果变量的回归分析中，进入回归方程的有自我调控力、个人因素、人际和谐性、职业使命感、尊重理解、对象困境、能力困境和学校关怀等 8 个因子，虽然联合解释量高达 64.4％，但自我调控力就占到 38.5％，个人因素占到 12.8％，人际和谐性占到 8.5％，而其他 5 个因素的解释量从 0.2％到 2.6％不等，因而这 5 个因素对心理弹性的影响是很小的。以内控性为效果变量的回归分析中，进入回归方程的有自我调控力、职业使命感、人际和谐性、个人因素、条件困境、能力困境和专业支持等 7 个因子，联合解释量为 52.6％，除了自我调控力的解释量(44.2％)较高外，其余 6 个因子的解释量从 0.5％到 4.4％不等，说明影响内控性的主要因素是自我调控力。以注重问题解决的灵活应对为效果变量的回归分析中，进入回归方程的有自我调控力、人际和谐性、职业使命感、个人因素、尊重理解和环境因素等 6 个因子，联合解释量为 49.2％，但其中自我调控力就占到 36.9％，人际和谐性占到 8.8％，其余 4 个因子的解释量从 0.5％到 1.8％不等，说明影响注重问题解决的灵活应对的主要因素是自我调控力和人际和谐性。以乐观性为效果变量的回归分析中，进入回归方程的有人际和谐性、个人因素、自我调控力、职业使命感、积极反馈、尊重理解、对象困境和学校关怀等 8 个因子，联合解释量为 55.8％，但其中人际和谐性占到 31.3％，个人因素占到 13.2％，自我调控力占到 5.6％，其余 5 个因子的解释量从 0.4％到 2.9％不等，说明影响乐观性的主要因素是人际和谐性、个人因素和自我调控力。以形成、维持和运用支持关系的能力为效果变量的回归分析中，进入回归方程的有自我调控力、职业使命感、专业支持、人际和谐性、个人因素和积极反馈等 6 个因子，联合解释量为 35.8％，自我调控力就占到 23.0％，职业使命感占到 6.2％，其余 4 个因子的解释量从 0.5％到 2.9％不等，说明影响形成、维持和运用支持关系的能力的主要因素是自我调控力和职业使命感。以接纳性为效果变量的回归分析中，进入回归方程的有个人因素、环境因素、对象困境、自我调控力、人际和谐性和尊重理解等6个因子，联合解释量为45.8%，个人因素就占到41.2%；其余5个因子的解释量从0.5%到1.4%不等，由此可见，影响接纳性的主要因素是个人因素。从以上研究结果看，心理弹性及其5个因子主要影响因素包括自我调控力、人际和谐性、个人因素、职业使命感等，同时也存在一定的差异性。

根据多元回归分析结果，本研究建立了影响心理弹性及其5个因子的路径分析图。在心理弹性和乐观性的回归路径模型中，其潜在的理论假设是把人际和谐性和自我调控力作为中介变量，人际和谐性又是个人因素和自我调控力的中介变量，因为人际和谐性、自我调控力与个人因素都对心理弹性和乐观性产生显著影响，个体本身所具有的人格特质具有稳定性，而人际和谐性和自我调控力能够通过个体的努力而发生改变，因而只能是个人因素对人际和谐性和自我调控力产生影响，个人因素又通过人际和谐性的调节作用，对自我调控力产生影响。链式中介效应的检验结果既证实了人际和谐性和自我调控力作为中介变量存在的可能性，同时也证实了两个路径模型的合理性。在注重问题解决的灵活应对回归路径模型中，潜在的理论假设是把人际和谐性作为中介变量。因为其与自我调控力都对注重问题解决的灵活应对产生影响，而自我调控又能通过人际关系的调节作用对注重问题解决的灵活应对产生预测作用。中介效应的检验结果同样证实了人际和谐性作为中介变量存在的可能性以及路径模型的合理性。在形成、维持和运用支持关系的能力得回归路径模型中，潜在理论假设是把职业使命感作为中介变量，因为职业使命感一般会随着个人工龄、职称等的变化而提升，自我调控力相比职业使命感，变化幅度小一些，中介效应的检验结果同样证实职业使命感作为中介变量存在的可能性以及路径模型的合理性。

（三）基本结论

（1）高、中、低3个特殊教育教师心理弹性组在4个问卷整体及各因子得分上均存在显著差异。

（2）自我调控力、人际和谐性、个人因素、职业使命感等因子在不同层面上预测了特殊教育教师心理弹性及其5个因子；总体上预测特殊教育教师心理弹性的最主要因素是自我调控力和人际和谐性。自我调控力、人际和谐性、个人因素、职业使命感等因子以多种方式影响着特殊教育教师心理弹性及其5个因子，其他因子还以人际和谐性或自我调控力为中介变量对特殊教育教师心理弹性及其5个因子产生间接影响。

第六章　心理弹性影响特殊教育教师心理健康的实证分析

特殊教育教师肩负着促进残疾人全面发展，促进社会公平正义的重要责任。他们的心理健康状况不仅影响自身的生活品质，还直接关系到特殊教育质量的提升。大量的实证研究已经表明，特殊教育教师的心理健康水平不容乐观，心理健康问题检出率较高；特殊教育教师的心理健康水平与性别、教龄等背景变量以及社会支持、教学效能感等心理变量之间有较高的相关性。特殊教育教师普遍存在着高职业压力，心理健康和身体健康之间存在着密切的关联，角色冲突、情感需求和教学时间显著预测特殊教育教师的情绪耗竭，角色冲突和情感需求则是造成心理健康的水平和活力差的最重要因素。特殊教育教师存在明显的职业倦怠，人格特质与职业倦怠之间存在显著的关联，前者对后者及其 3 个维度均有显著的预测作用。

近年来，心理弹性作为一种曾经历或正经历严重压力/逆境的个体，其身心未受到不利处境损伤性影响甚或愈挫弥坚的发展现象，已经成为当前积极心理学研究的核心领域之一。越来越多的研究者开始关注到特殊教育教师的心理弹性现象，分析了刚入职特殊教育教师的心理弹性培养和发展问题、资深特殊教育教师的心理弹性及支持系统问题；开发出特殊教育教师职业心理弹性的测评工具，考查了学校管理者的关怀与支持、有意义的参与机会等影响特殊教育教师心理弹性的前因变量以及职业心理等后果变量问题。心理弹性是个体在经历重大应激事件后，帮助个体从这些应激事件所造成的心理创伤中恢复到应激前功能状态的人格特质，已有大量研究也证实了心理弹性与心理健康之间存在着密切的关系，心理弹性对孤独、抑郁、焦虑、恐惧等心理健康症状具有显著的预测作用。

尽管相关研究已经表明，心理弹性与心理健康之间存在着较为密切的关系，但是目前缺少特殊教育教师心理弹性与心理健康之间关系的探讨。因此，探索特殊教育教师的心理弹性这一积极心理现象，揭示心理弹性与特殊教育教师心理健康的关系，进而探索促进特殊教育教师心理健康的积极模式，对改变以往研究者把特殊教育教师视为有较多心理健康问题、需要介入干预的传统思维模式，具有重要的学术价值和应用价值。本研究运用中国成年人心理弹性量表、症状自评量表(SCL-90)，对特殊教育教师的心理弹性和心理健康状况之间的关系进行考查，以期能够根据研究结果从提升心理弹性入手，实践探索促进特殊教育教师心理健康的有效路径，并对构建特殊教育教师心理健康促进模式提供理论参考。

第一节　心理弹性对特殊教育教师心理健康的影响

一、研究方法

(一) 研究对象

本研究运用简单随机抽样和推荐抽样方法抽取我国部分省市专任特殊教育教师，利用问卷星网络调查平台在线发放并回收问卷 726 份，有效问卷 681 份，问卷有效率为 93.80%。

(二) 研究工具

1. 中国成年人心理弹性量表

该量表由 30 个项目构成，包括内控性，注重问题解决的灵活应对(简称"应对风格")，乐观性，形成、维持和运用支持关系的能力(简称"关系能力")以及接纳性 5 个维度，具有良好的信效度指标。量表采用 1(完全不符合)～4(完全符合)4 级计分，得分越高，表明心理弹性越高。本研究中，总量表和 5 个因子的 Cronbach's α 系分别是 0.916、0.757、0.842、0.812、0.674、0.872。

2. 症状自评量表(SCL-90)

该量表由 90 个项目组成，包括躯体化、强迫症状、人际关系敏感、抑郁、焦虑、敌对、恐怖、偏执、精神病性及其他共 10 个因子。量表采用 1～5 级进行评分("其他"因子不计分)，得分越高，自评症状越明显，心理问题越多。本研究中总量表和 9 个因子的 Cronbach's α 系数分别是 0.985、0.918、0.891、0.899、0.924、0.906、0.866、0.878、0.856、0.900，均具有很高的信度。

(三) 数据分析

采用 SPSS 19.0 对数据进行相关分析、回归分析等。

二、研究结果

（一）特殊教育教师心理弹性与心理健康的相关分析

对特殊教育教师在心理弹性 5 个因子上的得分与症状自评量表 9 个因子上的得分进行皮尔逊相关分析。由表 6-1 可知，心理弹性及其 5 个因子与症状自评量表总分及其 9 个因子均存在显著负相关（0.39≤r≤−0.14），说明特殊教育教师的心理健康水平受其心理弹性的影响。

表 6-1　心理弹性与心理健康症状的相关分析

主要变量	躯体化	强迫症状	人际关系敏感	抑郁	焦虑	敌对	恐怖	偏执	精神病性	症状总分
内控性	−0.14**	−0.22**	−0.24**	−0.23**	−0.19**	−0.21**	−0.18**	−0.19**	−0.20**	−0.22**
应对风格	−0.15**	−0.21**	−0.24**	−0.23**	−0.21**	−0.22**	−0.19**	−0.21**	−0.21**	−0.22**
乐观性	−0.20**	−0.27**	−0.32**	−0.32**	−0.29**	−.028**	−0.27**	−0.31**	−0.29**	−0.30**
关系能力	−0.22**	−0.23**	−0.31**	−0.32**	−0.26**	−0.26**	−0.24**	−0.27**	−0.30**	−0.29**
接纳性	−0.23**	−0.34**	−0.39**	−0.39**	−0.36**	−0.36**	−0.33**	−0.37**	−0.35**	−0.37**
心理弹性总分	−0.25**	−0.34**	−0.39**	−0.39**	−0.36**	−0.35**	−0.32**	−0.36**	−0.35**	−0.37**

（二）心理弹性对特殊教育教师心理健康的影响

以心理弹性及其 5 个因子为预测变量，分别以心理健康症状总分以及症状自评量表的 9 个因子为因变量，进行逐步回归分析。结果显示，心理弹性对心理健康症状总分及各个因子具有显著的预测作用（表 6-2）。

表 6-2　心理弹性对心理健康症状的回归分析

因变量	预测变量	B	β	t	p	R^2改变量
症状总分	心理弹性	1.762	−0.368	−10.32	0.000	0.136
症状总分	接纳性	−4.429	−0.291	−7.55	0.000	0.139
	关系能力	−3.008	−0.142	−3.18	0.002	0.033
	乐观性	−1.708	−0.093	−1.98	0.048	0.005
躯体化	接纳性	−0.398	−0.181	−4.67	0.000	0.054
	关系能力	−0.506	−0.165	−4.27	0.000	0.025

表 6-2(续)

因变量	预测变量	B	β	t	p	R^2改变量
强迫症状	接纳性	−0.587	−0.311	−8.53	0.000	0.119
	内控性	−0.376	−0.153	−4.20	0.000	0.022
人际关系敏感	接纳性	−0.579	−0.329	−9.10	0.000	0.154
	关系能力	−0.511	−0.208	−5.76	0.000	0.039
抑郁	接纳性	−0.750	−0.298	−7.85	0.000	0.151
	关系能力	−0.601	−0.171	−3.90	0.000	0.044
	乐观性	−0.280	−0.092	−1.99	0.047	0.005
焦虑	接纳性	−0.524	−0.289	−7.43	0.000	0.133
	关系能力	−0.272	−0.108	−2.39	0.005	0.030
	乐观性	−0.214	−0.098	−2.07	0.027	0.006
敌对	接纳性	−0.313	−0.281	−7.19	0.000	0.126
	关系能力	−0.172	−0.110	−2.43	0.015	0.024
	乐观性	−0.130	−0.096	−2.03	0.043	0.005
恐怖	接纳性	−0.332	−0.261	−6.60	0.000	0.110
	关系能力	−0.178	−0.100	−2.20	0.028	0.021
	乐观性	−0.149	−0.097	−2.02	0.044	0.005
偏执	接纳性	−0.318	−0.285	−7.74	0.000	0.137
	关系能力	−0.172	−0.128	−2.72	0.007	0.030
	乐观性	−0.166	−0.106	−2.38	0.017	0.007
精神病性	接纳性	−0.501	−0.287	4.61	0.000	0.122
	关系能力	−0.507	−0.208	3.20	0.000	0.039

具体而言:(1) 接纳性、人格倾向性和乐观性 3 个因子对心理健康症状总分有预测作用,其中以接纳性的预测效力最佳,其解释量为 13.9%,其余两个因子的解释量分别为 3.3%和 0.5%,说明影响心理健康症状总分的主要因素是接纳性。

(2) 接纳性和人格倾向性对躯体化有预测作用,但两个因子的解释量分别为 5.4%和 2.5%(均小于 6%),不具有实质性影响,说明心理弹性对躯体化不产生实质性影响。

(3) 接纳性和内控性对强迫症状有预测作用,接纳性的解释量为 11.9%,但内控性的解释量仅为 2.2%,说明影响强迫症状的主要因素是接纳性。

(4) 接纳性和人格倾向性对人际关系敏感有预测作用,接纳性的解释量为

15.4%，但人格倾向性的解释量仅为3.9%，说明影响人际关系敏感的主要因素是接纳性。

(5) 接纳性、人格倾向性和乐观性对抑郁有预测作用，接纳性的解释量为15.1%，但人格倾向性和乐观性的解释量仅为4.4%和0.5%，说明影响抑郁的主要因素是接纳性。

(6) 接纳性、人格倾向性和乐观性对焦虑有预测作用，接纳性的解释量为13.3%，但人格倾向性和乐观性的解释量仅为3.0%和0.6%，说明影响焦虑的主要因素是接纳性。

(7) 接纳性、人格倾向性和乐观性对敌对有预测作用，接纳性的解释量为12.6%，但人格倾向性和乐观性的解释量仅为2.4%和0.5%，说明影响敌对的主要因素是接纳性。

(8) 接纳性、关系能力和乐观性对恐怖有预测作用，接纳性的解释量为11.0%，但关系能力和乐观性的解释量仅为2.1%和0.5%，说明影响恐怖的主要因素是接纳性。

(9) 接纳性、人格倾向性和乐观性对偏执有预测作用，接纳性的解释量为13.7%，但人格倾向性和乐观性的解释量仅为3.0%和0.7%，说明影响偏执的主要因素是接纳性。

(10) 接纳性和人格倾向性对精神病性有预测作用，接纳性的解释量为12.2%，但人格倾向性的解释量仅为3.9%，说明影响精神病性的主要因素是接纳性。

综上分析，心理弹性的不同因子尤其是接纳性、人格倾向性和乐观性3个因子，对心理健康症状及其因子具有不同程度的预测作用，产生不同程度的影响；从影响效力上看，只有心理弹性的接纳性因子对心理健康症状及其各个因子能够产生实质性影响。

三、讨论与结论

本研究中，特殊教育教师的心理弹性与心理健康症状呈显著负相关。逐步回归分析表明，心理弹性各因子对心理健康症状各因子的回归效应显著，是心理健康症状的负向预测因素。其中，接纳性、关系能力、乐观性3个因子的预测效应最为显著。在对心理健康症状9个因子的预测中，接纳性因子均最先进入回归方程，成为预测效力最大的因子；其次是关系能力因子，除了强迫症状和恐怖因子，关系能力因子对心理健康症状的其他7个因子均有显著的预测效力；

乐观性因子则对抑郁、焦虑、敌对、恐怖、偏执等5个心理健症状因子产生显著的预测效力。

本研究结果说明了作为相对稳定的人格特质，心理弹性与心理健康之间存在着密切关系，对心理健康产生重要影响，这与以往的相关研究结果比较一致。

研究结果也充分说明，心理弹性是个体心理健康的重要保护因素，就特殊教育教师而言，接纳性、关系能力以及乐观性3个因子在促进其心理健康的过程中扮演着尤为重要的角色。刘兴华等(2009)的研究证实，通过接纳和承诺，培养接纳的态度和自我觉知能力，能增强个体对日常生活的心理反应的灵活性，有效改善愤怒、悲伤、恐惧和焦虑等心理症状，提高个体的生活质量。杨春潇等(2016)的研究发现，社会支持与心理健康症状存在显著负相关，并通过管理调节个体的情绪、认知和行为来影响心理健康，社会支持水平越高，心理健康水平越高；提高社会支持水平尤其是对社会支持的领悟效用，对于维护个体的心理健康非常重要。齐晓栋等(2012)发现，气质性乐观与心理健康指标存在显著相关，且不受年龄因素的影响，但对不同心理健康指标的影响不同：与积极指标中的自尊相关最高，与消极指标中的抑郁相关最高，通过干预气质性乐观水平可以达到提高心理健康和社会适应水平的目的。相关研究结果启示我们，倘若能够对特殊教育教师的心理弹性尤其是3个关键因子进行有效的训练，必然会提升特殊教育教师的心理健康水平。

综上，本研究得出以下结论：

(1) 特殊教育教师的心理弹性与心理健康存在显著相关。

(2) 心理弹性的不同因子对心理健康症状各个因子具有显著的预测作用，心理弹性越高，心理健康症状越少。

第二节　心理弹性影响因素对特殊教育教师心理健康的影响

一、研究方法

(一) 研究对象

本研究运用简单随机抽样和推荐抽样方法抽取我国部分省市专任特殊教育教师，利用问卷星网络调查平台在线发放并回收问卷726份，有效问卷681份，问卷有效率为93.80%。

（二）研究工具

1. 中国成年人心理弹性量表

该量表由 30 个项目构成，包括内控性、应对风格、乐观性、关系能力以及接纳性 5 个维度，具有良好的信效度指标。量表采用 1（完全不符合）～4（完全符合）4 级计分，得分越高，表明心理弹性越高。本研究中，总量表和五个因子的 Cronbach's α 系分别是 0.916、0.757、0.842、0.812、0.674、0.872。

2. 症状自评量表（SCL-90）

该量表由 90 个项目组成，包括躯体化、强迫症状、人际关系敏感、抑郁、焦虑、敌对、恐怖、偏执、精神病性及其他共 10 个因子。量表采用 1～5 级进行评分（“其他”因子不计分），得分越高，自评症状越明显，心理问题越多。本研究中总量表和 9 个因子的 Cronbach's α 系数分别是 0.985、0.918、0.891、0.899、0.924、0.906、0.866、0.878、0.856、0.900，均具有很高的信度。

3. 数据分析

采用 SPSS 19.0 对数据进行相关分析、回归分析等。

二、研究结果

（一）心理弹性影响因素之压力困境对特殊教育教师心理健康的影响

对特殊教育教师在心理弹性影响因素之压力困境及其 4 个因子上的得分与症状自评量表总分及其 9 个因子上的得分进行皮尔逊相关分析。由表 6-3 可知，除了压力困境的对象困境与恐怖、偏执和精神病性 3 个因子之间的相关不显著（$0.06 \leqslant r \leqslant 0.11$）以及能力困境与躯体化的相关不显著（$r=0.10$）之外，压力困境的 4 个因子与症状自评量表总分及其 9 个因子之间的相关系数虽然不高，但均存在统计学意义上的显著正相关（$0.14 \leqslant r \leqslant 0.34$）。结果说明，特殊教育教师的心理健康水平某种程度上受压力困境的影响，压力困境越多，心理健康症状越明显。

表 6-3　压力困境与心理健康症状的相关分析

	6	7	8	9	10	11	12	13	14	15
1	0.31**	0.21**	0.33**	0.33**	0.34**	0.27**	0.31**	0.24**	0.30**	0.28**
2	0.26**	0.20**	0.24**	0.26**	0.28**	0.21**	0.25**	0.17**	0.29**	0.23**
3	0.16**	0.14**	0.21**	0.14**	0.19**	0.13**	0.15**	0.06	0.10	0.11

表 6-3(续)

	6	7	8	9	10	11	12	13	14	15
4	0.25**	0.10	0.27**	0.30**	0.26**	0.23**	0.26**	0.25**	0.26**	0.16**
5	0.24**	0.15**	0.26**	0.25**	0.26**	0.22**	0.24**	0.21**	0.20**	0.20**

注:1 表示压力困境总分;2 表示条件困境;3 表示对象困境;4 表示能力困境;5 表示情感困境;6 表示心理健康症状总分;7 表示躯体化;8 表示强迫症状;9 表示人际关系敏感;10 表示抑郁;11 表示焦虑;12 表示敌对;13 表示恐怖;14 表示偏执;15 表示精神病性。

进一步以压力困境及其 4 个因子为预测变量,分别以心理健康症状总分以及症状自评量表的 9 个因子为因变量,进行逐步回归分析。结果显示,压力困境对心理健康症状总分及各个因子具有显著的预测作用。(表 6-4)

表 6-4　压力困境对心理健康症状的回归分析

因变量	预测变量	B	β	t	p	R^2改变量
症状总分	压力困境总分	2.490	0.310	8.50	0.000	0.095
症状总分	条件困境	2.639	0.163	3.98	0.000	0.065
	能力困境	4.089	0.152	3.65	0.000	0.031
	情感困境	2.872	0.098	2.26	0.024	0.007
躯体化	条件困境	0.463	0.198	5.26	0.000	0.039
强迫症状	能力困境	0.544	0.164	3.94	0.000	0.070
	条件困境	0.256	0.128	3.13	0.002	0.024
	情感困境	0.461	0.127	2.93	0.003	0.011
人际关系敏感	能力困境	0.641	0.207	5.02	0.000	0.091
	条件困境	0.291	0.155	3.84	0.000	0.029
	情感困境	0.307	0.091	2.12	0.034	0.006
抑郁	条件困境	0.486	0.181	4.48	0.000	0.078
	能力困境	0.656	0.148	3.58	0.000	0.031
	情感困境	0.537	0.111	2.58	0.010	0.009
焦虑	能力困境	0.480	0.150	3.56	0.000	0.055
	条件困境	0.221	0.114	2.76	0.006	0.018
	情感困境	0.343	0.098	2.24	0.025	0.007
敌对	能力困境	0.314	0.160	3.83	0.000	0.066
	条件困境	0.180	0.151	3.70	0.000	0.029
	情感困境	0.213	0.099	2.29	0.023	0.007

表 6-4(续)

因变量	预测变量	B	β	t	p	R^2改变量
恐怖	能力困境	0.442	0.197	4.74	0.000	0.064
	情感困境	0.301	0.122	2.95	0.003	0.012
偏执	条件困境	0.272	0.228	5.92	0.000	0.083
	能力困境	0.352	0.178	4.63	0.000	0.028
精神病性	能力困境	0.636	0.206	5.30	0.000	0.068
	条件困境	0.301	0.162	4.15	0.000	0.023

具体而言:(1) 条件困境、能力困境和情感困境 3 个因子对心理健康症状总分有预测作用,其中以条件困境的预测效力最佳,其解释量为 6.5%,其余两个因子的解释量分别为 3.1%和 0.7%,说明影响心理健康症状总分的主要因素是条件困境。

(2) 条件困境对躯体化有预测作用,但解释量只有 3.9%(小于 6%),不具有实质性影响,说明压力困境对躯体化不产生实质性影响。

(3) 能力困境、条件困境和情感困境 3 个因子对强迫症状有预测作用,其中以能力困境的预测效力最佳,其解释量为 7.0%,其余两个因子的解释量分别为 2.4%和 1.1%,说明影响强迫症状的主要因素是能力困境。

(4) 能力困境、条件困境和情感困境 3 个因子对人际关系敏感有预测作用,其中以能力困境的预测效力最佳,其解释量为 9.1%,其余两个因子的解释量分别为 2.9%和 0.6%,说明影响人际关系敏感的主要因素是能力困境。

(5) 条件困境、能力困境和情感困境 3 个因子对抑郁有预测作用,其中以条件困境的预测效力最佳,其解释量为 7.8%,其余两个因子的解释量分别为 3.1%和 0.9%,说明影响抑郁的主要因素是条件困境。

(6) 能力困境、条件困境和情感困境 3 个因子对焦虑有预测作用,但 3 个因子的解释量分别为 5.5%、1.8%和 0.7%,说明压力困境对焦虑不产生实质性影响。

(7) 能力困境、条件困境和情感困境 3 个因子对敌对有预测作用,其中以能力困境的预测效力最佳,其解释量为 6.6%,其余两个因子的解释量分别为 2.9%和 0.7%,说明影响敌对的主要因素是能力困境。

(8) 能力困境和情感困境两个因子对恐怖有预测作用,其中能力困境的解释量为 6.4%,情感困境的解释量仅为 1.2%,说明影响恐怖的主要因素是能力困境。

(9) 条件困境和能力困境两个因子对偏执有预测作用,其中条件困境的解释量为8.3%,能力困境的解释量仅为2.8%,说明影响偏执的主要因素是条件困境。

(10) 能力困境和条件困境两个因子对精神病性有预测作用,其中能力困境的解释量为6.8%,条件困境的解释量仅为2.3%,说明影响偏执的主要因素是能力困境。

综上分析,压力困境的不同因子尤其是条件困境、能力困境和情感困境3个因子,对心理健康症状及其因子具有不同程度的预测作用,产生不同程度的影响;从影响效力上看,压力困境的条件困境和能力困境能够对心理健康症状及其各个因子产生实质性影响。

(二) 心理弹性之保护一危险性因素对特殊教育教师心理健康的影响

1. 外部保护性因素与心理健康症状的关系分析

对特殊教育教师在心理弹性影响因素之外部保护性因素及其4个因子上的得分与症状自评量表总分及其9个因子上的得分进行皮尔逊相关分析。由表6-5可知,除了外部保护性因素的积极反馈与强迫症状、专业支持与躯体化之间的相关不显著($r=-0.09,-0.07$)之外,外部保护性因素的4个因子与症状自评量表总分及其9个因子之间的相关系数虽然不高,但均存在统计学意义上的显著负相关($-0.34\leqslant r\leqslant -0.13$)。结果说明,特殊教育教师的心理健康水平某种程度上受外部保护性因素的影响,外部保护性因素越多,心理健康症状越少。

表6-5 外部保护性因素与心理健康症状的相关分析

	6	7	8	9	10	11	12	13	14	15
1	-0.30**	-0.20**	-0.34**	-0.33**	-0.30**	-0.28**	-0.31**	-0.28**	-0.33**	-0.32**
2	-0.26**	-0.16**	-0.17**	-0.30**	-0.27**	-0.23**	-0.28**	-0.22**	-0.34**	-0.27**
3	-0.17**	-0.14**	-0.09	-0.15**	-0.15**	-0.18**	-0.17**	-0.20**	-0.17**	-0.20**
4	-0.28**	-0.22**	-0.28**	-0.28**	-0.27**	-0.27**	-0.27**	-0.25**	-0.24**	-0.27**
5	-0.16**	-0.07	-0.15**	-0.20**	-0.17**	-0.13**	-0.16**	-0.13**	-0.18**	-0.17**

注:1表示外部保护性因素总分;2表示学校关怀;3表示积极反馈;4表示尊重理解;5表示专业支持;6表示心理健康症状总分;7表示躯体化;8表示强迫症状;9表示人际关系敏感;10表示抑郁;11表示焦虑;12表示敌对;13表示恐怖;14表示偏执;15表示精神病性。

进一步以外部保护性因素的 4 个因子为预测变量，分别以心理健康症状总分以及症状自评量表的 9 个因子为因变量，进行逐步回归分析，结果显示，外部保护性因素对心理健康症状总分及各个因子具有显著的预测作用。（表 6-6）

表 6-6　外部保护性因素对心理健康症状的回归分析

因变量	预测变量	B	β	t	p	R^2改变量
症状总分	尊重理解	−7.533	−0.219	−5.66	0.000	0.080
	学校关怀	−4.436	−0.184	−4.76	0.000	0.030
躯体化	尊重理解	−0.896	−0.181	−4.53	0.000	0.047
	学校关怀	−0.347	−0.100	−2.51	0.012	0.009
强迫症状	尊重理解	−1.060	−0.249	−6.34	0.000	0.077
	学校关怀	−0.249	−0.084	−2.13	0.033	0.006
人际关系敏感	学校关怀	−0.637	−0.230	−5.99	0.000	0.090
	尊重理解	−0.802	−0.202	−5.27	0.000	0.036
抑郁	学校关怀	−0.786	−0.198	−5.01	0.000	0.071
	尊重理解	−1.111	−0.196	−5.05	0.000	0.034
焦虑	尊重理解	−0.866	−0.212	−5.42	0.000	0.072
	学校关怀	−0.457	−0.159	−4.09	0.000	0.022
敌对	学校关怀	−0.373	−0.212	−5.48	0.000	0.078
	尊重理解	−0.490	−0.195	−5.03	0.000	0.033
恐怖	尊重理解	−0.505	−0.176	−4.38	0.000	0.063
	学校关怀	−0.245	−0.122	−2.99	0.003	0.020
	积极反馈	−0.269	−0.102	−2.53	0.011	0.009
偏执	学校关怀	−0.512	−0.290	−7.59	0.000	0.115
	尊重理解	−0.350	−0.139	−3.63	0.000	0.017
精神病性	学校关怀	−0.486	−0.176	−4.38	0.000	0.072
	尊重理解	−0.711	−0.180	−4.54	0.000	0.035
	积极反馈	−0.293	−0.081	−2.04	0.042	0.005

具体而言：(1) 尊重理解和学校关怀两个因子对心理健康症状总分有预测作用，其中以尊重理解的预测效力最佳，其解释量为 8.0%，学校关怀的解释量仅为 3.0%，说明影响心理健康症状总分的主要因素是尊重理解。

(2) 尊重理解和学校关怀两个因子对躯体化有预测作用，但解释量只有

4.7%和0.9%(均小于6%),不具有实质性影响,说明外部保护性因素对躯体化不产生实质性影响。

(3) 尊重理解和学校关怀两个因子对强迫症状有预测作用,其中以尊重理解的预测效力最佳,其解释量为7.7%,学校关怀的解释量仅为0.6%,说明影响强迫症状的主要因素是尊重理解。

(4) 学校关怀和尊重理解两个因子对人际关系敏感有预测作用,其中以学校关怀的预测效力最佳,其解释量为9.0%,尊重理解的解释量仅为3.6%,说明影响人际关系敏感的主要因素是学校关怀。

(5) 学校关怀和尊重理解两个因子对抑郁有预测作用,其中以学校关怀的预测效力最佳,其解释量为7.1%,尊重理解的解释量仅为3.4%,说明影响抑郁的主要因素是学校关怀。

(6) 尊重理解和学校关怀两个因子对焦虑有预测作用,其中以尊重理解的预测效力最佳,其解释量为7.2%,学校关怀的解释量仅为2.2%,说明影响焦虑的主要因素是尊重理解。

(7) 学校关怀和尊重理解两个因子对敌对有预测作用,其中以学校关怀的预测效力最佳,其解释量为7.8%,尊重理解的解释量仅为3.3%,说明影响敌对的主要因素是学校关怀。

(8) 尊重理解、学校关怀和积极反馈3个因子对恐怖有预测作用,其中以尊重理解的预测效力最佳,其解释量为6.3%,其他两个因子的解释量分别为仅为2.0%和0.9%,说明影响恐怖的主要因素是尊重理解。

(9) 学校关怀和尊重理解两个因子对偏执有预测作用,其中以学校关怀的预测效力最佳,其解释量为11.5%,尊重理解的解释量仅为1.7%,说明影响偏执的主要因素是学校关怀。

(10) 学校关怀、尊重理解和积极反馈3个因子对精神病性有预测作用,其中以学校关怀的预测效力最佳,其解释量为7.2%,其他两个因子的解释量分别为仅为3.5%和0.5%,说明影响精神病性的主要因素是学校关怀。

综上分析,外部保护性因素的不同因子尤其是学校关怀、尊重理解和积极反馈3个因子,对心理健康症状及其因子具有不同程度的预测作用,产生不同程度的影响;从影响效力上看,外部保护性因素中的学校关怀和尊重理解对心理健康症状及其各个因子能够产生实质性影响。

2. 内部保护性因素与心理健康症状的关系分析

对特殊教育教师在心理弹性影响因素之内部保护性因素及其3个因子上

的得分与症状自评量表总分及其 9 个因子上的得分进行皮尔逊相关分析。(表 6-7)

表 6-7　内部保护性因素与心理健康症状的相关分析

	5	6	7	8	9	10	11	12	13	14
1	−0.22**	−0.15**	−0.19**	−0.26**	−0.24**	−0.24**	−0.27**	−0.23**	−0.25**	−0.24**
2	−0.24**	−0.14**	−0.23**	−0.27**	−0.25**	−0.22**	−0.26**	−0.20**	−0.24**	−0.22**
3	−0.19**	−0.15**	−0.13**	−0.19**	−0.19**	−0.19**	−0.22**	−0.19**	−0.19**	−0.19**
4	−0.16**	−0.08	−0.09	−0.18**	−0.14**	−0.17**	−0.18**	−0.17**	−0.18**	−0.19**

注:1 表示内部保护性因素总分;2 表示自我调控力;3 表示职业使命感;4 表示人际和谐性;5 表示心理健康症状总分;6 表示躯体化;7 表示强迫症状;8 表示人际关系敏感;9 表示抑郁;10 表示焦虑;11 表示敌对;12 表示恐怖;13 表示偏执;14 表示精神病性。

结果显示,除了内部保护性因素的人际和谐性与躯体化、强迫症状之间的相关不显著($r=-0.08,-0.09$)之外,内部保护性因素的 3 个因子与症状自评量表总分及其 9 个因子之间的相关系数虽然不高,但均存在统计学意义上的显著负相关($-0.27\leqslant r\leqslant-0.13$)。结果说明,特殊教育教师的心理健康水平某种程度上受内部保护性因素的影响,内部保护性因素越多,心理健康症状越少。

进一步以内部保护性因素的 3 个因子为预测变量,分别以心理健康症状总分以及症状自评量表的 9 个因子为因变量,进行逐步回归分析。结果显示,内部保护性因素对心理健康症状的不同因子具有显著的预测作用。(表 6-8)

表 6-8　内部保护性因素对心理健康症状的回归分析

因变量	预测变量	B	β	t	p	R^2改变量
症状总分	自我调控力	−4.152	−0.189	−4.34	0.000	0.056
	职业使命感	−2.778	−0.093	−2.12	0.034	0.006
躯体化	职业使命感	−0.642	−0.148	−3.91	0.000	0.022
强迫症状	自我调控力	−0.618	−0.228	−6.09	0.000	0.052
人际关系敏感	自我调控力	−0.674	−0.266	−7.20	0.000	0.071
抑郁	自我调控力	−0.726	−0.200	−4.61	0.000	0.061
	职业使命感	−0.444	−0.090	−2.06	0.040	0.006
焦虑	自我调控力	−0.440	−0.168	−3.85	0.000	0.050
	职业使命感	−0.374	−0.105	−2.40	0.017	0.008

表 6-8(续)

因变量	预测变量	B	β	t	p	R^2改变量
敌对	自我调控力	−0.306	−0.190	−4.40	0.000	0.065
	职业使命感	−0.273	−0.124	−2.88	0.004	0.011
恐怖	自我调控力	−0.258	−0.141	−3.21	0.001	0.041
	职业使命感	−0.296	−0.118	−2.69	0.007	0.010
偏执	自我调控力	−0.300	−0.186	−4.27	0.000	0.055
	职业使命感	−0.208	−0.095	−2.17	0.030	0.007
精神病性	自我调控力	−0.414	−0.165	−3.77	0.000	0.048
	职业使命感	−0.360	−0.105	−2.39	0.017	0.008

具体而言:(1) 自我调控力和职业使命感两个因子对心理健康症状总分有预测作用,但两个因子的解释量仅为5.6%和0.6%(均小于6%),说明内部保护性因素对心理健康症状总分不产生实质性影响。

(2) 职业使命感对躯体化有预测作用,但解释量仅为2.2%,说明内部保护性因素对躯体化不产生实质性影响。

(3) 自我调控力对强迫症状有预测作用,但解释量仅为5.2%,说明内部保护性因素对强迫症状不产生实质性影响。

(4) 自我调控力对人际关系敏感有预测作用,解释量为7.1%,说明影响人际关系敏感的主要因素是自我调控力。

(5) 自我调控力和职业使命感两个因子对抑郁有预测作用,其中自我调控力的预测效力最佳,解释量为6.1%,但职业使命感的解释量仅为0.6%,说明影响抑郁的主要因素是自我调控力。

(6) 自我调控力和职业使命感两个因子对焦虑有预测作用,但两个因子的解释量仅为5.0%和0.8%(均小于6%),说明内部保护性因素对焦虑不产生实质性影响。

(7) 自我调控力和职业使命感两个因子对敌对有预测作用,其中自我调控力的预测效力最佳,解释量为6.5%,但职业使命感的解释量仅为1.1%,说明影响敌对的主要因素是自我调控力。

(8) 自我调控力和职业使命感两个因子对恐怖有预测作用,但两个因子的解释量仅为4.1%和1.0%(均小于6%),说明内部保护性因素对恐怖不产生实质性影响。

(9) 自我调控力和职业使命感两个因子对偏执有预测作用，但两个因子的解释量仅为 5.5%和 0.7%(均小于 6%)，说明内部保护性因素对偏执不产生实质性影响。

(10) 自我调控力和职业使命感两个因子对精神病性有预测作用，但两个因子的解释量仅为 4.8%和 0.8%(均小于 6%)，说明内部保护性因素对精神病性不产生实质性影响。

综上分析，内部保护性因素的不同因子尤其是自我调控力和职业使命感两个因子，对心理健康症状及其因子具有不同程度的预测作用，产生不同程度的影响；从影响效力上看，内部保护性因素的自我调控力对心理健康症状的某些因子能够产生实质性影响。

3. 危险性因素与特殊教育教师心理健康症状的关系分析

对特殊教育教师在心理弹性影响因素之危险性因素及其两个因子上的得分与症状自评量表总分及其 9 个因子上的得分进行皮尔逊相关分析。由表 6-9 可知，危险性因素的两个因子与症状自评量表总分及其 9 个因子之间的相关系数虽然总体上并不高，但均存在统计学意义上的显著正相关($0.12 \leqslant r \leqslant 0.40$)。结果说明，特殊教育教师的心理健康水平某种程度上受危险性因素的影响，危险性因素越多，心理健康症状越明显。

表 6-9　危险性因素与心理健康症状的相关分析

	4	5	6	7	8	9	10	11	12	13
1	0.36**	0.20**	0.36**	0.40**	0.39**	0.34**	0.36**	0.30**	0.34**	0.33**
2	0.35**	0.19**	0.35**	0.39**	0.37**	0.34**	0.36**	0.30**	0.32**	0.32**
3	0.21**	0.12**	0.20**	0.24**	0.26**	0.18**	0.19**	0.15**	0.23**	0.19**

注：1 表示危险性因素总分；2 表示个人因素；3 表示环境因素；4 表示心理健康症状总分；5 表示躯体化；6 表示强迫症状；7 表示人际关系敏感；8 表示抑郁；9 表示焦虑；10 表示敌对；11 表示恐怖；12 表示偏执；13 表示精神病性。

进一步以危险性因素的两个因子为预测变量，分别以心理健康症状总分以及症状自评量表的 9 个因子为因变量，进行逐步回归分析。结果显示，危险性因素对心理健康症状总分及某些因子具有显著的预测作用。(表 6-10)

表 6-10　危险性因素对心理健康症状的回归分析

因变量	预测变量	B	β	t	P	R^2改变量
症状总分	个人因素	4.556	0.313	8.22	0.000	0.121
	环境因素	2.872	0.102	2.68	0.007	0.009
躯体化	个人因素	0.404	0.193	5.12	0.000	0.037
强迫症状	个人因素	0.573	0.318	8.35	0.000	0.122
	环境因素	0.330	0.095	2.49	0.013	0.008
人际关系敏感	个人因素	0.580	0.345	9.25	0.000	0.150
	环境因素	0.400	0.123	3.30	0.001	0.013
抑郁	个人因素	0.788	0.328	8.74	0.000	0.139
	环境因素	0.627	0.135	3.60	0.000	0.016
焦虑	个人因素	0.539	0.311	8.11	0.000	0.114
	环境因素	0.260	0.078	2.03	0.043	0.005
敌对	个人因素	0.355	0.333	8.78	0.000	0.130
	环境因素	0.167	0.081	2.14	0.033	0.006
恐怖	个人因素	0.365	0.300	8.19	0.000	0.090
偏执	个人因素	0.289	0.271	7.07	0.000	0.101
	环境因素	0.287	0.139	3.63	0.000	0.017
精神病性	个人因素	0.477	0.286	7.42	0.000	0.101
	环境因素	0.306	0.095	2.46	0.014	0.008

具体而言：(1) 个人因素和环境因素对心理健康症状总分、强迫症状、人际关系敏感、抑郁、焦虑、敌对、偏执和精神病性均有预测作用，其中个人因素的预测效力最佳，解释量分别是 12.1%、12.2%、15.0%、13.9%、11.4%、13.0%、10.1%和 10.1%，产生实质性影响；环境因素的解释量分别是 0.9%、0.8%、1.3%、1.6%、0.5%、0.6%、1.7%和 0.8%，说明影响心理健康症状总分及其相关因子的主要因素是个人危险因素。

(2) 个人因素对躯体化和恐怖有预测作用，其中对躯体化的解释量为 3.7%，对恐怖的解释量为 9.0%，说明个人危险因素对躯体化不产生实质性影响，但对恐怖产生实质性影响。

综上分析，危险性因素的个人因素和环境因素对心理健康症状及其相关因子具有不同程度的预测作用，产生不同程度的影响；从影响效力上看，危险性因素的个人因素对心理健康症状的某些因子产生实质性影响。

4. 保护—危险性因素对心理健康症状总体的回归分析

以保护—危险因素为预测变量，以心理健康症状总分为因变量，进行逐步回归分析。结果显示，危险性因素和外部保护性因素进入回归方程，且对心理健康症状总分有显著预测作用（表 6-11）。

表 6-11　保护—危险性因素对心理健康症状总体的回归分析

因变量	预测变量	B	β	t	P	R^2改变量
症状总分	危险性因素	3.314	0.289	7.78	0.000	0.128
	外部保护性因素	−2.080	−0.205	−5.53	0.000	0.038

具体而言：危险性因素对心理健康症状总分有正向预测作用，并且产生实质性影响（β=0.289，R^2改变量=0.128>0.06）；保护性因素对心理健康症状总分虽然有负向预测作用，但不产生实质性影响（β=−0.205，R^2改变量=0.038<0.06）。

综上分析，从影响效力上看，只有危险性因素对心理健康症状总分能够产生实质性影响。

（三）保护—危险性因素对压力困境的影响

为了进一步考查特殊教育教师心理弹性影响因素中的保护—危险性因素可能对压力困境产生的影响，本研究对二者之间的关系进行了相关分析和回归分析。

对特殊教育教师在心理弹性影响因素之保护—危险性因素及其 9 个因子上的得分与症状自评量表总分及其 9 个因子上的得分进行皮尔逊相关分析，结果见表 6-12。

表 6-12　保护—危险性因素与压力困境的相关分析

	6	7	8	9	10	11	12	13	14	15	16	17
1	−0.31**	−0.02	−0.33**	−0.36**	−0.20**	−0.16**	−0.06	0.42**	0.64**	−0.36**	−0.18**	0.59**
2	−0.38**	−0.01	−0.24**	−0.39**	−0.09	−0.10	−0.03	0.26**	0.62**	−0.36**	−0.09	0.46**
3	−0.07	−0.10	−0.23**	−0.13**	−0.01	−0.02	−0.12**	0.18**	0.36**	−0.11**	−0.02	0.29**
4	−0.19**	−0.11**	−0.25**	−0.27**	−0.32**	−0.17**	−0.21**	0.45**	0.40**	−0.28**	−0.29**	0.52**
5	−0.15**	−0.09	−0.26**	−0.19**	−0.20**	−0.19**	−0.06	0.39**	0.41**	−0.23**	−0.19**	0.47**

注：1 表示压力困境总分；2 表示条件困境；3 表示对象困境；4 表示能力困境；5 表示情感困境；6 表示学校关怀；7 表示积极反馈；8 表示尊重理解；9 表示专业支持；10 表示自我调控能力；11 表示职业使命感；12 表示人际关系和谐；13 表示个人因素；14 表示环境因素；15 表示外部保护性因素总分；16 表示内部保护性因素总分；17 表示危险性因素总分。

由表6-12可知，压力困境的条件困境因子与外部保护性因素的积极反馈因子、内部保护性因素的各个因子之间均存在负相关，但均不存在统计学意义上的显著性（$-0.10 \leqslant r \leqslant -0.01$）；与外部保护性因素的学校关怀、尊重理解和专业支持3个因子之间存在统计学意义上的显著负相关（$-0.39 \leqslant r \leqslant -0.24$），与危险性因素的个人因素和环境因素之间均存在较高的具有统计学意义的显著正相关（$r=0.26, 0.62$）。压力困境的对象困境因子与外部保护性因素的学校关怀和积极反馈因子、内部保护性因素的自我调控能力和职业使命感因子之间均存在负相关，但均不存在统计学意义上的显著性（$-0.10 \leqslant r \leqslant -0.01$）；与外部保护性因素的尊重理解和专业支持因子、内部保护性因素的人际关系和谐因子之间存在统计学意义上的显著负相关（$-0.23 \leqslant r \leqslant -0.12$），与危险性因素的个人因素和环境因素之间均存在具有统计学意义的显著正相关（$r=0.18, 0.38$）。压力困境的能力困境因子与外部保护性因素、内部保护性因素的各个因子之间均存在统计学意义上的显著负相关（$-0.32 \leqslant r \leqslant -0.11$），与危险性因素的个人因素和环境因素之间均存在较高的具有统计学意义的显著正相关（$r=0.45, 0.40$）。压力困境的情感困境因子与外部保护性因素的积极反馈因子、内部保护性因素的人际关系和谐因子之间均存在负相关，但均不存在统计学意义上的显著性（$-0.09 \leqslant r \leqslant -0.06$）；与外部保护性因素的其他3个因子、内部保护性因素的其他2个因子之间存在统计学意义上的显著负相关（$-0.26 \leqslant r \leqslant -0.15$），与危险性因素的个人因素和环境因素之间均存在较高的具有统计学意义的显著正相关（$r=0.39, 0.41$）。除了条件困境、对象困境与内部保护性因素总分之间不存在统计学意义上的显著相关（$r=-0.09, -0.02$），压力困境及其4个因子与保护性因素总分之间均存在统计学意义上的显著负相关（$0.11 \leqslant r \leqslant 0.36$），与危险性因素总分之间存在较高的统计学意义上的显著正相关（$0.29 \leqslant r \leqslant 0.59$）。

结果说明，特殊教育教师的压力困境在某种程度上受影响心理弹性的保护—危险性因素的影响，尤其是外部保护性因素的学校关怀、尊重理解和专业支持，以及面临的各种个人因素和环境因素，外部保护性因素越多，压力困境越少；危险性因素越多，压力困境越多。相对而言，除了能力困境，内部保护性因素对特殊教育教师压力困境的影响不是特别明显。

进一步以外部保护性因素及其4个因子、内部保护性因素及其3个因子和危险性因素及其2个因子为预测变量，分别以压力困境及其4个因子为因变量，进行逐步回归分析。结果显示，保护—危险性因素对压力困境的不同因子

具有不同的预测作用。(表 6-13)

表 6-13 保护—危险性因素对压力困境的回归分析

因变量	预测变量	B	β	t	p	R^2改变量
压力困境	危险性因素	0.798	0.560	17.40	0.000	0.349
	外部保护性因素	−0.358	−0.284	−7.51	0.000	0.030
	内部保护性因素	0.260	0.186	4.88	0.000	0.021
条件困境	环境因素	0.908	0.524	16.64	0.000	0.387
	学校关怀	−0.381	−0.257	−7.54	0.000	0.046
	人际和谐性	0.190	0.085	2.40	0.017	0.008
	尊重理解	−0.222	−0.105	−3.32	0.001	0.007
	自我调控力	0.137	0.102	2.68	0.008	0.003
	个人因素	0.063	0.071	2.13	0.033	0.004
对象困境	环境因素	0.271	0.278	7.40	0.000	0.128
	尊重理解	−0.297	−0.249	−6.62	0.000	0.030
	人际和谐性	0.222	0.177	4.36	0.000	0.036
	个人因素	0.052	0.102	2.71	0.007	0.007
	积极反馈	0.100	0.092	2.22	0.027	0.006
能力困境	个人因素	0.158	0.291	7.78	0.000	0.203
	环境因素	0.274	0.262	7.59	0.000	0.067
	尊重理解	−0.144	−0.113	−3.25	0.001	0.021
	自我调控力	−0.099	−0.121	−3.23	0.001	0.011
情感困境	环境因素	0.279	0.292	8.27	0.000	0.168
	个人因素	0.130	0.263	7.47	0.000	0.071
	尊重理解	−0.194	−0.166	−4.91	0.000	0.026

具体而言:(1) 环境因素、学校关怀、人际和谐性、尊重理解、自我调控力和个人因素 6 个因子对条件困境有预测作用,其中以环境因素的预测效力最佳,解释量高达 38.7%,但其他几个因子的解释量仅为 4.6%、0.8%、0.7%、0.3%和 0.4%(均小于 6%),说明影响条件困境的主要因素是危险性因素的环境因素。

(2) 环境因素、尊重理解、人际和谐性、个人因素和积极反馈 5 个因子对对象困境有预测作用,其中以环境危险因素的预测效力最佳,解释量为 12.8%,其他几个因子的解释量仅为3.0%、3.6%、0.7%和0.6%(均小于6%),说明影响对象困境的主要因素是危险性因素的环境因素。

(3) 个人因素、环境因素、尊重理解和自我调控力4个因子对能力困境有预测作用,其中以个人因素的预测效力最佳,解释量为20.3%;其次是环境因素,解释量为6.7%;但尊重理解和自我调控力的解释量仅为2.1%和1.1%,说明影响能力困境的主要因素是危险性因素。

(4) 环境因素、个人因素和尊重理解3个因子对情感困境有预测作用,其中以环境因素的预测效力最佳,解释量为16.8%;其次是个人因素,解释量为7.1%;但尊重理解的解释量仅为2.6%,说明影响情感困境的主要因素是危险性因素。

综上分析,保护—危险性因素的不同因子对压力困境的各个因子具有不同程度的预测作用,产生不同程度的影响;从影响效力上看,危险性因素对压力困境的各个因子能够产生实质性影响。

三、讨论与结论

本研究首先考察了压力困境对特殊教育教师心理健康的影响,结果显示,压力困境的4个因子与症状自评量表总分及其9个因子之间的相关系数虽然不高,但均存在统计学意义上的显著相关,说明特殊教育教师的心理健康水平某种程度上受压力困境的影响,压力困境越多,心理健康症状越明显。逐步回归分析发现,压力困境的不同因子尤其是条件困境、能力困境和情感困境3个因子,对心理健康症状及其因子具有不同程度的预测作用,产生不同程度的影响;从影响效力上看,压力困境的条件困境和能力困境能够对心理健康症状及其各个因子产生实质性影响。

本研究同时考查了心理弹性的保护性因素和危险性因素对特殊教育教师心理健康的影响。结果显示,外部保护性因素的4个因子和内部保护性因素的3个因子与症状自评量表总分及其9个因子之间的相关系数虽然不高,但均存在统计学意义上的显著相关。这说明特殊教育教师的心理健康水平某种程度上受到内外部保护性因素的影响,内外部保护性因素越多,心理健康症状越少。逐步回归分析发现,学校关怀、尊重理解和积极反馈3个因子对心理健康症状及其因子具有不同程度的预测作用,产生不同程度的影响;从影响效力上看,学校关怀和尊重理解对心理健康症状及其各个因子能够产生实质性影响。自我调控力和职业使命感两个因子对心理健康症状及其因子具有不同程度的预测作用，产生不同程度的影响；从影响效力上看，自我调控力对心理健康症状的某些因子能够产生实质性影响。

在此基础上，本研究进一步考查了心理弹性的保护一危险性因素对特殊教育教师压力困境的影响，结果显示，特殊教育教师的压力困境某种程度上受影响心理弹性的保护一危险性因素的影响，尤其是外部保护性因素的学校关怀、尊重理解和专业支持，以及面临的各种个人因素和环境因素。外部保护性因素越多，压力困境越少；危险性因素越多，压力困境越多；相对而言，内部保护性因素对特殊教育教师压力困境的影响不是特别明显。逐步回归分析发现，保护一危险性因素的不同因子对压力困境的各个因子具有不同程度的预测作用，产生不同程度的影响；从影响效力上看，危险性因素对压力困境的各个因子均产生实质性影响。

综上，本研究得出以下结论：

(1) 压力困境中的条件困境和能力困境能够对特殊教育教师的心理健康症状及其各个因子能够产生实质性影响。

(2) 保护一危险性因素中的学校关怀和尊重理解对特殊教育教师的心理健康症状及其各个因子能够产生实质性影响；自我调控力对特殊教育教师的心理健康症状的某些因子能够产生实质性影响；个人因素对特殊教育教师的心理健康症状的某些因子能够产生实质性影响。

(3) 保护一危险性因素中的危险性因素对特殊教育教师压力困境的各个因子能够产生实质性影响。

第三节　心理弹性影响特殊教育教师心理健康的心理机制

一、心理弹性及其影响因素作用特殊教育教师心理健康的一般心理机制

本研究针对各种心理变量之间进行了相关和回归分析(具体的研究结果参见前文各章节)，结果显示，危险性因素的个人因素对心理弹性的接纳性因子和心理健康症状总分产生实质性影响($\beta=-0.642, 0.313$；R^2改变量$=0.412, 0.121$)，接纳性因子对心理健康症状总分产生实质性影响($\beta=-0.291$，R^2改变量$=0.139$)；危险性因素的环境因素对压力困境的条件困境产生实质性影响($\beta=0.524$，R^2改变量$=0.387$)，条件困境对心理健康症状总分产生实质性影

响($\beta=0.163$，R^2改变量$=0.065$)；外部保护性因素的尊重理解因子对心理健康症状总分产生实质性影响($\beta=-0.219$，R^2改变量$=0.080$)。

基于以上结果，可以看出，心理弹性及其影响因素作用特殊教育教师总体心理健康的心理机制主要通过3条路径：

第1条路径是保护性因素的尊重理解对总体心理健康产生直接影响。

第2条路径是危险性因素的个人因素对总体心理健康产生直接影响，同时以接纳性为可能的中介变量对总体心理健康产生间接影响。

第3条路径是危险性因素的环境因素以压力困境的条件困境为可能的中介变量对总体心理健康产生间接影响。

为了揭示心理弹性及其影响因素作用特殊教育教师心理健康的一般心理机制，根据以往相关研究的理论和实证成果，本研究提出以下假设：① 保护－危险性因素既可以对特殊教育教师心理健康产生直接影响，也可以通过心理弹性对特殊教育教师心理健康产生间接影响；② 保护－危险性因素可以通过压力困境对特殊教育教师心理健康产生间接影响；③ 压力困境既可以对特殊教育教师心理健康产生直接影响，也可以通过心理弹性对特殊教育教师心理健康产生间接影响。

为了验证上述假设，本研究分别以外部保护性因素总分、内部保护性因素总分、危险性因素总分、压力困境总分、心理健康症状总分、心理弹性总分为研究变量，进行回归分析(具体的研究结果参见前文各章节)。

保护－危险性因素对总体心理健康症状的回归分析表明，依次进入回归方程的是危险性因素和外部保护性因素，但只有危险性因素对总体心理健康症状产生实质性影响($\beta=0.289$，R^2改变量$=0.128$)。

保护－危险性因素对心理弹性的回归分析表明，依次进入回归方程的是内部保护性因素、危险性因素和外部保护性因素，但只有内部保护性因素和危险性因素对心理弹性产生实质性影响($\beta=0.577, -0.311$，R^2改变量$=0.546, 0.093$)。

心理弹性对总体心理健康症状的回归分析表明，心理弹性对总体心理健康症状产生实质性影响($\beta=-0.368$，R^2改变量$=0.136$)。

二、心理弹性相关因子及其影响因素相关因子作用特殊教育教师心理健康的心理机制

(一) 心理弹性相关因子及其影响因素相关因子作用特殊教育教师总体心理健康症状的心理机制

本研究针对各种心理变量之间进行了相关和回归分析(具体的研究结果参

见前文各章节)，结果显示，危险性因素的个人因素对心理弹性的接纳性因子和心理健康症状总分产生实质性影响(β=－0.642，0.313；R^2改变量＝0.412，0.121)，接纳性因子对心理健康症状总分产生实质性影响(β=－0.291，R^2改变量＝0.139)；危险性因素的环境因素对压力困境的条件困境产生实质性影响(β=0.524，R^2改变量＝0.387)，条件困境对心理健康症状总分产生实质性影响(β=0.163，R^2改变量＝0.065)；外部保护性因素的尊重理解因子对心理健康症状总分产生实质性影响(β=－0.219，R^2改变量＝0.080)。

基于以上结果，可以看出，心理弹性及其影响因素作用特殊教育教师总体心理健康的心理机制主要通过3条路径：

第1条路径是保护性因素的尊重理解对总体心理健康产生直接影响。

第2条路径是危险性因素的个人因素对总体心理健康产生直接影响，同时以接纳性为可能的中介变量对总体心理健康产生间接影响。

第3条路径是危险性因素的环境因素以压力困境的条件困境为可能的中介变量对总体心理健康产生间接影响。

(二) 心理弹性相关因子及其影响因素相关因子作用特殊教育教师躯体化症状的心理机制

通过对各种心理变量之间的相关和回归分析(具体的研究结果参见前文各章节)，结果显示，心理弹性的接纳性和人格倾向性因子对躯体化症状有预测作用(β=－0.181，－0.165)，但不产生实质性影响(R^2改变量＝0.054，0.025)；压力困境的条件困境对躯体化症状有预测作用(β=0.198)，但不产生实质性影响(R^2改变量＝0.039)；内外保护性因素的尊重理解、学校关怀和职业使命感对躯体化症状有预测作用(β=－0.148，－0.181，－0.100)，但均不产生实质性影响(R^2改变量＝0.022，0.047，0.009)；危险性因素的个人因素对躯体化症状有预测作用(β=0.193)，但不产生实质性影响(R^2改变量＝0.037)。结果说明，心理弹性及其影响因素本质上不会对特殊教育教师心理健康产生影响。

(三) 心理弹性相关因子及其影响因素相关因子作用特殊教育教师强迫症状的心理机制

通过对各种心理变量之间的相关和回归分析(具体的研究结果参见前文各章节)，结果显示，外部保护性因素的尊重理解对强迫症状产生实质性影响(β=－0.249，R^2改变量＝0.077)；危险性因素的个人因素对心理弹性的接纳性因子和强迫症状产生实质性影响(β=－0.642，0.318，R^2改变量＝0.412，0.122)，接纳性因子对强迫症状产生实质性影响(β=－0.311，R^2改变量＝0.119)；危险性因素的个人因素和环境因素对能力困境产生实质性影响(β=0.291,0.262,R^2改变量=0.203,0.067),能力困境对强迫症状产生实质性影响(β=0.164,R^2改变量=0.070)。

基于以上结果,可以看出,心理弹性及其影响因素作用特殊教育教师强迫症状的心理机制主要通过4条路径:

第1条路径是保护性因素的尊重理解对强迫症状产生直接影响。

第2条路径是危险性因素的个人因素对强迫症状产生直接影响,同时以接纳性为可能的中介变量对强迫症状产生间接影响。

第3条路径是危险性因素的个人因素对强迫症状产生直接影响,同时以能力困境为可能的中介变量对强迫症状产生间接影响。

第4条路径是危险性因素的环境因素以能力困境为可能的中介变量对强迫症状产生间接影响。

(四)心理弹性相关因子及其影响因素相关因子作用特殊教育教师人际关系敏感的心理机制

通过对各种心理变量之间的相关和回归分析(具体的研究结果参见前文各章),结果显示,内外保护性因素的自我调控力和学校关怀对人际关系敏感产生实质性影响(β=-0.266,-0.230,R^2改变量=0.071,0.090);危险性因素的个人因素对心理弹性的接纳性因子和人际关系敏感产生实质性影响(β=-0.642,0.345,R^2改变量=0.412,0.150),接纳性因子对人际关系敏感产生实质性影响(β=-0.329,R^2改变量=0.154);危险性因素的个人因素对压力困境的能力困境因子和人际关系敏感产生实质性影响(β=0.291,0.345,R^2改变量=0.203,0.150),能力困境因子对人际关系敏感产生实质性影响(β=0.207,R^2改变量=0.091)。

基于以上结果,可以看出,心理弹性及其影响因素作用特殊教育教师人际关系敏感的心理机制主要通过4条路径:

第1条路径是外部保护因素的学校关怀对人际关系敏感产生直接影响。

第2条路径是内部保护因素的自我调控力对人际关系敏感产生直接影响。

第3条路径是危险因素的个人因素对人际关系敏感产生直接影响,同时以接纳性为可能的中介变量对人际关系敏感产生间接影响。

第4条路径是危险因素的个人因素对人际关系敏感产生直接影响,同时以能力困境为可能的中介变量对人际关系敏感产生间接影响。

（五）心理弹性相关因子及其影响因素相关因子作用特殊教育教师抑郁症状的心理机制

通过对各种心理变量之间的相关和回归分析（具体的研究结果参见前文各章节），结果显示，内外保护性因素的自我调控力和学校关怀对抑郁症状产生实质性影响（β＝－0.200－0.198，R^2改变量＝0.061，0.071）；危险性因素的环境危险因素对压力困境的条件困境产生实质性影响（β＝0.5240，R^2改变量＝0.387），条件困境因子对抑郁症状产生实质性影响（β＝0.181，R^2改变量＝0.078）；危险性因素的个人因素对心理弹性的接纳性因子和抑郁症状产生实质性影响（β＝－0.642，0.328，R^2改变量＝0.412，0.139），接纳性因子对抑郁症状产生实质性影响（β＝－0.298，R^2改变量＝0.151）。

基于以上结果，可以看出，心理弹性及其影响因素作用特殊教育教师抑郁症状的心理机制主要通过5条路径：

第1条路径是外部保护性因素的学校关怀对抑郁症状产生直接影响。

第2条路径是内部保护性因素的自我调控能力对抑郁症状产生直接影响。

第3条路径是压力困境的条件困境因子对抑郁症状产生直接影响。

第4条路径是危险性因素的环境因素以条件困境因子为可能的中介变量对抑郁症状产生间接影响。

第5条路径是危险性因素的个人因素对抑郁症状产生直接影响，同时以接纳性为可能的中介变量对抑郁症状产生间接影响。

（六）心理弹性相关因子及其影响因素相关因子作用特殊教育教师焦虑症状的心理机制

通过对各种心理变量之间的相关和回归分析（具体的研究结果参见前文各章节），结果显示，外部保护性因素的尊重理解对焦虑症状产生实质性影响（β＝－0.212，R^2改变量＝0.072）；危险性因素的个人因素对心理弹性的接纳性因子和焦虑症状产生实质性影响（β＝－0.642，0.311，R^2改变量＝0.412，0.114），接纳性因子对焦虑症状产生实质性影响（β＝－0.289，R^2改变量＝0.133）。

基于以上结果，可以看出，心理弹性及其影响因素作用特殊教育教师焦虑症状的心理机制主要通过两条路径：

第1条路径是外部保护性因素的尊重理解对焦虑症状产生直接影响。

第2条路径是危险性因素的个人因素对焦虑症状产生直接影响，同时以接纳性为可能的中介变量对焦虑症状产生间接影响。

（七）心理弹性相关因子及其影响因素相关因子作用特殊教育教师敌对症状的心理机制

通过对各种心理变量之间的相关和回归分析（具体的研究结果参见前文各章节），结果显示，内外保护性因素的自我调控力和学校关怀对敌对症状产生实质性影响（β＝－0.190，－0.212，R^2改变量＝0.065，0.078）；危险性因素的个人因素对心理弹性的接纳性因子和敌对症状产生实质性影响（β＝－0.642，0.333，R^2改变量＝0.412，0.130），接纳性因子对敌对症状产生实质性影响（β＝－0.281，R^2改变量＝0.126）；危险性因素的个人因素对压力困境的能力困境因子和敌对症状产生实质性影响（β＝0.291，0.333，R^2改变量＝0.203，0.130），能力困境因子对敌对症状产生实质性影响（β＝0.160，R^2改变量＝0.066）。

基于以上结果，可以看出，心理弹性及其影响因素作用特殊教育教师敌对症状的心理机制主要通过4条路径：

第1条路径是外部保护性因素的学校关怀对敌对症状产生直接影响。

第2条路径是内部保护性因素的自我调控力对敌对症状产生直接影响。

第3条路径是危险性因素的个人因素对敌对症状产生直接影响，同时以接纳性为可能的中介变量对敌对症状产生间接影响。

第4条路径是危险性因素的个人因素对敌对症状产生直接影响，同时以能力困境为可能的中介变量对敌对症状产生间接影响。

（八）心理弹性相关因子及其影响因素相关因子作用特殊教育教师恐怖症状的心理机制

通过对各种心理变量之间的相关和回归分析（具体的研究结果参见前文各章节），结果显示，外部保护性因素的尊重理解对恐怖症状产生实质性影响（β＝－0.176，R^2改变量＝0.063）；危险性因素的个人因素对心理弹性的接纳性因子和恐怖症状产生实质性影响（β＝－0.642，0.300，R^2改变量＝0.412，0.090），接纳性因子对恐怖症状产生实质性影响（β＝－0.261，R^2改变量＝0.110）；危险性因素的个人因素对压力困境的能力困境因子和恐怖症状产生实质性影响（β＝0.291，0.300，R^2改变量＝0.203，0.090），能力困境因子对恐怖症状产生实质性影响（β＝0.197，R^2改变量＝0.064）。

基于以上结果，可以看出，心理弹性及其影响因素作用特殊教育教师恐怖症状的心理机制主要通过3条路径：

第1条路径是外部保护性因素的尊重理解对敌对症状产生直接影响。

第2条路径是危险性因素的个人因素对恐怖症状产生直接影响，同时以接纳性为可能的中介变量对恐怖症状产生间接影响。

第 3 条路径是危险性因素的个人因素对恐怖症状产生直接影响，同时以能力困境为可能的中介变量对恐怖症状产生间接影响。

（九）心理弹性相关因子及其影响因素相关因子作用特殊教育教师偏执症状的心理机制

通过对各种心理变量之间的相关和回归分析（具体的研究结果参见前文各章节），结果显示，外部保护性因素的学校关怀对偏执症状产生实质性影响（β=－0.290，R^2改变量＝0.115）；危险性因素的环境因素对压力困境的条件困境产生实质性影响（β=0.524，R^2改变量＝0.387），条件困境对偏执症状产生实质性影响（β=0.228，R^2改变量＝0.083）；危险性因素的个人因素对心理弹性的接纳性因子和偏执症状产生实质性影响（β=－0.642，0.271，R^2改变量＝0.412，0.101），接纳性因子对偏执症状产生实质性影响（β=－0.285，R^2改变量＝0.137）。

基于以上结果，可以看出，心理弹性及其影响因素作用特殊教育教师偏执症状的心理机制主要通过 4 条路径：

第 1 条路径是外部保护性因素的学校关怀对偏执症状产生直接影响。

第 2 条路径是压力困境的条件困境对偏执症状产生直接影响。

第 3 条路径是危险性因素的环境因素以条件困境因子为可能的中介变量对偏执症状产生间接影响。

第 4 条路径是危险性因素的个人因素对偏执症状产生直接影响，同时以接纳性为可能的中介变量对偏执症状产生间接影响。

（十）心理弹性相关因子及其影响因素相关因子作用特殊教育教师精神病性症状的心理机制

通过对各种心理变量之间的相关和回归分析（具体的研究结果参见前文各章节），结果显示，外部保护性因素的学校关怀对精神病性症状产生实质性影响（β=－0.176，R^2改变量＝0.072）；危险性因素的个人因素对心理弹性的接纳性因子和精神病性症状产生实质性影响（β=－0.642，0.286，R^2改变量＝0.412，0.101），接纳性因子对精神病性症状产生实质性影响（β=－0.287，R^2改变量＝0.122）；危险性因素的个人因素对压力困境的能力困境因子和精神病性症状产生实质性影响（β=0.291，0.286，R^2改变量＝0.203，0.101），能力困境因子对精神病性症状产生实质性影响（β=0.206，R^2改变量＝0.068）。

基于以上结果，可以看出，心理弹性及其影响因素作用特殊教育教师精神病性症状的心理机制主要通过 3 条路径：

第 1 条路径是外部保护性因素的学校关怀对精神病性症状产生直接影响。

第 2 条路径是危险性因素的个人因素对精神病性症状产生直接影响,同时以接纳性为可能的中介变量对精神病性症状产生间接影响。

第 3 条路径是危险性因素的个人因素对精神病性症状产生直接影响,同时以能力困境为可能的中介变量对精神病性症状产生间接影响。

第七章　促进我国特殊教育教师心理健康的基本路径

第一节　经验路径:一线教师的体验

前文关于特殊教育教师心理健康状况调查和相关影响因素的分析结果表明,当前我国特殊教育教师心理健康状况不容乐观。鉴于特殊教育教师职业的特殊性,其个体心理问题或行为症状可能会在不同程度上影响其自身的工作与生活以及教育对象的成长和特殊教育教师队伍的稳定发展,因此需要关注当前特殊教育教师心理健康方面出现的问题并采取措施加以维护。本研究依据调查结果所得数据、呈现的特征以及影响因素的剖析,根据一线特殊教育教师的教育教学经历和真实体验,从特殊教育教师自身和外界环境两个方面阐释促进我国特殊教育教师心理健康的经验路径。

一、认识自我和尝试悦纳

从本次调查研究不难看出,部分特殊教育教师出现自身定位不清、角色模糊混乱、对本职工作兴趣不高以及对特殊儿童的认识不清等问题,这也是他们遭受心理问题困扰的部分原因。因此,特殊教育教师要学会合理调整自己的认知,正确认识自我和发展自我,以达到自身内在的和谐统一。例如,可以经常反省自己和探索自我的心理路程:① 合理评价自我;② 形成自己对周围人、事、物、工作等各方面的正确看法和想法;③ 根据工作环境及社会期待,重塑自我;④ 完成自我价值的追求到自我欣赏与悦纳的心理历程,实现身心和谐。已有研究表明,自身内在的和谐统一程度与个体心理健康水平呈正比,因此,特殊教育教师可以在理解特殊教育职业的真正意义之上定位好自己的角色,减少角色模糊,发现并合理利用社会上方方面面的资源提高自身生活质量与工作效率。比如，从自己简单的工作过程中，与学生、家长的相处之时，发现感动于心的事件或瞬间，并内化为自己对特殊教育职业发展的热爱与信心，发展特殊教育职业的价值感、成就感及幸福感。具体可以参考本研究中一些特殊教育教师的体悟："学生平时单纯的笑容和一些小小的贴心举动温暖着我，与其说我是他们的老师，不如说他们是我的折翼天使，是他们让我学会去接受不完美的残缺，让我懂得爱和善才是真正幸福与满足的源泉""我们班的学生很乖巧听话，程度好的学生会主动照顾程度差的学生，还会共同维护班级里的卫生整洁，让我们的负担减轻不少。有时候周末双休结束后返校，学生老远就会向我奔过来并大声说想我，这让我感觉到所有付出都是值得的""今天放学后陪学生等家长时，刚好旁边有个在普通班陪读的家长在陪着孩子，我就有感而发地说了一句全天陪读的家长实在是太辛苦了，她马上起身说去找个纸巾。她拿纸巾竟是为了擦眼泪，就这么简单的一句话，她就这么当我面哭了，很隐忍，似乎想忍住又忍不住，哽咽着跟我接着聊孩子的教育。我当时心里软得一塌糊涂，明白这位家长若非是实在忍不住，怎么可能会愿意当着一个比自己年龄小、经验又不多、交往且不深的人抹眼泪呢。都说特殊教育教师辛苦，然而教师的工作量再大，学生调皮捣蛋之时再糟心，对于很多教师而言这只是一份工作而已，工作之余还可以有其他亲人朋友的陪伴以及丰富的活动可安排。可是对于家长来说，家里有一个特殊儿童就意味着一辈子不能减掉的工作负担以及一辈子不能摆脱的外界有色眼光，这些感悟坚定了我要努力为特殊教育事业奉献一生的信念"。

二、积极合理地应对职业压力

本研究发现，特殊教育教师心理健康问题突出表现在强迫症状、人际关系敏感、抑郁 3 个方面，这与已有研究结果一致，通过深度访谈了解到主要是因为工作环境的压力、教育对象的复杂与特殊、人际关系（个体与学生、同事、家长、学校领导等相处过程）紧张导致的自我否定或嫉妒心理、自身的专业发展压力等。应对方式在压力源与心理健康之间起着中介调节的作用，积极合理的应对方式有利于个体调适身心平衡心态，消极的应对方式会加重心理矛盾的冲突。相关研究显示，特殊教育教师在日常的工作或生活当中，倘若能采用积极的应对方式处理所遇事件，个体的心理健康水平较为理想。L 老师就是这样一位因为想要给特殊孩子更好更长的陪伴而积极应对来自职业压力的特殊教育老师：第一次作为特殊教育教师正式走入培智学校一年级的课堂，我信心满满地带着精心准备的 PPT 和教学用具，然而现实给我响亮的一击。讲台下的"小萝卜头们”的嘈杂声此起彼伏，各种问题接踵而来，我的信心、耐心和所有的修养一点点离我远去，我甚至忍无可忍地试图用咆哮镇压孩子们，最终我想象完美的生活数学课堂首秀变成了处理各种闲杂事件的常规训练课。我不知道出现这样课堂状况的原因是什么，是我的知识专业不够了解这群特殊孩子？是我的课堂教学设计不合理？还是我终究不适合做特殊教育教师？我不甘心这样混日子，于是通过各种渠道搜集整理特殊教育课堂相关知识，争取机会跟着经验丰富的老教师进行磨课、试教和轮教，珍惜学校和教育局提供的每一次专业培训。我像一个饥渴的人需要水一样努力吸收着特殊教育专业知识，并且诚恳地请每节课的辅助教师点评我的教学课堂并反思自己每节课的挫败与进步，用放大镜寻找班里孩子的闪光点并分析记录他们的学习特点。慢慢的，我逐渐改变最初的只会根据备课内容按部就班进行每个教学环节，会根据学生的课堂做出及时的反馈和调整，课上的师生关系也融洽很多。希望在以后细水长流的相处中，我和我的折翼天使们一起成长。

反之，若个体总是采用消极应对方式来面对所遇事件，则可能会扩大压力的体验，且消极的应对方式与心理健康水平是呈负相关的。高压力下的教师如果长期坚持采用消极的应对方式，则很有可能出现心理健康问题。这就要求特殊教育教师要提升问题意识，重视自身职业的心理健康问题，及时发现并积极应对压力。一般而言，具备积极性格和坚韧品格的个体会较为乐观地去应对挫折与困难。此外，相关管理部门也可以定期为特殊教育教师开展心理疏导活动，解读分析他们的心理和生理状态，帮助他们认清现实自我、理想自我以及应该自我三者之间的距离，学习根据实际情况调整自己的认知，在此基础上制定和实践合理的职业生涯规划，达到自我和社会期望的角色模样，从根源上缓解特殊教育教师的心理健康问题。

三、努力改善工作环境，营造和谐氛围

访谈中不少特殊教育教师认为，轻松和谐的工作环境有利于他们调适身心。有教师提到，“同事之间遇到事情时能够做到友好沟通，平时也注重互相分享自己教育教学的经验心得，课余之时与同事一起打球、散步、逛街、聚餐，遇到困难时同事主动伸出援助之手，这些都让我感到温暖与快乐”“一起进行校本课程开发时，整个团队的成员之间相互扶持和帮助，没有人推脱责任，都是主动承担并积极沟通协作的，愉快的合作有利于提高工作效率”“学校领导对我们非常关心，替我们向相关管理部门申报了减免一些表面的应付工作，减轻了我们的

工作量，让我们可以全身心投入学校的教学工作中；在生活上也积极给予我们关心，比如给我们介绍对象或者在租住房子、搬家时候给予帮助等”“我的一些小小努力或者坚持能得到学校领导的认可，这让我感到开心和自豪”，等等。

从以上部分特殊教育教师的阐述中可以发现，同事之间的和谐相处、学校领导的关心与支持、不必要工作的减免等有利于特殊教育教师体验到温暖、尊重、安全等感受。这对他们的身心健康调适是有利的，启示我们要注重从改善特殊教育教师的工作环境入手，营造和谐的工作氛围。

教育部发布的2019年工作要点中明确了教师队伍建设的具体要求，并特别指出将减少各类检查评估事项，对教师的各类检查、考核、评比、填表等实行目录清单，以期能让教师静心从教、潜心育人，这表明国家对规范与建设一支优良、高素质教师队伍的决心。在调查研究中也发现，长期超负荷的工作致使许多特殊教育教师积劳成疾，甚至心理空间也被挤压变形，无法给予特殊儿童科学合理的教育与康复训练，更谈不上创造性的工作或实现专业自信了。为此，学校的管理者应该端正办学思想，采取有力措施践行国家要帮助教师静心从教、潜心育人的目标，以减轻特殊教育教师的工作负担和思想压力。此外，特殊教育教师对特殊儿童进行教育或康复训练费时费力，较难获得成就感与幸福感，这就要求学校方面要注重关心教师们的思想、工作与生活需求，让他们感受到学校的温暖与支持，进而平稳心态、安心工作。特殊教育教师大部分时间身处学校之中，管理者、同事、学生及家长的言行和喜怒哀乐都会影响他们的心理，因而学校的管理者应该注重践行以人为本的管理模式，营造和谐的校园文化，提供机会并鼓励支持特殊教育教师参与丰富多彩的文娱活动，发展爱好与兴趣。

四、为特殊教育教师提供专业化发展平台

虽然特殊教育教师可能在职前或职后积累了一定的特殊教育理论基础或工作经验，但随着科学技术和特殊教育的发展，特殊教育理念和教学辅助技术不断更新，特殊教育教师只有多方面努力加强自身的理论储备与实践经验才能应对不断变化的学生状态和教育要求。相关部门应该注重为特殊教育教师提供更多发展专业知识和技能的机会，如定期到高师院校进修或作为访问学者学习专业知识和探讨教学技能、参加专家讲座、兄弟学校之间相互交流与学习、利用网络提供远程教育等，以帮助特殊教育教师获得自身专业发展，更好地为学生提供更优质的支持与服务。例如访谈中有教师认为“学校为我们订阅了《现

代特殊教育》《中国特殊教育》《绥化学院学报》等期刊，鼓励我们阅读相关的期刊、书籍等，了解当前特殊教育正在发生的事或学习别人的教育教学经验、解决问题的方法等。有时候还会举行阅读交流会，让我们就特殊教育工作上的想法和见解迸发火花，开阔视野的同时也提升了我们的专业知识和专业技能”“领导会定期为我们联系专家到学校开展专业讲座，组织我们近距离接触专家并一起研讨和学习”“有时候学校会安排我们到邻近市、区（县）的学校参观，这是很好的学习机会，可以观摩别的学校的校园文化、校园环境以及优秀教师的教育教学课堂”。此外，高师院校也可以将特殊教育学、特殊儿童的心理与健康、特殊儿童的问题行为矫正、融合教育等与特殊教育相关的课程作为必修课或选修课对学生开放，促使高师院校师范类毕业生进入普教或特教岗位时可以更好地承担起为特殊需要儿童提供最适合的教育的使命。

五、争取在多方面获得理解与支持

特殊教育教师的心理健康水平不仅仅与教师自身的性格态度、专业知识和专业能力、工作胜任力等有关，还受到社会对特殊教育教师角色的看法与支持力度的影响，因而要想切实做到帮助特殊教育教师提升心理健康水平，势必需要为他们争取更多的理解与支持。如研究调查过程中听到很多特殊教育教师的呼声：“在特殊孩子不断撞击这个社会的众多规则的同时，家长们在旁不断地卑微地赔着笑脸和小心（也有人不讲道理‘倚特卖特’，但那真的只是万里挑一的少数派），我们的同胞们可以做些什么？对于一个没有接触过特殊群体也没有接触过特殊教育这一块知识的人来说，你让他去了解什么脑瘫、自闭症、多动症、情绪与行为障碍，可能真的太难了，况且大家每天都那么忙，哪里有那么多的精力去管这些呢？但是站在一个特殊教育教师的角度，我们希望当你遇到任何一个‘觉得有点问题’‘是个智障’‘我不想跟他玩’‘我不想我的孩子跟他玩’的人之时，是否可以多一点包容与平常心。我们理解这些特殊孩子的行为可能给您带来叨扰与不便（我真的很能理解被这些孩子打扰的同学、老师或者身边的其他人，他们的一些言语或行为有时候可能真的很‘让人厌烦’），但过激的行为真的可能会深深刺痛特殊孩子父母的心。可怜天下父母心，愿人人多一点包容，因为也许某天我们也会出现偏常态的障碍，如随着年纪增长，身体机能或器官功能的退化导致不便，所以走近残障人士、接纳并体谅他们的障碍，用实实在在的行动创建我们尊重差异、和谐共融的家园”。

如何帮助特殊教育教师获取更多的理解与支持呢？一方面，社会层面或管理部门要大力宣传《国家中长期教育改革和发展规划纲要(2010—2020年)》《中国教育现代化2035》《中华人民共和国残疾人教育条例》等法规政策,让更多群体了解到特殊教育教师的工作情况和特殊教育有利于社会文明的发展及教育公平的持续推进等意义,争取获得社会上更多人士的理解与支持,为普通大众全面了解特殊教育教师工作提供平台,以此争取提高特殊教育教师的社会支持力度,帮助特殊教育教师获得对自身角色的认同感,进而以更积极进取的态度面对工作中的困境,从而改善特殊教育教师的心理健康,实现营造关心支持特殊教育事业、尊重特殊教育教师的良好社会氛围,最终促进特殊教育发展的目的。另一方面,家庭方面的支持与帮助对特殊教育教师的身心调适也具有重要意义,如有教师表示,"家人认为特殊教育教师很不容易,因而很关心和体恤我的辛苦,有时候会帮助我们准备一些治疗咽喉不适的药,也会帮我搜集一些特殊教育相关的材料,甚至家务活还抢着干,让我很感动""每每遇到工作上的困难或者不愉快的时候,家人就会或是用语言耐心地开导我、安慰我,或是默默地给我陪伴,或是带我出去散散心以转移我的注意力,让我可以较为快速地走出困境"。因此,特殊教育教师可以尝试与家人或朋友分享自己生活或工作中的喜怒哀乐,让他们了解特殊教育工作对自己的重要性以及自己生活或工作中遇到的一些困扰,争取获得他们的支持与帮助,进而以更好的状态投入工作中以提高工作效率和形成和谐的人际关系等。这反过来又会促进特殊教育教师维持较好的心理状态,实现良性循环。

第二节　理论路径:心理弹性的视角

根据前文关于特殊教育教师心理健康与心理弹性及其影响因素的关系研究获得的结果,可以发现,心理弹性能够对特殊教育教师的心理健康产生直接影响;影响特殊教育教师心理弹性的各种保护性、危险性因素能够对特殊教育教师的心理健康产生直接影响;特殊教育教师在真实的教育教学实践中面临的各种压力困境也可以对特殊教育教师的心理健康产生直接影响。因此,可以从心理弹性的构成因素以及影响心理弹性的各种前因变量入手,构建促进我国特殊教育教师心理健康的理论路径。

一、科学训练心理弹性

心理弹性作为一种曾经历或正经历严重压力/逆境的个体,其身心未受到不利处境损伤性影响甚或愈挫弥坚的发展现象，也是个体在经历重大应激事件后，帮助个体从这些应激事件所造成的心理创伤中恢复到应激前功能状态的人格特质。目前大量研究已经证实心理弹性与心理健康之间存在着密切的关系，心理弹性对孤独、抑郁、焦虑、恐惧等心理健康症状具有显著的预测作用。高心理弹性者能够更好地应对工作与生活中的压力，具有更高的主观幸福感与心理健康水平，在一定程度上也可以预防和减轻应激障碍的发生。因此，通过训练或干预心理弹性以提高个体的心理健康水平，具有可靠的科学基础和经验证据。

目前研究者大多使用诸如认知行为疗法、正念疗法、团体辅导、关注和解释疗法等具体方法和策略对心理弹性进行干预或训练，并取得了一定的效果。认知行为疗法主要是通过帮助个体找出在应激情境下导致焦虑、抑郁等适应不良的认知，重新审视自我状况，从而改变不良认知，获取新技能，提高心理弹性。如 Steinhardt 等(2008)通过改变个体在压力条件下的不良认知来提升其心理弹性，该训练方案具体由四个部分组成：① 指导个体把自身的压力转换为心理弹性；② 指导个体承担相应的责任；③ 指导个体选择有效的解释方式；④ 指导个体创造有意义的联系。利用该方案，研究者经过为期 4 周的干预，发现实验组个体的心理弹性得分明显提高。正念干预是通过冥想训练、体验当下，使被试身心放松，觉察到自己的内心活动，将注意力转移到当下，采取接纳、开放、好奇的态度，从而减轻压力，成功适应环境，提高心理弹性。Sood(2013)开展的压力管理和恢复力训练(stress management and resiliency training，简称 SMART)将正念融入训练之中，通过意识到大脑默认活动的倾向、每天简短的注意力专注练习和培养心理弹性保护性因素如感激、同情、接受和宽恕等，来促进心理健康。Chesak 等(2019)等利用 SMART 对公立学校教师进行心理弹性干预，包含注意力训练与培养弹性思维两部分内容，让参与的教师学习压力与心理弹性背后的神经科学与心理学原理，并接受统一组织与指导的日常练习，经干预后参与者的焦虑、压力得到改善，感恩和快乐水平提升。团体训练也越来越多地用于干预个体的心理弹性。冯辉等(2020)探讨了积极心理团体训练对特殊教育教师心理弹性与自我效能的影响效果，发现积极心理团体训练对提高特殊教育教师的心理弹性水平和自我效能感有着积极的促进作用。

特殊教育教师的心理弹性不仅是其完成工作任务、完成教学目标的保证，也是其教育学生成长成才的重要条件。目前虽然国内外学者从多角度、多方面对心理弹性干预进行了探索，但对特殊教育教师心理弹性的保护性因素及其干预方案的设定,需要进一步讨论。根据 Kumpfer(1999)的心理框架理论,个体在面对应激情境时,心理弹性的保护性因素与危险性因素相互作用,避免不良结果的出现,从而维护个体的身心健康。研究者们发现并评估了心理弹性的表现形式和保护性因素,其中提及较多的有控制感、乐观、坚韧、社会支持等,并总结出了一些高心理弹性个体所共有的特点,如对生活充满希冀与好奇、积极地应对困难与挑战、善于灵活地运用各种问题解决策略。从本质上说,干预特殊教育教师心理弹性的实质在于增强其保护性因素,比如,可以帮助特殊教育教师通过认知重构,扩展压力与心理弹性的相关知识,检测识别自身在压力情境下的不良认知,调整认知行为模式;可以通过唤醒调节,对自身状态进行觉察,进行有意识的调节放松训练;可以通过设定合理的目标与反馈指标,增强对目标的控制感,提高自身自我效能感;可以以开放性的心态寻求并接受他人帮助,收获支持的力量;等等。

我国学者梁宝勇等(2012)根据中国文化背景编制了适合中国成年人的心理弹性量表,并划分了内控性、应对风格、乐观、社会支持和接纳性等 5 个维度,代表着心理弹性的不同方面。内控性不仅体现着教师的自我效能感,也体现了教师对自身行为负责的责任感;应对风格本身无好坏之分,但与问题解决的有效性有着密切关系,应对风格灵活性影响特殊教育教师问题解决的质量;乐观作为多次被提及的心理弹性保护性因素,它影响着特殊教育教师的心态与看待问题的角度;学会接受和运用来自多方的社会支持,有利于特殊教育教师在充满未知与挑战的情境下砥砺前行;此外,人无完人,学会自我接纳也是特殊教育教师的“必修课题”之一。因此,从心理弹性的 5 个构成维度入手进行干预,可以有效地提高特殊教育教师的心理弹性水平。

(一) 加强特殊教育教师的内控能力训练

控制感长期以来被视为一种基本的内在动机。这种动机体现在个体希望通过自己的行为预知和改变环境,最终达到自己理想的结果。在面对应激刺激与应激事件时,一个人的控制感发挥着重要的作用,个体只有确信自己的行动能产生一定的作用才愿意付出努力。内控性个体所采用的有效应对方式在控制感与应激反应之间起着调节作用。

内控性的概念源于控制点的研究领域。心理控制源分为内控性与外控性两个部分,内控性是指个体对自身当前所处的情境、自身的行为和努力将对当下的情境与未来产生怎样的影响的知觉倾向。高内控性的个体认为生活中的事情在他们的掌控之中,更愿意为自己的行为结果负责;高外控性个体则认为事件发展主要由外部因素所左右，如运气、他人等。研究表明，内控性与个体的心理健康息息相关，相对于外控性的个体而言，内控性个体在经受应激挫折之后有着较少的抑郁倾向，对个体幸福感也有着较好的预测力。在社会生活方面，内控性倾向的个体，有着较高的生活满意度与领悟社会支持水平，面对不良社会事件时能够感受到他人对自己更多的支持；内控性对个体自我效能感和职业倦怠感也有着一定的预测和调节作用。王登峰(1996)认为，内控性与外控性是个体对事情态度上的倾向性，并不是稳定不变的人格特质与气质类型。

特殊教育教师是教师队伍中的特殊群体，其教学对象具有特殊性，不同障碍类型学生的特点各不相同，这就要求特殊教育教师不仅需要具备专业的教育教学知识与技能，还需要关注学生的身心发展特点和满足来自家长方面更高的要求和期望，因此承担着超出普通教师的工作量和职业压力。在日常师生教学互动中，特殊教育教师所获得的积极反馈偏少，学生进步速度慢，高度的情感与精力投入使得特殊教育教师体验到的成就感偏低。近些年来，虽然国家出台了多项政策支持特殊教育事业发展，特殊教育受到了广泛的关注与认可，但传统观念中对特殊教育教师的偏见仍然存在，很多特殊教育教师会有一定程度的自卑感、压力感，对自己的能力产生怀疑，职业认同度较低。这些渐渐影响到特殊教育教师的工作投入与工作热情，使其产生职业倦怠，进而影响到教学效果和自身的心理健康。在面临上述困境时，内控性个体往往会通过自身信念与控制感对环境、行为与结果进行解释，进而影响其心理与行为水平。由此可见，内控性倾向对于特殊教育教师在面对各类应激情境时维护身心健康有着重要意义。

研究表明，认知训练课可以改善青少年与老年人的内控性，这为通过训练提高特殊教育教师的内控性提供了实践依据。认知训练的核心在于认知重组，提升个体的自我效能感与社会互动。就特殊教育教师自身来说，应增强对教师职业身份的认同感，接纳其在教师群体中的特殊定位；要干一行爱一行，提高教育教学能力与综合素质，扮演好教师的角色；应当合理设定预期，针对学生特点制订个别教育计划，分解反馈与进步指标，强化积极反馈，增强教育教学成就感与效能感，有意识地训练自身积极归因方式与积极解释偏向，保持心态的乐观；应积极参与各项特殊教育事业意见征集与改善计划，提高自身参与感与控制感；要主动参与各类学习交流活动，增强人际间的互动，面临压力与挑战之时，适当寻求同事与外界力量的帮助，感受同伴支持的力量。

(二) 培养特殊教育教师灵活应对和解决问题的能力

问题解决的应对风格是指个体的人格特征在各类应激情境下，所表现出来的相对稳定的具有个人特色的应对方式的集合，具有跨情境一致性。相同的应对方式在不同应激事件和情境中的适应程度并不一致，需要个体采用更为灵活多变的应对风格以减轻或消除应激源。研究发现，单一的、消极的应对风格更容易产生社交焦虑；积极的应对方式可以更好地调动工作热情，提升工作成就感，减少职业倦怠感的发生。应对风格本身无好坏之分，每种都有其独特的价值，因此不应单纯地被划分为积极与消极，而应强调应对风格的多样性与灵活性。石林等(2006)将应对方式分为灵活性、控制性、非控制与反向控制，且灵活性与控制性个体的幸福感更高。

应对灵活性是指人们根据情境需求灵活选择与之相适合的应对策略的能力，包含应对策略的选择和对情境可控性的认知。常用的应对策略有两类：一是问题管理(即聚焦问题)；一是情绪调节(即聚焦情绪)。在面对日常压力时，个体很少采用某一种单一的策略，更多的是两种策略的综合使用。对情境的可控性认知也是应对灵活性的重要方面，个体能有效认知情境的可控性，则能更灵活高效地选择合适的应对策略，而非呆板随机进行应对；具有灵活应对能力的个体身心不适症状较少。有研究发现，应对灵活性与心理健康中的积极维度——乐观和自我和谐都存在着正相关；情境认知灵活性得到提高的被试，其社会功能和人际关系也得到了一定程度的改善。

应对风格与个体心理健康水平的关系是双向的，个体良好的适应情况能为其选择有效的应对方式，提供心理背景；良好的心理健康状态，又能对应对风格的有效性进行积极解释与归因。特殊教师在工作与生活中，面临着多种类型的问题与突发事件，若不能得到及时有效的解决，不仅会对教学质量产生影响，也会影响特殊教育教师的身心健康。

研究发现，个体在实验室处理问题的灵活性与现实事件一致。这也为在实验室对特殊教育教师进行应对灵活性情境训练提供了思路。认知方式对认知灵活性有一定影响，如辩证思维程度高的个体，能够更全面地看待问题，对应对策略的选择会更注重考虑情境性质，进而选择更有效的应对方式。应对策略的有效选择与情境可控性认知，是培养特殊教师灵活应对方式与问题解决的核心，面对相对不易更改的教学教育条件和薪资水平，若一味使用问题解决导向的策略，个体的控制力小且成效甚微，会加剧无力感。若将情境的不可控认知纳入问题解决的过程中，结合情绪调节策略则利于认知的平衡，进而有效解决问题。对于教学对象配合度不高、互动质量低、进步缓慢以及自身教育教学能力不足等这类可控性情境，则应选择情绪调节策略为辅、问题聚焦为主的应对策略。此外，在训练过程中，教师应不断提升自身能力，优化教学设计，学习先进经验，尊重学生的多样性与异质性，而非仅仅关注生硬的教学指标与自身情绪；教师群体之间还可以开展积极心理团体训练，在和谐的氛围之下，互相支持，共同进步。

（三）培养特殊教育教师积极乐观的态度

积极乐观的态度对个体生活具有重要意义。教师的生活态度是否乐观向上，不但对学生的心理健康起着巨大作用，而且是教师自身获得幸福感的重要条件，对教师的自身心理健康具有重要作用。特殊教育教师的工作对象决定他们在工作中需要投入大量精力，具体的情况是特殊教育工作面对的学生具有身心残障、生性敏感、情绪不稳定等特征，特殊教育教师往往比普通教师需要付出更多的耐心与爱心。在实际的教学工作当中，除了熟知的聋哑儿童，还有许多患有多动症、行为障碍、多重残疾等症状的儿童，特殊教育教师在帮助他们进行康复训练的过程中需要大量的体力投入，这极大地影响了特殊教育教师的工作积极性。周厚余(2016)的研究发现，处于重度情绪倦怠状态下的特殊教师比例达到30.8%，而希望、乐观等心理资本能显著地降低特殊教育教师的情绪倦怠水平。

乐观是一种人格特质，也称为气质性乐观，这种取向下的乐观的重要部分在于个体对未来积极事件的发生抱有期望，这种积极乐观的态度对个体的认知和行为会产生相应的影响。积极乐观的个体对生活的认识和评价会使得他们更有信心完成工作任务，在面对积极或消极的事件时，他们总能理智客观地判断事情的本质并利用现有资源做出良好应对。此外，具有积极乐观态度的人，在工作等方面的发展会更好，这也关系到特殊教育教师个人职业生涯的发展。

乐观是一种积极的认知倾向，大量研究表明乐观和心理健康密切相关。有研究指出乐观是心理健康的有效预测变量，特别是在压力的情境之下乐观主义者比悲观主义者工作表现更好，因为乐观者倾向于依靠积极的、以问题为中心的应对方式，而悲观者更偏向采用逃避的方式。这些观点启发特殊教育工作者，在困难和挫折之下仍需对未来抱有积极期望，培养乐观积极的态度。

毛晋平等(2009)的研究发现，个人的教学效能感能够正向预测气质性乐观，教学效能感来源于教师对教学能力的信念，对自己教学能力充满信心的教师对未来的期望也总是积极乐观的。个体教学效能感的上升会伴随着自信心、乐观情绪、未来期望的产生而减轻工作压力知觉。因此，在特殊教育教师职业生涯当中，特殊教育教师需要通过接受培训提升自己的教育教学能力。除了从自身出发增强教学能力以提高教学效能感进而促进特殊教育教师的积极情绪，还可以从评价标准的角度出发改善当前不良局面。由于面对群体的特殊性，学校仅依托学业水平作为单一的评价标准来评估特殊教育教师的贡献并不全面客观。此外，特殊教育教师需要转变原先的观念，从特殊儿童身上具备的潜在的、可开发的特点进行多方面评估，善于发现这些特殊儿童身上的才能和优势；特殊教育学校考核教师绩效的标准也应多元化。由于传统教育中采取的结果性评价方式往往将关注点放在学生有缺陷的地方，在积极心理健康的视野下，更多的使用过程性评价能够让特殊教育教师从评价中找到特殊儿童的闪光点进而体验到职业所带来的成就感。

有关特殊教育教师情绪劳动和年龄的关系研究也发现，随着教龄增加，教师职业技能和经验日益丰富，对职业的认同和热爱与日俱增，职业投入也显著上升，教师职业倦怠感减弱。特殊教育教师的心理健康水平会随着年龄增长而不断提高，从中启示新手教师在实际工作中，主动向经验丰富的老教师学习如何维护自身心理健康状态是年轻教师快速调整自己以适应工作环境的一种途径。

除了从教学效能感和成就感方面引导特殊教育教师培养积极乐观的态度，有调查发现教师对学生和家长的信任也是预测乐观的因素。基于这一发现，王帅(2013)提出为教师、学生、家长创设具有可行性的交流机会的建议，期望教师、学生和家长三者合力，推动特殊教育教师以积极乐观的态度应对教学教育中的难题怪题。

（四）提升特殊教育教师接受和运用社会支持的能力

社会支持是指来自社会各方面的包括家人亲属、同事单位等由个人、团体、组织给予个体的物质和精神方面的帮助和支持，它反映了一个人与社会联系的密切程度和质量。社会支持一方面为应激状态下的个体提供保护，起到缓冲的作用，另一方面维持着个体良好的情绪体验。良好的社会支持是教师提升个人技能、优化教学技能的重要基础，其中既有可见的物质保障，也包含心理上的情感激励和社会认可、教育培训机制等。完善的社会支持机制，能够为教师稳定从教、实现个人持续发展提供完善动力。

社会支持的程度和质量与个体的心理弹性有着密切的联系。方雄(2016)指出，高心理弹性的个体具有某些共同的心理特点，如乐观、幽默、自信、充满希望、对新生活充满期待、对未知世界充满好奇、总能积极地面对问题并能采用多种策略解决问题，能够体验到更多的主观幸福感，他们不仅习惯与擅长使用积极情绪，还能促使周围人产生积极情绪，创设更多的社会支持网络。

社会支持对个体发生的有效防护作用主要体现在以下三个方面。首先，社会支持可以用来保护个体免受情绪耗竭的负面影响。在一项对幼儿教师职业幸福感的研究中发现(安丹丹等，2020)，当教师在工作当中已经投入大量的情绪劳动时，会让教师获取幸福感的路径发生改变，由内部资源转向外部资源，而社会支持作为外部资源，可以促进心理资源和能量的形成，从而降低情绪耗竭对教师职业幸福感的负面影响。社会支持作为外部保护性影响因素对教师这类持续时间久且强度高的情绪劳动职业而言具有重要意义，而且已有研究已经证实了社会支持可以预测乐观倾向。这一发现启示我们，可以利用社会支持系统形成一道坚固的心理防线，以保护特殊教育教师的心理健康。

其次，社会支持常常被认为是个体处理紧张事件问题的潜在资源。特殊教育教师所在的单位能为他们提供的资源越充足，他们所面临的风险越低。不可否认，部分特殊儿童在普通学校会受到同龄人的排挤从而被迫转入特殊教育学校，社会甚至教育本身对特殊儿童的包容度和支持力远远不够。在呼唤以学生为本的教育理念下，我们的特殊儿童的平等由谁来守护呢？针对当前社会资源的分配严重向普通学校倾斜的状况，特殊教育学校和教师往往对此无能为力。因此，学校应加强与外校、社会的合作交流，让校内的特教教师有外出学习、对外交流的机会。只有在软硬件设施齐全的情况下，特殊教育教师才能树立强大的自信心，这种自信心不仅来源于个人的教学基本功，更来源于社会外界给予的安全感。

最后，社会支持有利于教师自我肯定进而有助于心理健康。王小珍(2017)的研究发现，特殊教育教师获得的朋友和家庭的支持越多，相应的自我肯定越高，并且抑郁程度越低。其中，由于女性比男性更在意人际关系，朋友和家人的支持在女教师面对压力或负性事件的时候能够给予更多宽慰。在这里，社会支持被视为主观的、体验到的情感上的支持，是个体在社会中受到尊重、被支持、理解的情感体验和满意程度，与个体的主观感受密切相关。特殊教育教师可以和领导、同事探讨工作中的压力，将难以完成的大目标分解成可以落实的小目标，多方专业技术的支持也会给特殊教育教师莫大的帮助。对特殊教育儿童的评估需要跳出传统的单一的学业评估的圈子，可以向外寻求多方专业人士的合作，包括心理学家、言语治疗师、康复训练师、听力学家、眼科医生等，这不仅为特殊儿童的准确评估提供了专业化团队，更是为特殊教育教师在工作中陷入困境提供了可行的帮助。

特殊教育是一件耗费时间精力、消磨情感意志的事情，在没有社会支持的情况下要求特殊教育教师坚持下去，这无疑是对他们施加间接的、无形的、残酷的伤害，所有特殊教育教师都应有意识、有权利去接受和运用社会支持，集所有特殊教育教师之力，集所有教师之力，更集社会大众之力，让特殊儿童在一个健康美好的社会环境下成长，让特殊教育教师及相关教育工作者在一个包容和理解的社会环境下发展。因此，行业管理者应该考虑特殊教育教师的职业特点，关注他们的情绪劳动以及为特殊儿童所投入的教育精力，建立有效的管理制度，保障特殊教育教师在安全可靠的环境中献身教育事业。

（五）引导特殊教育教师学会自我接纳

美国心理学家最早提出自我接纳的概念，他认为自我接纳的个体能从正面认识并接受自身的各方面，如外表、能力、品德等。此外，阿尔伯特（Allport）认为自我接纳是个体自我意识的重要组成部分，高自我接纳的个体往往能够正面看待自己的特点，并赋予其积极意义。我国学者丛中等（1999）认为，自我接纳是在情感上、态度上对实际自我的悦纳。这意味着当个体能够从态度和情感上对不完美的实际自我做到接纳时，则是真正的自我接纳。总体而言，自我接纳是自我意识的重要组成部分，是自尊中最基本、最核心的特征，是在自我评定的基础上形成的自我态度，是在情感和态度上对实际自我的悦纳。能否做到如实准确地接纳自我是个体发展健全人格的重要条件，也是个体解决各种心理问题的重要因素之一。陈红艳（2009）的研究也证实，个体的自我接纳水平与心理健康状况有密切的关系，同时也是心理健康的标准之一。

特殊教育教师在自己的职责与家长们的诉求之间找到自我并接纳自我是其在职业中需要思量的一个问题。特殊教育教师是特教领域的核心力量，担负着促进特殊学生全面发展的重大责任，一名称职的教师本身就应为其学生负责，同时，家长往往也对教师抱有对其孩子负责的期望。除了来自教师自身和家长的压力，受传统观念影响的社会普遍对特殊教育教师存在偏见，言语上的冷嘲热讽以及目光中的不屑一顾都化为一把把利刃，深深刺伤了特殊教育教师的自尊，使得本就受到两面夹击的特殊教育教师身陷困境。

自我接纳水平较高的个体能够看到他人的独特价值，与他人协作的能力较强，具备较强的合作能力，能够较好地处理人际关系。自我接纳是影响个体社交焦虑水平的重要因素，这意味着它可以满足个体与自己和平相处、与他人顺利交往的一个基本的社会需要。人本主义心理学家罗杰斯曾经说过：当个体能够接纳不完美的自我时，会有利于良好人际关系的建立。当一个人确信自己是有价值的，那么在人际互动当中，他也会接纳和尊重他人，从而形成和谐的人际关系。自我接纳是自我意识的重要组成部分，而大学时期被认为是自我意识形成的关键期，往往会表现出善于自我反省同时又会出现不被他人接受的心理。因此，需要加强对职前特殊教育教师的心理建设工作，要重视对其自我接纳心理特征进行考察和评定，并在心理建设过程中注意促进其自我接纳心理的形成与发展，这对于提高他们的整体心理健康水平都将大有裨益。要学会正确的自我接纳就需要做到：全面客观地认识评价自己，正确客观地对待自己的短处和不足，正确地对待失败和挫折，积极悦纳自我。

刘艳玲（2012）从年龄方面考察了教师的自我接纳程度，结果显示当教师处于学生阶段过渡到教师角色的时候以及处于将要退休年龄阶段的时候，其感知到对自身不被接纳的情感愈发强烈。这一调查研究结果为我们关注特殊教育教师的年龄阶段提供可靠依据。对于刚刚入职的特殊教育教师而言，他们感受到更多的是客观存在的自身特征的不接纳，对自己正面价值的不肯定，例如对教学、管理等方面的不自信，这时同行与领导及时的支持与理解会发挥出强大的作用。而对于即将退休的特殊教育教师而言，他们经验丰富，在工作岗位上奉献了自己最美好的年华，即将离开工作岗位会让他们明显地感受到情感上的不接纳。因此，学校需妥善处理这批教师的退休工作事宜，主动关注其退休后的需要。一项关于退休人员的孤独感和自我接纳的研究（闫妍等，2020）也充分证明，应着重从改善自我接纳、增强自我认同的方面对退休人员进行干预，缓解其孤独感。

二、努力摆脱压力困境

特殊教育教师的压力困境指的是特殊教育教师在日常的教育教学实践中，曾经或正在面临的压力或困境，可以从改善教育教学条件、提升教育教学能力、引导教师增强情绪调节能力 3 方面来帮助特殊教育教师走出压力困境。

（一）改善特殊教育教师的教育教学条件

教育教学条件困境是指教师在教育教学中面临的课程过多、教材实用性不强等不利条件问题。随着特殊教育的飞速发展，选择接受特殊服务的学生逐渐增多，而特殊教育教师的增长远低于学生的增长，加之特殊教育教师工作量大、受教育水平参差不齐和缺乏专业资格证等原因，特殊教育教师大量流失。学校的特殊教育教师数量不足，使得分配给特殊教育教师的课程增多，无疑会加大特殊教育教师的工作压力，而压力过大致使一部分在岗教师选择离岗，导致特殊教育教师出现更大缺口。特殊教育教师缺乏又将限制特殊学校的发展，进而导致特殊教育事业停滞不前。因此，针对特殊教育教师缺乏这一现象，学校需要通过为特殊教育教师增加福利待遇、多提供学习机会，吸引更多专业教师加入特殊教育教师队伍、调动特殊教育教师的积极性。

目前关于教材的实用性还没有统一的说法，不同的学者看法不一，但总体来说包括两方面：一是能方便教师传道授业解惑；二是能满足学习对象的需求，给学习者思想上的启迪并能够熟练地运用到生活之中。现在很多教学对象给予教师的反馈不理想，可能与特殊教育教师使用的教材实用性不强有一定关系。针对这一现象，需要通过了解教学对象的需求来不断更新教材，使教学对象能将所学知识运用到实际生活中。而当教师得到学生的积极反馈时，就会增加他们的职业成就感，缓解其教育教学压力。

本研究的问卷调查也发现，不少教师提到工作条件差、薪资待遇低等使教师产生压力。从社会交换的理论来讲，“互惠”是其核心精神，人的关系也是社会关系，人的行为会受到奖励或激励的影响。古尔德(Goulder)认为，人们基于互惠原则，有责任和义务去回应他人的积极对待，当个体感受到“积极对待”后，会自然地产生回报的态度或行为，以及产生“报答感”的心理压力。如果接受一方没有履行回报义务，就会对付出一方产生重要影响；付出一方没有达到想要回报的预期，就会停止付出。这种理论同样适用于特殊教育教师与学校组织之间，特殊教育教师的付出没有得到学校的回报，就会削弱其积极性，产生职业倦怠感。因此，需要大力提高特殊教师的薪酬待遇和社会威望，根据特殊教育教师所付出的劳动及效果，尽最大能力满足他们的物质需求，避免特殊教育教师停止付出；要使特殊教育教师成为最光荣的职业，造福更多的教学对象。

访谈中我们也发现，相当一部分特殊教育教师表示会因为领导不重视、同事不关心等教育教学条件产生很大的工作压力，且不知如何去缓解。由此可见，特殊教育教师的教育教学条件受限是其产生压力的一个原因。工作压力是特殊教育教师在日常的教学活动中，个人需求在学校所提供的教学条件及为特殊教育教师所创设的工作氛围中未达到满足，导致特殊教育教师的生理和心理上产生的一系列不良反应。因此，作为学校的领导者，需要加强对特殊教育教师的组织支持。“支持”有支援帮助之意；通过外界支援与帮助，区别主体自发的能动状态，强调客观因素对主体的影响。学校支持包括领导、同事、学生在特殊教育教师专业发展上，给予精神上的理解、关心、鼓励和物质上的帮助。学校领导者要支持特殊教育教师的工作、学习、生活等各方面，并且要清楚地让他们知道领导者在全力支持、时刻关心考虑他们的需求。

Bobbio等(2012)的研究显示,高水平的组织支持会促使特殊教育教师产生组织责任感,履行其义务,减少职业倦怠,促进其留职。支持型的领导风格与管理方式、同事的支持均能使特殊教育教师专心投入工作。Albrecht等(2009)的研究发现,来自行政上的支持(如校长给予更多的支持和关爱、自主设计课堂教学、获得更多培训机会),会让特殊教育教师更愿意留任该校。因此,当学校的举措让特殊教育教师感知到学校对自己的支持、援助,以及同事间和谐融洽的气氛时,就会基于互惠原则,全身心地投入到教学工作中,以饱满的热情回报学校的关爱。

根据马斯洛的需要层次理论,归属与爱的需要是人类的基本需要,在一个群体中若无法满足这种需要,个人很难融入群体且精神上无法得到满足,会对个体身心产生消极影响,无形中增加个体的心理压力。适当压力会激发人的潜力,但凡事都有一个度,超越这个度就会适得其反。人都具有社会属性,我们生存在这个社会上,就会有各种需要,当低层次需要得到满足后,就会有高层次需要,特殊教育教师的需要也遵循需要层次理论。特殊教育教师在学校里工作,作为学校的管理者需要关注特殊教育教师的需要,做好相应的需求管理工作。特殊教育教师希望得到领导的尊重和认可,同时也希望得到同事的关心和照顾。创建和谐的校园氛围,形成特殊教育教师的团队精神,加强领导及同事之间的沟通,减少不必要的隔阂,可缓解特殊教育教师的压力。此外,在个人的成功因素中,领导的指引和关怀是特殊教育教师专业发展的定心丸,领导的肯定与器重会给予教师前进的动力和信心;同伴的帮助,即教师互助也可促进教师职业发展,从而缓解特殊教育教师面临的教育教学条件压力。

(二)提升特殊教育教师的教育教学能力

教师的教学和服务对象是学生,由于教学对象的特殊性、复杂性,特殊教育教师会由于学生的动手操作能力不足、注意力不够集中、问题行为等问题倍感疲惫,在教学上形成压力。教育教学对象困境是指由于教学对象不遵守规则、动手能力差等产生的压力感。与普通学校的教师相比,特殊教育教师的成就感偏低。特殊学生学习能力比普通学生低,教授相同的知识,特殊学生的接受度不如普通学生,这就需要教师花费更多时间和耐心去教导特殊学生。有的特殊学生还会因为自身的身体缺陷而感到自卑,认为自己比任何人都差,因而不敢在教师面前敞开心扉表达自己,最终导致学习成绩不理想,而学生的表现是对教师教学的一种反馈。

针对此种情况，特殊教育教师要为学生营造一种轻松、安全的心理氛围。一方面，安全的心理氛围有助于消除学生的戒备、恐惧不安的情绪；另一方面，安全的心理氛围也会使课堂活动顺利进行，同时影响特殊学生的情感、认知和行为。在这种氛围下，特殊学生会对特殊教育教师形成一种积极反馈，同时达到最佳学习效率。学生如果表现得好，教师可以使用手势或身体语言强化他们，要让他们相信教师是真的因为他们的优秀表现而开心，促使学生提高他们的主动性，更愿意表现自己。特殊教育教师要本着“没有教不好的学生”的教育理念，打消特殊学生无药可救的疑虑。特殊教育教师可以经常在课堂上表扬学生，增强学生的自信心，让其人格得到正常发展。同时，特殊教育教师要多与学生们沟通，让他们感受到来自老师的关爱，提高学生对教师的接纳感。

教育教学能力困境指教师管理课堂、完成教学所需技能等方面产生的压力。大部分教师表示会由于感到个人能力的不足产生强大的压力感。正如申继亮等(2000)指出的，教学能力是能力的下属概念，其概念的界定既要考虑到一般能力，又要结合教师专业和教学岗位的要求。作为特殊教育教师，不仅要掌握教育学知识，还要掌握心理学知识，以此来揣测特殊学生的心理，这样才能更好地满足特殊学生需求。一些特殊教育教师由于各种条件所限，没有参加过专业培训，面对学生的一些反应无法给予正确的支持解释。还有些特殊教育教师由于自身技能欠缺，难以对学生的整体情况进行正确的评估，从而不能制订行之有效的教学计划，影响特殊学生的学业成绩。当教学达不到预期效果时，教师会将原因归于教学能力和专业技能不足、专业知识匮乏等，如有的特殊教育教师提到“教育教学经验不足，技能缺乏”“自己的专业技能和专业知识不够强硬，满足不了学生的需求”等，会使其处于压力或困境中。特殊教育教师教学能力是教学过程中的核心因素，也是教师素质的核心。

特殊教育教师教学能力在教师能力结构中处于重要地位，关系到特殊教育教学质量的发展。因此，可以从以下方面提升特殊教育教师的教学能力。一是更新并吸收新的教育理念，既要考虑到特殊教育之“特”，又要兼顾普通教育的先进理念。通过使用新的教育理念指导实践，再进行反思并吸收，注重理论与实践相结合，提升特殊教育教师的教学能力。二是构建特殊教育教师职前职后一体化教育模式，即岗前培训、上岗适应教育及在职提高为一体，衔接好这三个阶段，使其各有所侧重又相互紧密衔接，从而真正有效地提升特殊教育教师的教学能力。另外，还要提高特殊教育教师的学历层次，使其将所学知识有针对性地发挥到特教专业上。三是优化特殊教育教师的考核评价机制，激发特殊教育教师的教学热情。目前特殊教育教师的考核存在重形式轻结果现象，学校考核系统指标中要有针对性和实效性，合理利用考核结果来激发特殊教育教师的积极性。学校可以通过职称评定、评先评优、增加薪酬奖励等形式，来提升特殊教育教师的教学能力，激发教学热情。四是注重特殊教育教师的自主发展。再好的外部条件也需要通过内部机制才能发挥作用，只有特殊教育教师自身处于最佳的状态，其他的外部条件才能促进教师教学能力的发展。此外，特殊教育教师也可通过自主阅读相关专业书籍，养成良好阅读习惯，与同事定期交流讨论，来优化自身专业知识结构，提升自身教育教学能力。

（三）培养特殊教育教师的情绪调节能力

情感困境指由于社会对个体的看法或者学生个人问题等产生的无力感等。个人的情绪情感会受到所处环境的影响，特殊教育教师在工作时面对的是有特殊需要的学生，学生残障类别多、情绪问题多等客观存在的条件在一定程度上致使特殊教育教师产生情绪情感困扰，加之社会上一部分人对特殊教育职业投来异样的眼光，同样会使其产生压力。

对于特殊教育教师本身来说，长时间过大的职业压力带来的消极情绪会加速其机体的老化，导致身心功能失调，引起相应的疾病。对于特殊学生来讲，特殊教育教师的情感具有感染、迁移、信号等功能，积极的情感具有极强的感染性，可以调动学生的积极性，有利于学生形成积极的学习态度，消极的情感则恰恰相反。因此，特殊教育教师的情感问题不单单是关乎个人的“小问题”，也是关乎学校和教育事业发展的“大问题”。如果特殊教育教师出现了情绪困境，就需要通过提升自身的情绪智力来进行自我情绪调节，通过科学合理的方式来调节自身的状态。

情绪智力指个体如何与自己相处及与他人相处的能力，包括自我情绪、评估他人情绪、情绪运用、情绪管控。情绪智力不但会影响个体的心理健康水平，也对工作目标的实现意义重大。情绪智力的高低主要受遗传、教育水平、社会经验等相关因素影响。作为情绪智力的重要组成部分，情绪调节包括自我情绪调节和对他人情绪调节两个方面，只有先调节好自己的情绪，才能在此基础上调节好他人的情绪。情绪调节是一个动态的过程，教师的情绪变化会经历生理活动、主观想法和表情行为等一系列变化。特殊教育教师的情绪调节会影响特殊学生的兴趣和课堂教学效率，进而影响课堂进展状况。有效的情绪调节有助于获得良好的心境和健康快乐的人生。心理学的研究表明，如果特殊教育教师的情感得不到合理的疏导和调节，就会对工作缺乏热情和活力，感到疲劳、倦怠甚至悲观失望，时刻期盼结束教育生涯。正因为如此，特殊教育教师有必要调节好自己的情绪，做好自我情绪管理，防止产生过于低落的情绪，从而有效促进教育教学活动正常开展。

特殊教育教师可以从以下方面来提升情绪调节的能力。第一，特殊教育教师要掌握好人际沟通技巧，恰当地感知他人情绪并合理表达自己的情绪。情绪识别和表达是情绪智力的关键，情绪具有主观体验色彩，也有客观外在表现。特殊教育教师可以不断反省自身的情绪表达能力，恰当运用动作、表情向特殊学生传递信息，培养情绪表达和控制能力。特殊教育教师的情感表达一方面要合乎特殊教育教师的身份，合乎社会对特殊教育教师的期望；另一方面要合乎交往对象的年龄、性别、身份等，以至得体而动人。特殊教育教师积极的情感会给特殊学生正面的影响，但积极情感的过度表达，比如溺爱、狂喜就会对特殊学生稳定的认知和情感起到破坏性作用。这时特殊教育教师就需要用理性去控制自己的情绪，依据特殊教育的目的和需要有分寸地表达自己的情感，有效地感染和教育特殊学生。比如，特殊教育教师对学生的行为或反馈效果感到不满时，可以暂时远离学生，停一停，深呼吸并注意控制自己的面部表情。

第二，特殊教育教师可以通过情绪宣泄法来调节情绪，从而减轻自己内心的痛楚。一是可以选择合适的宣泄渠道，包括言语宣泄，如向知心朋友诉说自己的心理感受；表情宣泄，如放声哭喊；动作宣泄，如通过剧烈的运动来释放内心的压力；书写，比如养成写日记的习惯，把烦恼写出来，给自己的情绪找到一个出口。二是选择合适的表达情景，包括私下表达，如在隐秘的空间呼喊和大哭；还有公开表达，如向他人吐露自己的心声，让他人知晓并宣泄自己的不良情绪。宣泄法需要特殊教育教师具备自制力，适当发泄，避免产生过激行为。

第三，特殊教育教师可以通过积极的情绪来消除消极情绪，比如听欢快的音乐和做瑜伽等来转移注意力。人的积极情绪与消极情绪总是此消彼长，不可能时刻保持积极情绪，需要主体不断努力。因此，要保持积极的情感状态，就要规划好自己的职业生涯，拥有勇于奉献的崇高精神，把自己的爱和精力投入到特殊教育事业当中，形成强烈的责任感、使命感和荣誉感。

第四，特殊教育教师不要忽视移情的重要性。移情是指站在对方的角度考虑问题，设身处地感受对方内心感受的心理过程和能力。特殊教育教师要拥有较高的移情能力，这样有利于与特殊学生建立良好的互动关系，打破传统的师生等级观念，形成民主平等的师生关系。比如特殊教育教师要站在特殊学生的角度，换位思考，理解与体谅他们。

第五，特殊教育教师需要建立积极的思维方式，以乐观的心态面对职场压力与周围环境，不要在教学对象面前展现出自己的负面情绪，而要以积极饱满的态度全身心投入到课堂之中。正确的情绪调节方式也为特殊学生起到很好的榜样作用，身体力行地教育学生在遇到情绪问题时如何应对。作为特殊教育教师，要善于运用理智调节好自己的情绪。在不同的情况下，特殊教育教师可以采用不同的方式调节自己的情绪。要想在保证教学质量的同时带动特殊学生积极健康成长，特殊教育教师就需要不断提升特殊教育教师的个人素养，发展特殊教育教师的情绪调节能力。

当然，除了特殊教育教师通过个人的努力来调节情绪，地方教育部门和学校也要给予更多的关注和帮助，让特殊教育教师获得更多的社会支持。这是因为与心理健康有关的工作资源中，社会支持是最重要的，较强的社会支持会让人身心健康（张羽等，2007）。一方面，社会支持会降低人感知压力的敏感性，提升应对环境压力的能力；另一方面，社会支持能为特殊教育教师提供解决问题的策略和情感慰藉，降低因压力而体验到的不良情绪。学校可以为特殊教育教师开展心理健康课堂，通过内外合力，做好特殊教育教师的心理建设，让特殊教育教师以积极健康的心态投入到特教工作中，充分感受到生活的愉悦和生命的意义。

三、充分挖掘保护因素

保护性因素是指个体在面临压力或困境时，能够对其适应和发展产生积极影响的个体和环境因素。根据研究结果，从特殊教育教师出发，将保护性因素分为外部保护性因素和个体内部保护性因素。

（一）外部保护性因素

外部保护性因素强调从外部探究特殊教育教师心理弹性的影响因素，可以通过加强人文关怀、学会接纳欣赏、感受尊重理解、提供专业支持四方面提高特殊教育教师心理弹性水平，使其更好地应对困境。

1. 加强人文关怀

“人文关怀”一词最早起源于西方的古典人文主义，该主义核心观点为，人文主义的真正内涵在于人性和人的价值以及人自身所具有的尊严，因此人人生而自由平等，教育价值应顺应本性得到充分全面的发展。马斯洛作为心理学界人本主义流派的代表性人物，关注个体价值的成长，并在其著作《动机与人格》中提出广泛应用在各领域中的个人需要层次理论，阐述个体不同层次且多方面的需求。有针对性地加强对个体的人文关怀，有助于个体更好地适应变化多端的环境。

进入21世纪以来，积极心理学迅速兴起，其倡导心理学研究积极取向，关注人类积极的心理品质，强调人的价值与人文关怀，以一种全新的姿态诠释心理学。这一背景下，更多研究的目光投向人文主义和人文关怀。现如今，我国也越来越重视人文关怀在人发展中的重要作用。党的十七大报告中第一次正式提出“加强和改进思想政治工作，注重人文关怀和心理疏导”。由此可见，注重人文关怀有望成为未来教育管理强调的重点，如何将人文关怀运用在特殊教育教师队伍当中也值得我们深思。无论如何，人文关怀为教师心理弹性的发展提供了积极支持，促使特殊教育教师可以更加适应生活的困难与职业倦怠，提高职业幸福感，保护个体身心朝着健康方向发展，缓解教师的压力和困境。

因此，从工作关系出发探索各方的人文关怀对特殊教育教师的影响以及如何帮助教师顺利走出困境、缓解职业压力显得格外重要。学校组织的人文关怀对特殊教育教师各方面产生很大影响，这其中主要是在教育教学中来自学校、领导、同事等方面的关心与支持。根据本研究特殊教育教师从上述3个层面对所处组织是否有人文关怀的访谈、问卷回答的结果，可从如下3个层面加强对特殊教育教师的人文关怀。

（1）学校层面。

学校的育人功能主要体现在学校环境及其内在涵养上，即学校硬件设施与人文关怀的软实力上。因此，在学校环境氛围的建设上，学校应当加强环境建设，提供功能齐备的教学设施，从而有利于教学环节的顺利开展；在学校管理及其内在理念上，尤其是从特殊教育角度，学校应当积极关注教师的身心健康，以体现校方的人文关怀。除此之外，特殊教育教师作为教师队伍中的一部分特殊群体，身份具有特殊性，因此在工作中获得的反馈相对比较少、成就感偏低，从而导致特殊教育教师存在不同程度的心理健康问题。在心理健康成因中，特殊教育教师所面临的最重要因素是工作压力，它通过心理弹性对教师心理生活质量产生重要影响。因此，适当缓解特殊教育教师的压力，通过增强其心理弹性来改善心理生活质量已刻不容缓。

学校要重视特殊教育教师心理健康的发展，将人文关怀运用到对特殊教育教师的日常管理活动中去，让教师在实际工作场景中感到被尊重和被重视。首先，学校要明确心理健康教育的重要性，重视特殊教育教师精神方面的建设和引领，组织并开展针对特殊教育教师的相关心理健康教育专题讲座。其次，在文化软实力建设上充分发挥工会作用，发扬民主，使教职工代表大会与校长负责制有机统一，充分尊重教师权益，通过工会组织与特殊教育教师交流沟通，倾听教师内心真实想法，满足其合理工作诉求，营造融洽的工作氛围。最后，学校通过提供丰富多样的人际交往平台，组织特殊教育教师定期参加一些工作以外的文娱活动来丰富他们的业余生活，使特殊教育教师在人际交往中得到他人的支持，缓解心理压力，得到心理上的释放。总之，学校要时刻关注特殊教育教师的心理健康，在管理中彰显人文关怀。

（2）领导层面。

领导者行为是影响团队气氛的重要因素，而领导风格又是决定领导行为的内因，在很大程度上影响着团队气氛和绩效。特殊教育教师对领导风格的认可度会影响其在教学情境中的工作积极性。领导风格不同，人文色彩在管理中彰显的程度也不同。一般而言，变革型领导者的领导风格比较注重个人魅力和人文关怀。随着领导层对教职员工的重视程度越来越高，教师的福利待遇、职业规划也越来越往有利于教师的方向发展，无论是精神层面还是物质层面都给予了教师更高的职业认同感。特殊教育教师作为学校中的普通个体，以领导为核心的组织集体提供的人文关怀是影响他们职业认同感的重要因素之一。领导的适当人文关怀有助于特殊教育教师在工作中体验到更多的积极情绪，从而使得他们的心理生活质量保持在较高的水平。

在现实工作环境当中，特殊教育教师面临的对象是有特殊问题的学生，这也意味着他们要比其他普通教师面临更大的挑战，需要付出更多的精力。领导层可加强科学决策、民主决策，发挥个人聪明才智，在制度决策上加强人文关怀，向特殊教育教师心理建设层面倾斜。此外，领导对特殊教育教师生活的关心以及工作上的指导无疑是对他们重视的最好外在表现行为，而且领导对教师工作的肯定，有助于教师维持自身与组织间的动态平衡，提高特殊教育教师的工作积极性，促进心理健康发展。

（3）同事方面。

在学校组织当中最不可避免的就是同事关系，同事对特殊教育教师的心理健康有着重要影响。同事之间可以理解彼此的压力与困境，通过双方的沟通交谈可以找到一些存在感，一定程度上缓解特殊教育教师的焦虑。同事关系的和谐会有助于形成良好的工作环境，进而保持愉悦的心情投入到繁忙的工作当中去，提高特殊教育教师的心理弹性水平，进而提升心理健康水平。

学校要重视同事关系，强调同事关系，更要着重发展同事关系。教师工作情境中时而存在不良竞争关系，影响和谐共事氛围的形成，面对这一情形，学校可以通过不同渠道来提升同事之间的亲密度。积极心理团体训练是改善这一关系的重要且新颖的举措，它强调从积极心理学的角度切入到团体训练当中去，通过积极的团体培训使得同事间更加熟悉，建立彼此信任感与责任感。教师之间的情感联系开始于接触，并在互动过程中逐步建立起来，良好的人际交往关系意味着教师之间真实情感的融合。这种融合使得特殊教育教师发现与同事的共同心理领域，面临压力时与同事倾诉就成为舒缓职业压力最迅速有效的方式。此外，同事的相互扶持有助于特殊教育教师在交往中重新定义内在自我，理清未来发展规划，从而走出困境。

从以上分析可以看出，学校、领导以及同事都对特殊教育教师的心理健康产生一定影响。在实际教学工作环境中，特殊教育教师协调好这三方的关系，可以更加积极地应对难题、走出困境。

2. 学会接纳欣赏

学会欣赏既是特殊教育学校教师最基本的素质，也是特殊教育学校学生成长发展的迫切需要。特殊教育教师接纳欣赏学生更易获得学生青睐，在提升学生学习积极性的同时，使得学生在课堂上更趋于积极互动与反馈行为的产生。反馈的实质表现形式往往体现在具体的行为当中。行为主义提出学习就是一种刺激代替另一种刺激建立条件作用的过程，学习的实质在于通过建立条件作用，形成刺激与反应之间联结的过程。斯金纳通过“饿鼠实验”提出了“强化”这一概念，并将强化分为正强化和负强化。正强化是指任何可以导致以后进行该行为的可能性增加的结果，奖励那些符合组织目标的行为，以使这些行为得到进一步加强，从而有利于组织目标的实现。负强化是指对于符合组织目标的行为，撤销或减弱原来存在的消极刺激或者条件，以使这些行为发生的频率提高。无论是正强化、负强化还是对个体行为的反馈，都是建立刺激与反应的联结以使个体行为发生频次增加的过程。因此，如何将特殊教育教师的强化手段与学生的行为反馈建立关联，是值得深入思考的。

在教学活动中，特殊教育教师为特殊学生提供多元化教学材料，材料是强化学生行为的刺激，学生通过学习材料掌握知识，并给予教师一定的反馈。由此可见，教师的强化和学生的行为反馈存在密不可分的双向关系。究其实质，课堂互动的过程是教师不断强化的过程，也是学生不断反馈的过程。教师的课堂表现可以促进学生的反馈行为，学生的反馈行为也可以促进教师的课堂表现。基于以上观点，重新把目光聚焦到特殊教育教师的教学活动过程中，深度探讨学生在课堂上的表现行为对教师产生的影响以及教师学会接纳欣赏学生的重要性。

一般而言，师生双方的反馈促使教学互动，反馈在这一互动中起着纽带作用。根据学生的不同教学反馈信息，可以将学生的反馈行为在具体教学实践中分为正反馈、负反馈和无反馈三种反馈形式。

（1）学生的正反馈行为对特殊教育教师的影响。

正反馈是在师生双方交流的过程中产生的，它是特殊教育教师与他们的学生在真实课堂教学情境中最为理想的一种反馈形式，以其独特的方式影响着师生双方的发展。其主要表现为学生在课堂上积极回答教师所提出的问题，并趋向于喜欢经常性与教师互动，认真聆听老师的想法并与其进行探讨。在这种互动模式下，学生与特殊教育教师的互动程度较深。一方面，学生的课堂参与度高，带来的结果就是会积极投入到日常学习活动中，教师也在不断地对学生的行为进行强化，这些行为带来的结果又会影响学生的下一步行为，当行为的结果导致学生以后进行该行为的可能性增加时，特殊教育教师对学生的强化行为就发生了。另一方面，教师对学生强化行为的发生最直接的表现就是，学生在课堂上会有意识地参与到与教师的互动当中来，教师可根据学生的学习进度和掌握程度时刻调整教学活动的进程，以此提高工作效率与工作积极性。

因此，学生的积极反馈行为无疑是对特殊教育教师工作最大的肯定，随着学生反馈行为的增加，长此以往会不断地增强教师的自信心。同时，在教学实践中，教师也认为自身是有能力完成对特殊学生的教育的，进而提高其自我效能感，并且在面对特殊职业带来的压力或生活上的困难时可以迅速调整心态，并回到危机前状态，保护自己免受压力，加强心理弹性的发展。

（2）学生的负反馈和无反馈行为对特殊教育教师的影响。

负反馈和无反馈都是师生互动过程中学生消极反馈行为的表现。负反馈是指在学习过程中，学生自身表现状况不佳、能力不足、逃避现实问题、主动放弃与特殊教育教师交流的机会等。无反馈是指学生在课堂上既没有想要表现自己的行为，也没有想要与教师表达沟通的期望。这两种互动模式都不利于良好的师生关系的形成，甚至会造成师生互动积极性的丧失。特殊教育教师一方面面临着特殊职业带来的心理压力，另一方面在现实教学情境中又得不到学生的积极反馈与支持，内隐的压力无法得到及时缓解，可能会造成愈演愈烈的趋势。心理弹性作为职业教师应对压力的一种保护性因素，能维护他们的心理健康，提高生活满意度。潘霭明等（2016）的研究表明，心理弹性与工作压力存在着极其显著的负相关关系，即教师的工作压力越小，心理弹性越高，越易于度过心理难关。这意味着师生长期的互动量少会引发教师高水平压力，心理健康状况也会不容乐观。

总的来说，学生的反馈行为往往会对特殊教育教师的心理弹性以及心理健康产生重要影响，特殊教育教师在实际的教学情境中应该注重积极反馈，学会接纳欣赏学生。当教师对学生的强化学习完成时，学生及时的反馈使得教师从学生的积极行为或态度中获得了支持。由此可见，对特殊教育教师的教育教学工作进行积极反馈是当前缓解教师职业压力与职业倦怠的一个重要举措。通过积极反馈可以激励特殊教育教师，使他们拥有自信感，这也是改善师生关系、提高教师心理弹性水平的方法之一。

3. *感受尊重理解*

尊重理解一般是指在双方信任的基础上彼此尊重和理解，它在一段关系的建立中的重要性不言而喻。每个行业、每个个体都需要尊重和理解，教师也不例外。尊师重教自古以来就是我国的传统美德，教师一直肩负着延续社会文明的责任，即使是没有读过书、没有受过系统教育的人在传统文化的熏染下，也知道“尊师”的重要性。“师者，所以传道受业解惑也”“一日为师终身为父”，老师教给学生的远不止书本知识，还有老师为人处世的准则，老师在学生的世界观、价值观和人生观的建立和形成过程中产生非常重要的影响。

然而，一直被视为神圣职业的教师，其境遇仍存在诸多不尽如人意的地方，教师的身心健康还需要更进一步的呵护和关照。教师的心理健康状况直接影响着师生关系、学生身心健康、教育教学效果。特殊教育教师如果能感知到来自各方的尊重与理解，则会有利于他们更加从容地面对职业挑战，拓宽其心理弹性的宽度和高度。因此，如何激发特殊教育教师的教学热情，让他们真切地感受到尊重与理解，是一个非常重要的课题。在真实的特殊教育教学情境中，对特殊教育教师的尊重与理解更多体现为学生、家长等对教师工作的配合以及对个人的支持。

(1) 学生对教师工作的配合与支持。

学生对特殊教育教师教学工作的配合与支持有利于教师感知到被尊重和理解。师生和谐关系的建立与发展的前提是尊重理解彼此，学生要尊重教师，教师也要理解、包容和接纳学生。

一般而言，学生感知到的教师情感支持对其学习投入有影响，即教师对学生的情感支持有助于提高学生的学习精力投入度。对于特殊学生来说，他们比普通学生要面临着更多的学习和生活中的困难，甚至他们中的一部分会因为自身先天或后天的缺陷深深陷入自卑与自责，这类学生的自我效能感往往比较低，如果特殊教育教师不注重学生的健康，尤其是心理健康，打击或惩罚学生，久而久之，这类学生会在逆境中产生习得性无助；反之，特殊教育教师用心呵护和关照学生，为学生带去温暖，会加深其对学习的热情。学生和教师的关系密不可分，教师感知到的学生情感支持也同样会对教师产生影响，使得特殊教育教师在工作期间产生一些愉快情绪和积极感受，提高工作积极性的同时坚定了教师的信念。教师信念是教师素养的重要组成部分，是教师自我成长与完善的强大的内部驱动力，它影响着教师的心理弹性水平以及教学表现行为。学生在课堂上对特殊教育教师的配合与支持行为是加深教师信念的重要途径之一。学生的配合，会极大地提高特殊教育教师的职业认同感和荣誉感。

(2) 家长对教师工作的配合与支持。

教育仅仅依靠教师的力量难以完成，必须依靠各种力量，尤其是家长的力量与教师相互配合。每一位特殊教育教师工作的开展都离不开学生家长的配合，教师与家长之间良好关系的发展，也意味着教师与家长之间信任感的建立。教师用心培育学生，家长积极支持教师，通过二者的相互沟通配合，共同努力促使学生健康成长。家长对教师工作的积极配合，一方面有助于加强特殊教育教师的专业身份认同感，在信任的基础上尊重理解教师，使得教师认识并认可自身生命价值与意义，由此激发出对教育的热情，提高职业幸福度，缓解职业压力，利用积极的心理资源对外部工作环境及时准确调控；另一方面有利于促进教师与家长交往的和谐感，增进教师与家长的彼此情感认同。

家长的支持是影响教师工作积极性的重要因素之一，家长应在明确配合重要性的前提下，将想法付诸实践，在与教师共同管理学生中做到有效配合。首先，为避免盲目配合，家长和教师都要明确配合的内容，哪些是需要教师做到的，哪些是需要家长做到的，哪些是需要共同做到的，为提升管理学生效率要对上述各方工作内容进行明确界定与分工。其次，改变被动配合的现象，建立相互配合的合作关系，目前大多数学校中的家师配合还是单向模式，即教师单方面向家长沟通，家长并没有参入到与教师的配合当中，要注重双向配合对于学生发展的重要性。最后，可以促进家长参与到班级管理当中并与教师保持一致的教育观念、策略方针，掌握学生学习动态的同时又减轻特殊教育教师的工作负担，帮助他们处理学生出现的一些问题情绪或行为。家长的配合、支持与理解是特殊教育教师工作的最坚固的后盾，使得教师想要积极投入特殊教育工作中去。

总而言之，维护好特殊教育教师的心理健康水平，需要学校、家庭、社会三方协作。健康的生活和工作，有利于家庭、学校和社会的和谐。学生与其家长对特殊教育教师工作的尊重与理解行为，使得特殊教育教师感受到支持与帮助，提升心理弹性的水平。注重学生和教师的互动、家长和教师的互动，会使得特殊教育教师在互动过程中获得不同影响源的尊重和理解，一定程度上有利于提高他们的职业认同感和幸福感。

4. 提供专业支持

苏联教育家苏霍姆林斯基在《给教师的一百条建议》中指出：儿童，就仿佛是一块大理石，把这块大理石塑造成一座雕像需要六位雕塑家：家庭、学校、儿童所在的集体、儿童本人、书籍和偶然出现的因素。因此，在特殊教育体系中，教师群体心理弹性的改善，离不开家庭、学校、社会三因素的综合支持，这也是协同教育理论所倡导的。从协同教育理论出发，特殊教育系统中教师心理弹性改善的路径包括家庭情感支撑、学校资源共享以及社会合作平台三种，以此合力，形成家庭、学校、社会三教共育的教师心理弹性支持模式。

(1) 家庭情感支撑。

特殊教育教师作为能对特殊群体施加影响力的人群，在工作中需要承受特殊群体间的人际关系以及自己心理健康的双重压力，家庭环境的情感支持是提升教师心理弹性的有效路径之一。所谓家庭情感支持，就是家庭为特殊教育教师提供压力宣泄的特殊空间。特殊教育教师也是普通人，除了要面对来自生活、家庭的压力，工作中还要面对各种境况不同的特殊群体。与普通教师不同，正因为特殊教育教师教授对象的多样性，教师自身也具备了特殊性，既要克服自身的脆弱，满足多种类型群体的心理补偿，又需要克制自身的压抑与职业倦怠。因此，消极因素的合理化解在一定程度上保证了教师的心理健康情况，这单靠教师自身调节的效果很难达到预期效果。家庭则是个人情感的栖息地，为个人心理的缓冲与调节塑造了一种自由和谐舒适的情景，相较于其他环境而言，处于家庭环境之中更能促进心理弹性的恢复，爱人、父母、亲属是特殊教育教师获得最大限度的情感支撑的来源。家庭的情感支持应侧重于家庭环境的创设与亲友关系的维护，亲友的同理心与沟通也具有非常重要的作用。当教师心理上承受压力后，亲友的理解鼓励往往会对特殊教育教师心理产生良好的效果。

(2) 学校资源共享。

时代变迁的进程越来越快,特殊教育教师除了给予特殊学生温暖与指导,还需要比其他普通教师掌握更多的特殊专业技能知识来应对教学中的突发状况。为妥善解决特教教师知识与技能方面的问题,满足其成长发展需要,学校可以为教师学习提供全方位的支持与机会,实现资源共享。

首先,建立完备的专业培训制度体系,经常性开展专业知识技能培训。培训分为培训前、培训中和培训后。培训开始前要明确培训的目的与内容,了解特殊教育教师的需求,按需求实施具有针对性意义的培训;培训过程中要与特殊教育教师积极互动,根据其表现及时调整培训方式和方案;培训结束后还要注重培训效果的反馈,为下次的培训提供借鉴意义。其次,定期更新书籍库,提供具有前沿理论的最新专业书籍。图书馆和电子书库是教师阅读书籍的主要来源。图书馆可以为特殊教育教师提供专业的纸质书籍和创造安静的阅读环境等,但缺点是时效性差、资源少、更新速度慢。电子书库可以弥补其不足。因此,学校要两手抓,在提供馆藏图书的基础上引进数据库资源,为特殊教育教师及时获取信息提供支撑。最后,组织共读活动,集思广益,凝聚集体智慧。学校可经常为特殊教育教师组织书籍共读活动,使教师在交流中获得启发,开阔眼界,加深对专业知识的理解。

学校在资源层面对教师的支持与帮助,使特殊教育教师在心理上备受鼓舞。在与他人交往中得到肯定、尊重和理解,对于教师的心理健康提升有一定的积极意义。

(3) 社会合作平台。

社会合作模式建构的关键在于知识理论的融合,高校作为先进理念的主要研究阵地与知识高密集区域,对促进特殊教育教师的心理健康发挥重要的作用。特殊教育教师的发展离不开自身的努力,社会合作平台的推动作用也不可小觑。

孙颖等(2020)指出,建立社会融合型合作平台是最为便捷有效的方式。平台的建立需要满足两个要求:一是构建跨高校联结平台,促进知识传递和科研成果转化。知识是人类进步的阶梯,知识的产生与更新在于高等教育的研究,高校研究成果的转化对特殊教育教师的具体操作具有指导意义。高校学生的实习是学校与社会互动的重要方式,通过应届生实习的形式,使高校最新理论与社会实际操作相结合,是在理论层面的社会支持。二是积极创设校与校间的沟通桥梁。高校间的互动合作相较于高校成果面向社会而言更具有专业性,高校与高校间的专业合作更具有专业性与效率。通过线上交流、专题汇报、讲座论坛等高校互动模式,可以使特殊教育专业及时了解本专业的前沿动态,吸收最新发展的理论成果。

总之,依托家庭情感支撑、学校资源共享以及社会合作平台三种支持方式,及时促进心理弹性理论成果的实效应用,实现先进理论转换推广,对于形成家、校、社三教共育的教师心理弹性支持模式具有重要的启迪作用。同时,在影响特殊教育教师心理弹性的相关因素中,教师自身的心理素质也是制约上述效果的重要因素之一,可以通过教师教育培训、线上线下教师心理访谈、座谈会、主题报告等形式,从理论与实践上综合提高特殊教育教师的心理承受水平与综合调控能力。

（二）内部保护性因素

内部保护性因素可以从自我调控能力、教师职业使命感、人际交往能力三方面调动自身机能来应对个体面临的压力与困境。因此,特殊教育教师可以通过提高内部保护性因素来提升其心理弹性,进而促进心理健康。

1. 培养特殊教育教师的自我调控能力

自我调控是个体在监控自我时采取更符合社会认知或自我标准的行为代替固有行为反应倾向的过程。于斌等(2014)把成功的自我调控归纳为四种成分:动机、标准、监控和能力/意志力。动机是个体的需要达到一定程度时用以激发和维持有机体的行动,使行动导向某一目标的心理倾向或内部驱力。标准指的是个体为达到目标状态所设的可接受和被认可的衡量尺度。监控指个体在自我调控过程中,关注和觉察自身是否偏离预设目标并采取纠正。能力/意志力被认为是保持行为达到目标状态的必要能力。良好的自我调控能力可以使个体在积极正向的情绪状态下达成所需目标。

特殊教育教师的自我调控能力指的是教师够调控好自身情绪、情感和行为,并能发挥优秀品质的作用,合理有序地安排各项教育教学活动。特殊教育教师作为高应激的特殊群体,良好的自我调控能使教师拥有从所处困境中脱离出来的能力,当教师具备积极、乐观、开朗、坚韧等正向情绪调控能力时,面对工作或教学过程中所发生的问题,就能够利用自身优秀的调控能力及时地控制自身情绪,采取理性措施化解存在的压力,有效解决问题,促进师生之间的良性互动和沟通交流,以达到师生身心健康发展的目的。自我调控能力的高低影响教师能否有效处理应激事件时所带来的压力,也体现了其心理弹性的程度,两者呈正相关。教师所具备的自我调控能力不仅影响教学过程和教学表现,也会对学生的发展产生重要影响。面对生源的特殊性,特殊教育教师学习和掌握自我调控能力的相关知识尤为重要，教师自身的调控能力是其应对压力情境时所需能力之一。

针对自我调控的四种成分，可以采取不同的策略来提高特殊教育教师的自我调控能力。① 从动机层面来讲，正如著名教育学家苏霍姆林斯基指出的：一名专业成熟、善于思考的教师，不会在具体备课上浪费时间，但他的一生都在为上好一堂课做准备。教师专业素养的积累可以帮助教师提高专业能力，缩小现实与理想状态的差距，从而激发和维持教师积极行为，达到适应教育教学环境的目的。教师专业素养的内涵，是通过把教师职业视为“专业”职业来解释，即在教育教学工作中，教师通过接受系统化师范教育并长期投身在教育实践中逐渐发展而成的具有专门性、指向性和不可替代性的素养。加强教师专业素养不仅可以提高教师自我效能感，同时可以解放教师的思维定式，在解决问题的过程中不会被先前经验禁锢，可以通过多视角、多渠道、多方法驱动和维持自身行为以达到所需目标。同时，教师应志存高远，树立远大理想。特殊教育教师需要始终对自身的发展怀有乐观的心态，对特殊教育事业发展持积极的看法，矢志不渝、坚持不懈地投身于教育事业中。对美好未来的憧憬和对职业的热爱驱动特殊教育教师产生巨大的内部动机，进而提高自我调控能力。② 从标准的角度来说，特殊教育教师需要合理地把握现实与理想的衡量尺度，切实考虑自身的实际情况，制定可接受、可达到的衡量标准。徐海玲（2007）指出，自我概念清晰性是个体深入了解自我的重要指标，高自我概念清晰性个体更能正确认知自我和调控自身。因此，特殊教育教师可以通过整合自我概念使自我概念清晰性程度提高进而更加客观理性地认知自己并制定符合自身发展的标准。③ 从教师自我监控来看，有研究显示，脑前叶包括前额皮质（PFC）和前扣带回皮层（ACC）对自我调控能力中的执行功能存在影响。Koski 等（2020）发现通过控制个体注意力、呼吸频率、动机和情绪等生物反馈训练可以有效地调控自我能力。因此，特殊教育教师可以通过寻求专业心理咨询师的帮助，了解和学习心理学专业的咨询技术，如通过感受认知行为疗法、正念疗法和团体辅导等技术，学会有意识地关注自身心理和情绪变化，从而及时对自身进行自我监控和采取调控措施。此外，还可以通过寻找自身压力源（导致个体产生压力反应的情景、刺激事件）来达到自我监控。导致个体产生压力反应的情境、刺激、事件称为压力源。个体通常无法在诸多压力来袭时迅速找到压力的来源，不能有效地摆脱当前面临的压力。然而，“解铃还须系铃人”，确定压力源可以使解决问题的角度更具有针对性。特殊教育教师在寻找压力源的过程中，需要综合考虑自身和环境两方面所带来的多种压力来源。④ 从能力/意志力层面分析，特殊教育教师需要增加心理资本。积极心理学是当今心理学研究的热点之一。柯江林等(2009)认为心理资本是符合 POB 标准（可测量、可开发和可用来提高工作绩效）的一种积极心理能力，包括自信/自我效能感、乐观、希望与韧性等维度。特殊教育教师适当增加心理资本，主动开发心理潜能，建设积极心理，发挥积极心理能力的作用，促进自我调控能力的发展，是应对教育教学环境中存在问题的有效解决措施。特殊教育教师可以通过自主学习相关书籍、利用网上平台的学习资源、参加主题讲座等方式接触和了解心理资本和积极心理学的知识和训练方法。同时，掌握积极自我暗示的训练方法会促进自我调控能力的发展。积极自我暗示指个体通过语言、行为或环境对自我心理产生积极影响的过程。通过有意识的积极自我暗示训练进行自我强化训练，巩固习惯，形成操作性条件反应，培养意志力，促进自我调控能力的良好发展。

2. 增强特殊教育教师的职业使命感

职业使命感的内涵主要包括三个方面：① 按其来源可以分为两种因素：内因是个体内心与信仰，外因是社会需要；② 强烈的目标感和意义感；③ 具有利他性或亲社会性倾向。

对于特殊教育教师来说，职业使命感指的是教师把特殊教育工作看成是一份有价值、有意义的工作，认真对待教学任务，完成教育工作，关爱特殊学生，引导其良好适应社会的发展。教师职业使命感具有超越、实践和动态的特性。超越性指的是教师超越一切常规定义下的性别、年龄、人种等概念，达到有教无类、因材施教的程度；实践性指的是教师奉献于教育教学工作中，在一线了解学生的所需、所想、所得，真切了解学生个体，尊重学生主体地位，把学生看作是发展的人、独特的人，热爱学生与教育事业；动态性则是教师在教育教学过程中，不能“一池死水”，而需要“流水不腐”。教师需要深知“给学生一碗水，教师需要有一桶水”的道理；要关注自身成长，从关注教学任务倾向逐渐过渡到关注自我发展和塑造职业使命感的目标上去；要通过长期的学习和反思，使教师成为学生源头活水的引导力量。

2018 年全国教育大会上，习近平总书记指出：“教师是人类灵魂的工程师，是人类文明的传承者，承载着传播知识、传播思想、传播真理，塑造灵魂、塑造生命、塑造新人的时代重任。”拥有较高职业使命感的教师，往往对其工作有高度的责任心和亲社会倾向，强烈的职业使命感对教师工作和教学能够起到积极的助推作用。新时代的教师，尤其是长期面对特殊学生的特殊教育教师更应该培养自己的职业使命感，这不仅是因为特殊学生更需要教师、学校乃至社会的关爱和悉心呵护，更是由于特殊教育教师因工作强度过高而导致职业使命感降低。何知晓(2020)的研究表明，教师长期处于心理超负荷状态下，不仅影响其身心健康和工作效率，更会因为压力过大导致职业使命感降低，对工作的满意度下降和增加离职率。赵小云等(2019)的研究显示，皖北地区特殊教育学校中仅有23.6%的教师具有较高的职业使命感，14.2%的教师对工作有较高的满意度。因此，培养特殊教育教师的职业使命感，引导他们把爱与奉献投入到教育事业中去迫在眉睫。

要培养特殊教育教师的职业使命感，从教师职业使命感的超越、实践和动态三个特性看，首先就需要特殊教育教师认真学习贯彻相关职业规章制度和职业道德准则。2015年，教育部印发的《特殊教育教师专业标准(试行)》明确指出特殊教育教师需要以"师德为先、学生为本、能力为重、终身学习"四个基本理念来要求自身。其中"师德为先"这一方面着重强调了教师应"平等对待每一位学生，尊重学生人格尊严，不歧视、讽刺、挖苦学生"和"理解残疾是人类多样性的一种表现，尊重个体差异，主动了解和满足学生身心发展的特殊需要"。因此，特殊教育教师应从熟悉特殊学生身心发展规律入手，充分理解和接纳特殊学生，根据学生的个体差异和身体状况采取不同的教育策略与方法，以求达到一视同仁、有教无类的目的。其次，教师职业使命感的实践性启发特殊教育教师从多角度关注学生问题和积极反思师生互动关系。由于所教对象的特殊性，他们在语言和行为表达上有诸多不便，这就需要特殊教育教师在日常的学习和生活中付出比对普通学生更多的关爱。教师要主动了解学生残疾原因、类型、发展水平和程度，主动满足学生合理需求，主动协助专业人员帮助学生进行康复训练和心理疏导。在师生关系出现不良互动时，特殊教育教师要通过换位思考的方式，理解学生的感受，反思自身不当行为，积极悦纳学生、帮助学生。最后，教师职业使命感的动态特性则需要教师在特殊教育事业中不断地汲取经验以获得成长。这不仅要求特殊教育教师自身具有"敏而好学，不耻下问"的求知精神和"终身学习，学无止境"的学习精神，更需要学校对特殊教育教师给予更多的关注、理解与支持。一般而言，精神型领导通过塑造利他主义的价值观，引导下属形成使命感和职业信仰，从而达到组织与员工间的共同愿景。精神型领导营造的和谐温暖的工作氛围将潜移默化地感染教师，使教师对自身所承担特殊教育事业中的责任更加认同，对特殊教育事业的未来更有信心，这不但提高教师对领导的信任感和对学校的归属感，还促进教师职业使命感的提升。

3. 提高特殊教育教师的人际交往能力

人际交往和谐的主要特点是信任、合作、利他、真诚、沟通。和谐的人际交往可以提高沟通效率和减少非必要的支出。个体在进行社会化过程中，不可避免地需要与他人进行沟通、交流与合作。在遭遇负面事件从而产生无从发泄的负面情绪时，一位好的倾听者会给予个体无形的支持力量和有形的帮助。在互联网蓬勃发展的今天，人际交往不单局限于现实生活中的面对面交流的形式，更扩展到虚拟网络环境下多样化的聊天形式。不论何种渠道的人际交往，如果能对个体起到积极正向的作用，则都对人际交往和谐的发展产生良好影响。因此，拥有良好的人际交往能力是维持人际交往和谐的重要因素。

在特殊教育行业中，良好的人际交往能力指的是特殊教育教师能够与他人进行有效的交流沟通，在遇到压力和挫折时可以相互扶持、互帮互助、合作共赢。良性的人际关系不仅能把自己的感受和体验及时分享给朋友，更重要的是在经历痛苦和忧愁时可以排解心中的压力情绪，对于特殊教育教师来说亦是如此。郭雯等(2015)指出，教师的人际交往能力会在一定程度上影响学生的学业成绩、人格发展与心理健康。和谐的人际交往并非仅以朋友数量来衡量，还需参考个体是否能够良好适应日常工作和生活的人际环境。目前，从事特殊教育工作的教师因其工作环境和人际交往圈的相对简单，通常需要长期投入大量精力来面对各种智力和行为障碍的特殊学生。这些情况都会导致特殊教育教师身心处于疲劳状态，产生各种不适症状，造成教师的人际交往敏感和出现对工作的敌对情绪。对于这些现象，更应该鼓励特殊教育教师学会维护同事之间的和谐关系，积极拓展人际交往圈，提高自身人际交往能力的同时也能对学生学业和未来发展产生积极影响。

景丽珍等(2013)的研究表明，同事关系可以分为两种维度，一种是教师与同事之间的学术关系，即教师把同事看作科研与教学合作对象；另一种是教师与同事之间的人际关系，指互尊互爱、坦诚交流的关系。基于这个观点，可以从两方面入手提高特殊教育教师的人际交往能力。第一，通过学校层面定期组织人际交往能力专题技能培训，促使教师形成技能学习小组，推动互助学习和沟通交流的发生。郭雯等(2015)的研究显示，教师经过人际交往技能培训后人际沟通能力和积极人际关系分数显著提高，学生对教师的印象更好。因此，通过专题培训不仅可以提高教师的人际交往能力，而且对师生关系的良性发展起到积极影响。此外，还可以通过提供交流平台，营造良好的沟通环境来促进教师人际交往能力的发展。特殊教育教师的工作性质决定其不可避免会面临诸多难题,比如新手老师在运用教学策略时不如高教龄教师成熟,常常无从下手、不得要领,在教学方法和教学过程中向老教师"取经"就能很好地拉近与老师之间的距离。学校组织教师经验交流会和教学研讨会不仅有利于教师技能的提升,有效形成"老带新",促进新手教师的专业发展,更有利于新老教师之间的互动和人际沟通,为原有教师团队注入新力量,使团体更具有凝聚力和向心力。第二,在特教教师自身层面,通过适当自我表露来促进人际关系的发展。自我表露,即人际交往过程中个体主动在他人面前真实地展露自己思想和行为的过程。自我表露的广度、深度和渐进程度都影响着人际交往的发展,其通过缩减人际间心理距离和建立相互信任感,提高人际沟通的有效性,直接反映了人际关系的亲密程度。适度自我表露,不仅能分享快乐,宣泄负面情绪,更是拉近彼此心理距离的良好方式。特殊教育教师在日常人际交往中,适时适度倾诉自己的想法、观点、喜好、经验,不仅是进行自我调节,更能促进人际交往和谐。同时,特殊教育教师还可以通过培养自身积极乐观的态度使个体形象更具有魅力和亲和力,让人感到容易相处和交往,既有利于人际关系亲密程度的提高,又促进自身人际关系能力的发展。

四、积极应对危险性因素

危险性因素是指一些不利条件或者具有挑战性的情况中的一种普遍威胁。危险性因素包括个体危险性因素和环境危险性因素。个体危险性因素主要包括:消极的自我信念或缺乏自信,寻求帮助时的困难,以及在个人自信和所运用的实践中感受到的冲突。环境危险性因素主要包括:职前培训项目、家庭、学校或教室及职业工作这一大背景。20 世纪末兴起的积极心理学冲击了传统的"消极心理学",也为心理弹性的研究提供了新思路,通过规避危险性因素,可以有效促进心理弹性的提升。

(一)扬长避短,积极拓展心理资源

教师这一职业在大众观念中是有文化素养的知识分子,大众对这一群体的期望较高,但是相对于其他职业,教师的工作环境较为简单封闭,从事教育教学工作主要与学生打交道,社会经验不足。所受的期待让教师对自身有高要求,更渴望获得认同感,此时如果自身的心理弹性不高,一旦遭受负性事件,易陷入自我怀疑和否定,形成消极的心理应对方式。特殊教育教师作为教师队伍的一分子,因为其自身特殊的工作性质,更容易遭受外界的质疑,承受的压力更大,也更容易面临一些不利的因素。关于特殊教育教师面临的个人危险性因素,研

究结果表明，部分教师表示“专业知识无法正确用到工作中，特殊教育康复专业毕业，现教授聋教育，感到不对口”“自己的工作经验不足，却担任班主任、教研组长等职务，工作压力大”“自己的专业技能和专业知识不够强硬，满足不了学生的需求”“教育教学经验不足，技能缺乏”……这些都是来自一线特殊教育教师的真实心声，反映个人危险性因素的存在。因此，面对危险性因素，如何扬长避短，积极拓展自身的心理资源，成为摆在特殊教育教师面前的急需解决的重要问题。

个体的心理弹性具有四种作用：① 减缓危险性因素的影响；② 减缓连锁反应；③ 促进个体获得效能感与自我尊重；④ 寻找机遇。因此，要善于利用心理弹性的作用机制，通过对已有知识经验的利用及时判断和规避风险，减缓压力对自身的损害和危险性因素的影响；及时发现潜伏因素和正在发生的因素，并正确应对，防止错误决策导致下一次危险性因素的发生，实现自我保护程度最大化，有效遏制连锁反应带来的负面影响；通过成功经验获得自我效能感，充分肯定自身价值，提高自尊水平，促进个体自我效能感与自我尊重的提高；锻炼心理承受能力，学会在逆境中放平心态，在失意时砥砺心志，在机会来临时抓住机遇。

从心理弹性的作用机制看，成功面对压力和挑战可有效促进个体心理弹性的重组。叶艳等(2014)的研究发现，个体的抑郁症状会增加个体随后遭遇的应激事件，使个体处于危险的环境中。相对于无抑郁表现的个体，有抑郁症状的个体易对随后的应激事件产生敏感性，发生“敏化效应”。心理弹性能缓冲应激事件对抑郁的负面影响，即相对于低心理弹性个体，经历创伤后仍保持高心理弹性的个体应对应激事件的能力较强，对消极经历的敏感性降低，易发生“钢化效应”。不同的人面对不同的压力环境，做出的反应也是不同的，有人面对逆境愈挫愈勇，有人却在逆境中迷失自我，在低谷中徘徊不前。如果特殊教育教师面对负性事件产生抑郁症状，用消极方式处理事件，可能会对随后而来的应激产生敏感性，产生“敏化效应”，长此以往，更不利于心理状态的改善。这也启示特殊教育教师需要保持高弹性心理，每一次正确有效地面对困境都能总结经验，增强自信心和复原力，产生“钢化反应”。作为一名特殊教育教师，实现从教理想的道路上并不只有鲜花，也有荆棘和坎坷，要学会摒弃消极的负性情绪，时刻保持自我的高要求，在奉献中恪守自我，在沉淀中丰富羽翼。

Richardson(2002)的心理弹性模型阐述了如果保护因素无力抵抗危险生活事件的冲击，那么就会产生系统失调重组，并导致如下情况的发生：① 心理弹性重组,即个体生物心理精神系统不仅恢复到了原来的水平,而且在原基础上有了进一步的提高。② 回归性重组,即个体生物心理精神系统又恢复到了原来的状态。③ 缺失性重组,即个体在达到新的平衡态时放弃了自己原有的一些动机、理想或信念。④ 机能不良重组,即个体通过药物滥用、危险行为等来应对危险生活事件。如果特殊教育教师自身的保护性因素成功抵抗危险生活事件的影响,出现心理弹性重组和回归性重组是有益结果,但如何避免出现缺失性重组和机能不良重组是一个重要问题。张勇等(2006)则指出,在影响心理弹性的个人危险性因素中,个体情感和行为的调整应该定位于认知领域,应将危险性因素放到认知领域进行修饰以缓冲它对心理调整的影响。这就强调了正确认知的重要作用。人在很多时候无法改变外界的客观环境,但可以树立自己正确的认知,增强内心力量,以克服个人危险性因素。特殊教育教师从教时,需要对其工作性质和内容有清晰的认识。由于教育对象是特殊学生,相比普通教师的工作难度大,这是不可避免的客观事实,要有充分的心理准备应对,设想多种可能发生的课堂突发事件,牢记自身的使命,在教学岗位上奉献自己。

当然,个人有效应对危险性因素,积极拓展心理资源的能力不是一朝一夕能够形成的,需要不断地积累经验,增加知识和技能,是一个从量变到质变的过程,需要特殊教育教师汲取积极心理学的力量,并在日常的教育教学过程中始终保持乐观的心态。除了乐观的心态,对职业的高度认同和责任感也是特殊教育教师积极心理资源的重要组成部分。王丽(2017)的研究表明,职业认同感的各个因子和总分均与心理弹性的各个因子呈现显著的正相关,其中的职业保障和职业认知均与乐观性的相关度最高,心理弹性作为中介因素对教师的职业认同感有较大的预测作用。这一结果启示特殊教育教师在保持乐观心态的同时,也需要对自身职业有深刻的认识,增强职业认同感、责任感和使命感,争取更好的职业保障。

总而言之,面对个人危险性因素,特殊教育教师需要积极拓展心理资源,树立正确认知、自尊自爱、严以律己、增强责任感、明确自身的使命,用广阔的胸怀包容外界,用爱感化学生,引领学生在进步的阶梯上前行。

(二) 化险为夷,积极应对不利环境

个体的社会化过程是心理不断发展的过程,关注特殊教育教师的个人内心,也要关注他们所处的环境,心理弹性的外部危险性因素划分为三种情况:① 长期处于不利的社会环境中;② 遭受创伤性事件或严重灾难;③ 以上两种情况的结合。早期研究者将环境危险性因素归纳为受到的来自父母不正确的教养方式、破裂的家庭、社会经济因素、不良同伴的影响、学校与社区的影响等。本研究调查了部分特殊教育教师关于所处环境的想法，比如“被领导强迫去做一些自己专业达不到的事情，可能还会占用双休日，对此很苦恼”“同事不帮忙，还看笑话”“现在学校针对智障生配套的教学功能室没有建立，缺少情景教室、体验室等”“教材不够匹配，实用性不够强”“教师工资太低，勉强生活，除了每个月打卡 2 000 元，年终 10 000 元，没有额外补助”“工资低、地位低，政府重视度不够”“社会上有些人不认同我所从事的特殊教育职业”“智障孩子的日常行为很令人头疼，有时很难纠正”，等等，说明有些特殊教育教师的负性情绪主要来源于社会评价的偏颇和职场工作的压力。根据马斯洛的需要层次理论，人有被尊重、归属与爱的需求，特殊教育教师需要感受到在工作单位和家庭的归属感以及被社会的认可。积极心理学也倡导建立积极的小系统，包括健康的家庭、关系良好的社区、有效能的学校、有社会责任感的媒体，造就人类幸福的环境条件及影响天才发展、创造力的体现、培养和发挥的环境因素。特殊教育师要提高自身的心理弹性，除了克服个人危险性因素，以唤醒主观幸福感和积极心理状态，还要积极应对所处的各种不良环境，营造良好的环境氛围。

就家庭环境而言，家庭因素对个体心理弹性的影响主要通过依恋风格、父母教养方式和家庭氛围等施加。张勇等(2006)的研究表明，家庭环境和个性因素以认知倾向为中介对情绪产生影响。特殊教育教师作为已经有社会经验的成年人，早期的家庭教育对其人格的塑造相对成形，但仍可以用一些手段改善自己的心理状态，对家人多些关心，营造家庭温暖港湾，同时也会有助于自身性格的改善。本研究调查了特殊教育教师的家庭支持情况，发现部分特殊教育教师表示“家人觉得特教现在薄弱，可以有一番作为，竞争力小，更多的是精神支持”，家人给了他们很多温暖。特殊教育教师不仅只有教师的角色，也扮演着为人儿女、为人父母的角色，需要家庭的温暖和爱。他们在面对外界的危险性因素时，要积极塑造温暖的家庭氛围，把家庭作为支持自己积极的资源。

就学校环境而言，学校作为特殊教育教师的所属工作单位，不应顾此失彼，不能在关注特殊儿童身心健康的同时忽视教师的心理健康，而是要积极营造良好的学校环境，克服不利于特殊教育教师提升心理弹性的不利环境。具体而言，可以从以下两个方面入手：首先，教学是学校活动的中心，要为特殊教育教师提供工作需要的物资和特殊教学器材，方便教学，为特殊教育教学提供物资保障，同时学校和教育主管部门应该切实落实政策，给予特殊教育教师应有的经济保障。其次，学校领导和教师并不是权威和服从的上下级关系，而是为了一个目标,团结协作的互助关系。工作上,领导部门要制订详尽可行的教学计划,以方便教师的课程安排,完成教学目标;生活上,领导应多与教师沟通,及时了解其需求,给予人性的关怀和温暖,营造平等友善的沟通交流氛围,建立公平公正的教师职评机制,培育清正廉洁的师风师德,使教师们积极向上、健健康康地工作,让广大的特殊教育教师从心到身都能有依靠之地。

最后,社会支持系统能有效提高个体的心理弹性。本研究访谈了部分特殊教育教师,他们表示社会人士的不理解、不支持以及歧视给他们带来很大的心理压力。虽然社会上对特殊教育教师的认可度在提高,但是质疑的声音依旧存在,政府作为社会支持的主体,需要采取相应的措施,加大支持力度。比如,可以利用EAP技术(员工心理援助项目),即通过专业人员对组织的诊断、建议和对员工及其亲人提供的专业咨询、指导和培训,改善组织管理,为特殊教育教师解决社会、心理、管理和健康等方面的问题建立一套系统、长期的福利与支持项目。谷向东等(2004)的研究也表明,EAP技术可以预防特教教师的职业倦怠。对特殊教育教师实施EAP技术要采用人性关怀的手段,科学的理论知识,合理规范的管理体制,切合实际的途径,切实对特殊教育教师起到积极的作用。“一把钥匙开一把锁”,EAP技术帮扶的结果可采用组织观察评估、心理中心的报告评估及教工自评等形式,根据特殊教育教师的实际情况进行深入了解,对症下药,增强其职业信心和角色认同感。当然,克服特殊教育教师面临的环境危险性因素,是一个长期的、持续的过程。当地心理健康卫生中心也可以定时对特殊教育教师的心理进行评测和追踪,对于异常指标需要上报,为需要帮助的教师提供心理咨询,必要时予以心理治疗。此外,面对特殊教育教师这一群体,除了运用个体治疗技术外,也可以进行团体治疗,比如采用巴林特小组技术,用多方位角度看待心理矛盾冲突、在角色互换中领悟方法等,综合多种资源帮助他们脱离困境。

附　　录

附录 1　特殊教育教师心理健康及影响因素访谈提纲

作为一名特殊教育教师，在日常的教育教学实践过程中：

(1) 您喜欢特殊教育教师这个职业吗？您觉得特殊教育教师是一份比较轻松的职业吗？

(2) 请描述一下您的工作和在生活中的状态以及您对自己目前工作的感受和评价。

(3) 对于当前的工作和生活，您觉得自己的心理状态如何？有过焦虑、抑郁、人际关系敏感、敌对等感受吗？您认为有这些心理的不适症状，主要问题出在哪儿？(工作、生活、自身等)

(4) 您觉得社会方面是否对您的心理造成不适？(教师的社会地位、社会各界对特殊教育教师的要求等)？您的家人是否支持您的工作？(如自己的家庭问题、婚恋交友、子女教育和经济问题)

(5) 您认为您的心理状态是否有自身的原因？比如说？

(6) 心理理压力给您造成了什么影响？你一般是怎么解决的？

(7) 对于特殊教育教师的心理问题，您最希望得到哪些帮助？

附录 2　特殊教育教师心理弹性影响因素访谈提纲

作为一名特殊教育教师，在日常的教育教学实践过程中：

(1) 曾经或正在面临着哪些压力或困境？您是如何解决或摆脱这些压力或困境的？这些压力或困境对您的身心造成了哪些影响？

(2) 在面临压力或困境的时候，您获得过外界的支持和帮助吗(例如来自家庭、学校、社区、政府、朋友、同事、学生、文化、影视、书籍、网络等方面的支持与帮助，等等）？他们是如何支持和帮助您的？在面临压力或困境的时候，哪些外界的因素不但没有支持与帮助您，反而加深了您的压力或困境？

（3）一个人的身上往往具备一些特征或品质，自己的哪些特征或品质有利于您解决或摆脱面临的压力或困境？自己的哪些特征或品质不利于您解决或摆脱面临的压力或困境？

附录 3　症状自评量表(SCL-90)(部分)

	从无	轻度	中度	相当重	严重
1. 头痛					
2. 神经过敏，心中不踏实					
3. 头脑中有不必要的想法或字句盘旋					
4. 头晕和昏倒					
5. 对异性的兴趣减退					

附录 4　中国成年人心理弹性量表(部分)

	完全不符合	不太符合	比较符合	完全符合
1. 我能战胜困难主要是因为我的能力强				
2. 过去的痛苦经历让我难以肯定自己人生的价值				
3. 我能够控制自己的生活				
4. 我总能看到事情光明的一面				
5. 生活遭遇困难或陷入困境时，我知道在哪里能获得帮助				

附录5　特殊教育教师心理弹性影响因素总问卷

	完全不符合	不太符合	比较符合	完全符合
1. 我所拥有的理论知识对我的日常教学帮助不大				
2. 学生的情绪问题会使我产生无力感				
3. 社会上有些人不认同我所从事的特殊教育职业				
4. 我很难选择适合学生的教学内容				
5. 我不能很好地管理课堂				
6. 学生经常有流口水、说谎、打人等行为				
7. 我感觉自己的反应能力下降				
8. 我感觉自己升职的空间不大				
9. 虽然经常加班，但我感觉付出与回报不成正比				
10. 学校给我安排的课程过多				
11. 家人、身边的朋友不理解我的工作				
12. 特教津贴发放不平衡				
13. 我的薪资太低				
14. 我所带的班级里学生人数过多				
15. 学校提供的教具有限				
16. 学校领导忽视我的努力				
17. 我缺乏康复训练方面的知识				
18. 我认为职称晋升太难				
19. 我认为学校选择的教材实用性不强				
20. 家长不能很好配合我的工作				
21. 留守学生多，不利于家校合作				
22. 学校的教研活动少				
23. 有的家长溺爱孩子				
24. 教学参考书少				
25. 工作带给我的愉快体验少				
26. 学校的硬性设施如情景教室、体验教室不完善				
27. 我不想与他人提及自己的工作				
28. 我工作的地方离家远，不能照顾家人				

续表

	完全不符合	不太符合	比较符合	完全符合
29. 我的专业技能无法满足我的日常教学				
30. 学生的逻辑思维能力发展不足				
31. 特殊教育教师的社会地位低				
32. 学生不遵守上课规则，影响教学				
33. 我的教学经验不足				
34. 我的执行能力强				
35. 学生动手操作能力较弱				
36. 学生残障类别复杂，让我难以应对				
37. 日常教学中，我能得到同事的指导和帮助				
38. 家人认为特殊教育行业前景不错				
39. 同事会帮忙代课				
40. 学校领导十分关心和照顾我				
41. 学生的一些温暖举动会让我感动				
42. 同事之间喜欢说三道四、争名夺利				
43. 家长能理解、配合我的工作				
44. 学校给我安排的工作量不大				
45. 朋友建议我转到普校				
46. 学校领导很支持我的工作				
47. 家长对孩子的期望过高				
48. 学生不配合我的工作				
49. 社会中有些人理解我工作的辛苦				
50. 我的工资低、经济压力大				
51. 学生表达对我的喜爱，我会感到非常开心				
52. 学生的乐观态度激起我的工作热情				
53. 学校积极解决集体活动中的意外情况				
54. 我的家庭琐事很多，得不到休息				
55. 学校的教学资源少				
56. 学校会提供外出培训的机会				
57. 社区会提供场所供师生实践活动				
58. 网络资源能够为我提供帮助				
59. 同事间会相互鼓励				

续表

	完全不符合	不太符合	比较符合	完全符合
60. 社区融合实践教育活动中，他人会尊重我的学生和工作				
61. 网络世界中，人们对特殊儿童的认识与现实不符				
62. 学生的表现能达到我的预期				
63. 家人愿意听我的倾诉				
64. 社区不支持我的工作				
65. 学校对我的要求过高				
66. 焦虑时，身边的朋友会开导我				
67. 压力大时，朋友会陪我通过逛街、购物、散步、登山等来减压				
68. 读书做笔记能让我静下心来				
69. 我的家人支持我的工作				
70. 学校能提供足够的专业书籍				
71. 学校会开展相关专业讲座				
72. 观看喜剧电影或者听音乐能让我减压				
73. 学生家长尊重我的工作				
74. 学生配合我的教学工作				
75. 学校会安排有经验的老师对新教师进行指导				
76. 我的家人会为我准备好教学用品				
77. 书籍能够为我提供解决困惑的方法				
78. 我能积极发掘自己身上的闪光点				
79. 我乐于帮助同事				
80. 我的意志力不强				
81. 我注重同事之间的沟通交流与合作				
82. 我的性格内向，不善言谈				
83. 我喜欢和特殊儿童相处，真诚地想帮助他们增长知识、发展潜能				
84. 我有问题解决能力				
85. 我希望在特殊教育领域有所成就				
86. 我的脾气倔强				

续表

	完全不符合	不太符合	比较符合	完全符合
87. 我缺乏与人沟通的技巧				
88. 我喜欢特殊教育工作				
89. 我比较悲观				
90. 我能够在团体活动中与同事和谐相处				
91. 在工作过程中,我容易情绪化				
92. 我容易多愁善感				
93. 我对工作和学生有耐心				
94. 我的意志力坚定				
95. 我在空余时候会安排轻松愉快的活动				
96. 我容易焦虑				
97. 我自信心不足				
98. 我把帮助特殊儿童作为自己的使命和责任				
99. 我会积极请教有经验的前辈以积累工作经验				
100. 我总感觉外界对我的职业进行嘲讽				
101. 我制订计划的能力强				
102. 我能很好地控制自己的情绪				

参考文献

安丹丹，张小永，2020. 幼儿教师情绪劳动与职业幸福感的关系：情绪耗竭和社会支持的作用[J]. 心理技术与应用(10)：577-588.

陈红艳，2009. 从进化心理学角度探析自我接纳[J]. 牡丹江教育学院学报(6)：99，113.

丛中，高文凤，1999. 自我接纳问卷的编制与信度效度检验[J]. 中国行为医学科学(1)：20-22.

冯辉，陈玉明，刘寒，等，2020. 积极心理团体训练对特殊教育教师心理弹性与自我效能的影响[J]. 中国心理卫生杂志(8)：635-642.

谷向东，郑日昌，2004. 员工援助计划：解决组织中心理健康问题的途径[J]. 中国心理卫生杂志(6)：398-399.

顾璐巧，2015. 宁波市特殊教育教师心理健康状况的调查研究[C]//浙江省心理卫生协会第十一届学术年会暨第二届心理咨询大会论文集. 杭州：140-144.

郭雯，刘翔平，穆宝华，等，2015. 教师人际沟通技能培训效果的研究[J]. 教育科学研究(9)：55-60.

关荐，方静，2013. 中学教师心理弹性与离职倾向的关系研究[J]. 现代中小学教育(7)：79-82.

何玲，2015. 流动儿童的抗逆力与自尊、社会支持、自我效能感的关系研究[J]. 首都师范大学学报(社会科学版)(3)：120-127.

何知晓，2020. 幼儿教师职业使命感、心理弹性与职业成功的关系研究[D]. 沈阳：沈阳师范大学.

景丽珍，杨贞兰，2013. 同事关系对高校教师工作绩效的影响[J]. 高等教育研究(5)：39-45.

柯江林，孙健敏，李永瑞，2009. 心理资本：本土量表的开发及中西比较[J]. 心理学报 (9)：875-888.

雷雳，王雁，2017. 特教教师职业适应现状及与心理弹性关系的实证研究：基于 S

市特殊教育学校的调查[J]. 中国特殊教育(3):21-27.
李秀,2018. 四川省特校教师和普小教师心理健康水平比较研究[J]. 绥化学院学报 (4):120-124.
李志凯,2009. 留守儿童心理弹性与社会支持的关系研究[J]. 中国健康心理学杂志 (4):440-442.
梁宝勇,程诚,2012. 心理健康素质测评系统·中国成年人心理弹性量表的编制[J]. 心理与行为研究(4):269-277.
林崇德,杨治良,黄希庭,2003. 心理学大词典[M]. 上海:上海教育出版社.
刘兴华,王偲偲,2009. 创伤后应激障碍的接纳和觉知疗法述评[J]. 首都师范大学学报(社会科学版)(5):66-70.
刘艳玲,2012. 新河县中小学教师自我接纳、教学效能感与综合幸福感的关系研究[D]. 石家庄:河北师范大学.
马伟娜,桑标,洪灵敏,2008. 心理弹性及其作用机制的研究述评[J]. 华东师范大学学报(教育科学版)(1):89-96.
毛晋平,文芳,2009. 气质性乐观与教师职业倦怠、教学效能感的关系[J]. 心理研究 (1):64-68.
孟凡锐,2013. 幼儿教师心理弹性水平提升策略探析[J]. 学校党建与思想教育(5):36-37.
孟万金,2008. 积极心理健康教育[M]. 北京:中国轻工业出版社.
缪佩君,谢姗姗,陈则飞,等,2018. 幼儿教师心理弹性与职业倦怠的关系大五人格的中介效应[J]. 心理与行为研究(4):512-517.
潘霭明,张屹,张旭东,2016. 农村教师心理弹性与工作压力的关系:应对方式的中介作用[J]. 肇庆学院学报(6):53-57,63.
齐晓栋,张大均,邵景进,等,2012. 气质性乐观与心理健康关系的元分析[J]. 心理发展与教育(4):392-404.
商秀梅,李高明,2007. 6 所特殊教育学校教师心理健康状况调查[J]. 中国听力语言康复科学杂志(5):54-56.
申继亮,王凯荣,2000. 论教师的教学能力[J]. 北京师范大学学报(人文社会科学版) (1):64-71.
申仁洪,林欣,2007. 重庆市特殊教育教师心理健康与社会支持研究[J]. 中国特殊教育 (6):80-84.
石林,王志云,任海燕,2006. 不同应对风格个体的幸福感研究:应对风格问卷的修改与应用[J]. 心理发展与教育(4):109-114.

孙颖,王善峰,杜媛,等,2020. 基于生态系统理论构建的融合教育专业支持系统探究:以北京市为例[J]. 中国特殊教育(7):24-30.

宋广文,何云凤,丁琳,等, 2013. 有留守经历的中学生心理健康、心理弹性与主观幸福感的关系[J]. 中国特殊教育(2):87-91.

王登峰,1996. 心理控制源期望的认知一知识系统模型[J]. 心理学报(1):70-75.

王丽,2017. 生态教育视域下高职青年教师职业认同感与心理弹性辩析[J]. 淮北职业技术学院学报(4):27-29.

王书荃,2005. 学校心理健康教育概论[M]. 北京:华夏出版社.

王帅,2013. 中小学教师学业乐观影响因素研究[D]. 上海:华东师范大学.

王小珍,2017. 社会支持、应对方式对宁波市特教教师心理健康的影响[J]. 中小学心理健康教育(27):18-22.

席居哲,2006. 基于社会认知的儿童心理弹性研究[D]. 上海:华东师范大学.

席居哲,桑标,左志宏,2008. 心理弹性(Resilience)研究的回顾与展望[J]. 心理科学(4):995-998,977.

徐海玲,2007. 自我概念清晰性和个体心理调适的关系[J]. 心理科学(1):96-99.

徐美贞,2004. 特殊教育教师心理健康状况的调查研究[J]. 中国特殊教育(2):64-67.

徐媛,2010. 特殊儿童家长的心理弹性研究[D]. 上海:华东师范大学.

杨春潇,张大均,梁英豪,等,2016. 大学生社会支持与抑郁情绪关系的 meta 分析[J]. 中国心理卫生杂志(12):939-945.

杨柳,孟万金,2013. 特殊教育教师的社会支持探析[J]. 中国特殊教育(3):19-22,29.

姚海娟,张忠堂,2014. 人格特征在中学生社会支持与心理韧性中的中介作用[J]. 中国健康心理学杂志(1):93-96.

于红莉, 2007. 特殊教育教师心理健康状况的调查研究[D]. 长春:东北师范大学.

叶艳,范方,陈世键,等,2014. 心理弹性、负性生活事件和抑郁症状的关系:钢化效应和敏化效应[J]. 心理科学(6):1502-1508.

于斌,乐国安,刘惠军,2014. 工作记忆能力与自我调控[J]. 心理科学进展(5):772-781.

俞国良,宋振韶,2008. 现代教师心理健康教育[M]. 北京:教育科学出版社.

张敏，2010.青少年情绪弹性及其对认知的影响[D].上海：上海师范大学.

张冉，叶超，2018.情绪劳动对特殊教育教师心理健康的影响：基于调节性中介模型的实证分析[J].福建师范大学学报（哲学社会科学版）（1）：146-153，159，172.

张勇，张亚林，2006.儿童和少年情绪障碍相关社会心理因素探讨[J].医学与哲学（人文社会医学版）（6）：72-74.

张羽，邢占军，2007.社会支持与主观幸福感关系研究综述[J].心理科学（6）：1436-1438.

张珏，谢佳容，2014.心理健康主流化：促进与复元[J].护理杂志（2）：18-25.

章永，魏欣，2014.特殊教育教师幸福感与职业倦怠、心理健康的关系：以四川省特殊学校为例[J].基础教育（5）：70-75.

赵丽婷，王雁，2016.特教教师核心自我评价与心理健康：领悟社会支持的中介作用[J].中国特殊教育（6）：78-83.

赵娜，2009.武汉市特殊学校教师教学效能感、工作满意度、职业倦怠及其相互关系的研究[D].武汉：华中师范大学.

赵巧云，2009.我国特教教师专业化发展标准刍议[J].中国特殊教育（4）：14-18.

赵小云，薛桂英，徐丽丽，2019.特殊教育教师的学校支持感、职业使命感与工作满意度的关系[J].贵州师范大学学报（自然科学版）（2）：109-113.

赵小红，王雁，2012.国内特殊教育教师心理健康状况研究进展[J].中国特殊教育（3）：17-20.

郑晓坤，2017.中国特殊教育师资培养研究（1978—2016）[D].长春：东北师范大学.

曾守锤，李其维，2003.儿童心理弹性发展的研究综述[J].心理科学（5）：1091-1094

周厚余，2016.积极心理学视角的特殊教育教师情绪劳动策略研究[J].教师教育研究（1）：61-66，88.

周玉衡，刘晓燕，2013.山东省特殊教育教师心理健康状况调查研究[J].中国特殊教育（1）：62-67.

朱琳，2005.论聋校教师心理健康及其促进[J].中国特殊教育（9）：70-73.

竺辉，2004.2003年国内教师心理健康问题研究综述[J].宁波大学学报（教育科学版）（3）：22-25.

ALBRECHT S F, JOHNS B H, MOUNSTEVEN J, et al., 2009. Working conditions as risk or resiliency factors for teachers of students with emotional and behavioral disabilities[J]. Psychology in the schools, 46(10): 1006-1022.

BELKNAP B, TAYMANS J, 2016. Risk and resilience in beginning special education teachers[J]. Journal of special education apprenticeship(1):1-19.

BOBBIO A, BELLAN M, MANGANELLI A M, 2012. Empowering leadership, perceived organizational support, trust, and job burnout for nurses: a study in an Italian generalhospital[J]. Health care manage review (1):77-87.

BOE E E, 2006. Long-term trends in the national demand, supply, and shortage of special education teachers[J]. The journal of special education(3): 138-150.

BREEMAN L D, VAN-LIER P A C, WUBBELS T, et al., 2016. Effects of the good behavior game on the behavioral, emotional, and social problems of children with psychiatric disorders inspecial education settings[J]. Journal of positive behavior interventions(3):156-167.

CARBONELL D M, REINHERZ H Z, GIACONIA R M, 2001. Risk for depression and resilience in late adolescence[J]. Prevention researcher(4):7-9.

CHESAK S S, KHALSA T K, BHAGRA A, et al., 2019. Stress management and resiliency training for public school teachers and staff: a novel intervention to enhance resilience and positively impact student interactions [J]. Complementary therapies in clinical practice(37):32-38.

CUNNINGHAM T G A, 2015. Phenomenological study of the resiliency of special education teachers[D]. Philadelphia: Drexel University.

DAY C, 2008. Committed for life? Variations in teachers' work, lives and effectiveness[J]. Journal of educational change(3):243-260.

ERVASTI J, KIVIMÄKI M, PENTTI J, et al., 2012. Work-related violence, lifestyle, and health among special education teachers working in finnish basic education[J]. Journal of school health(7):336-343.

FORE C, MARTIN C, BENDER W N, 2002. Teacher burnout in special education: the causes and the recommended solutions[J]. High school journal 86(1):36-44.

GOULDNER A W,1960. The norm of reciprocity:a preliminary-statement[J]. American sociological review(2):161-178.

HARRISON M,2016. Release, reframe, refocus, and respond:a practitioner transformation process in a reflective consultation program[J]. Infantmental health journal(6):670-683.

HOWARD S, JOHNSON B, 2004. Resilient teachers: resisting stress and burnout[J]. Social psychology of education(4):399-420.

JENSEN S A,2008. Relationship between personality type and job burnout among special education teachers[D]. Minneapolis:Capella University.

JUDGE T A, EREZ A, BONO J, 1998. The power of being positive: the relation between positive self-concept and job performance[J]. Human performance(2-3):167-187.

KOSKI L, PAUS T, 2020. Functional connectivity of the anterior cingulate cortex within the human frontal lobe: a brain-mapping meta-analysis[J]. Experimental brain research(1):55-65.

KUMPFER K L, 1999. Factors and processes contributing to resilience: the resilience framework[M]//GLANTZ M D, JOHNSON J L. Resilience and development:positive life adaptations. New York:Kluwer Academic/Plenum Press.

LAZARUS R S,1993. From psychological stress to the emotions: a history of changing outlooks[J]. Annual review of psychology(1):1-21.

LOPEZ S J,MAGYAR-MOE J L,PETERSEN S E,et al.,2006. Counseling psychology's focus on positive aspects of human functioning[J]. The counseling psychologist 34(2):205-227.

LUTHAR S S,CICCHETTI D,BECKER B,2000. The construct of resilience: a critical evaluation and guidelines for future work[J]. Child development (3):543-562.

MACKENZIE S,2012. I can't imagine doing anything else':why do teachers of children with SEN remain in the profession? Resilience, rewards and realism over time[J]. Journal of research in special educational needs(3): 151-161.

MANSFIELD C F, BELTMAN S, BROADLEY T, et al., 2016. Building resilience in teacher education: An evidenced informed framework [J]. Teachingand teacher education(54):77-87.

MASTEN A S,2001. Ordinary magic:resilience processes in development[J]. The American psychologist(3):227-238.

RICHARDSON G E, 2002. The metatheory of resilience and resiliency[J]. Journal of clinical psychology(3):307-321.

RUTTER M, 1987. Psychosocial resilience and protective mechanisms [J]. American journal of orthopsychiatry(3):316-331.

RUTTER M,1985. Resilience in the face of adversity[J]. British journal of psychiatry(6):598-611.

SANTAVIRTA N, SOLOVIEVA S, THEORELL T, 2007. The association between job strain and emotional exhaustion in a cohort of 1,028 Finnish teachers[J]. British Journal of Educational Psychology,77(1):213-228.

SCHRADER K L, 2012. The effects of kinder training on students with emotional disturbance and their special education teachers [D]. Greeley: University of Northern Colorado.

SELIGMAN M E P, 2002. Positive psychology, positive prevention, and positive therapy[J]. Handbook of Positive Psychology:3-9.

SHYMAN E,2009. Identifying predictors of occupational stress and assessing their relationship to mental health and vitality in special education paraeducators:A correlational study[D]. New York:Columbia University.

SOOD A,2013. The Mayo Clinic guide to stress-free living[M]. New York:Da Capo Lifelong Books.

SOTOMAYOR A E,2012. Career resilience and continuing special education teachers:The development and evaluation of the Special Education Career Resilience Scale[D]. Maryland:University of Maryland.

STEINHARDT M,DOLBIER C,2008. Evaluation of a resilience intervention to enhance coping strategies and protective factors and decrease symptomatology[J]. Journal of American College Health(4):445-453.

WAGNILD G, 2003. Resilience and successful aging. comparison among low and high income older adults[J]. Journal of gerontological nursing (12): 42-49.

WERNER E E, 1995. Resilience in development[J]. Current directions in psychological science(3):81-84.

ZARAFSHAN H, MOHAMMADI M R, AHMADI F, et al., 2013. Job burnout among iranian elementary school teachers of students with autism: a comparative study[J]. Iranian journal of psychiatry, 8(1):20-27.